Excelで学ぶ
管理会計

Management Accounting

長坂 悦敬 ● 著

はしがき

　管理会計は、「企業において経営管理上の意思決定や業績管理に役立つ会計情報を経営者・管理者に提供する仕組み」といえます。投資回収年を予測する、価格を決める、原価を知って利益を把握する、損益分岐点を知るなど、管理会計は企業活動において重要な役割を果たします。

　管理会計については既に多くの著書、テキストが出版されており、理論や方法論を学ぶことができます。その管理会計の理論や方法論を「表計算ソフトウェア」Excelを使って、具体的にスプレッドシートに表現し、構造を理解するとともに、目標とする数値を得るために諸条件を導き出せることを体験的に学習できるようにと本書が企画されました。

　経営管理とは、経営理念、ビジョン、戦略実現のために、企業における生産・販売・労務・財務などの管理を、総括的に効率よく調整するなどの全般的な管理のことを指します。この経営管理の枠組みである、戦略的計画／マネジメント・コントロール／オペレーショナル・コントロールの3階層に合わせ、本書では、①戦略的計画のための管理会計、②総合管理のための管理会計、③現業統制のための管理会計と各管理会計手法を整理し、それぞれの例題をExcelのスプレッドシートに表現しています。Excelのスプレッドシートに埋め込まれた数式や関数を追いかけ、例題で入力値の違いによって結果がどのように変化するのか数値の動き見ることで、各管理会計手法が意思決定や業績管理にどのように役立てられるのか理解していただけることを期待しています。

　Excelでは、そろばんや電卓では到底できなかった複雑な計算が扱えます。プログラミングの専門知識がなくても、エンドユーザーが、計算式、関数などを使って結果に至る過程を記述し、グラフ表示と連動させて、傾向などを可視化することができます。また、経過データや結果データを保存することも容易です。マクロ・プログラムを加え、様々なシミュレーションも可能です。実務に活用できるレベルのスプレッドシートも作成することができます。Excelは、理論、方法論と実務を結びつけることができる機能を持っています。

　一方、管理会計についてさらに詳しい知識を得るためには、優れたテキストが出版されていますので、そちらを参照ください。本書では、とくに門田安弘 筑波大学名誉教授、上總康行 京都大学名誉教授、上埜進 甲南大学名誉教授執筆の

管理会計に関する著書を参考にさせていただきました。いずれも日本の管理会計分野を代表する研究者であり、学会や研究会などで直接指導をいただいてきました。また、長きにわたり管理会計研究分野で他の多くの先生方からもご教示ご鞭撻をいただきました。この場をかりて深く感謝いたします。

　本書は、既刊の「Excel で学ぶ原価計算」に続いて、オーム社編集局・津久井靖彦取締役の温かい励ましによって完成しました。心から感謝いたします。

2020 年 10 月

長坂　悦敬

CONTENTS

第4章 総合管理のための管理会計 111

1年間、半年、各月など短期における利益目標のための総合的管理に役立つ管理会計について学ぶ

第1章 管理会計の基礎

　企業や店などを経営すれば、必ずお金を扱うことになります。また、行政・NPO等の運営でもお金を扱います。そのお金の扱いを記録・測定し、情報として提供するのが会計です。会計の目的は、経営者、利害関係者（ステークホルダー：具体的には、経営者、従業員、株主、消費者（顧客）、債権者、仕入先、得意先、地域社会など）に対して、財政状態や経営成績に関する正しい情報を伝達するとともに、意思決定を助けることにあります。

　現在、会計は次のように分類されています。

- **分類1**：企業会計（私会計）、官庁会計（公会計）
- **分類2**：財務会計、管理会計
- **分類3**：制度会計（法によって制定）、非制度会計（自発的な意志のみによって公開）

　企業活動では、例えば、材料や商品を仕入れる時に代金を支払います。顧客に販売すれば収入を得ます。加工、配送など様々な企業活動には費用がかかりますし、毎月、光熱費や通信費も必要です。企業活動でのお金の出入りはすべてきちんと記帳、管理されなければなりません。そして、ルール（法）に従って1年間の利益を計算し、その利益に対して法人税を支払う義務があります。ルール（法）に従って計算した利益の値は、第三者が計算しても同じ結果にならなければなりません。これが制度会計で、客観性と取り消されることのない確実性を充たす必要があります。

　また、一般に企業は株や社債などによって投資家から資金を調達します。したがって、企業は、その資金がどのように運用されたのか、その成果はどうなったのかを投資家に説明する責任があります。その説明責任を果たすために行う会計が企業会計であり、それは投資家のために経営成績と財政状態を適正に開示することを主たる目的としています。

　企業会計は、財務会計（Financial Accounting）と管理会計（Managerial Accounting）に分けることができます。財務会計は、企業外部の利害関係者へ報告する義務をともない、財務諸表等を用いて企業の財務状況を明らかにする役割を担っています。これに対して、管理会計は、企業経営者が企業自身の財務状態を把握し、経営の意

思決定に役立てることを目的としています (門田、2003)。

　本章では、まず管理会計の概要をつかみ、実例からその本質を学びます。

1.1　管理会計とは

　管理会計は、英語ではManagerial Accountingあるいは、Management Accountingといわれ、経営管理上の意思決定や業績管理に役立つ会計情報を経営者・管理者に提供する仕組みであるといえます。

　図1-1に示すように、財務会計の利用者は主に投資家、債権者、利害関係者 (企業の外部) ですが、管理会計の利用者は企業経営者、部門管理者 (企業の内部) となります。

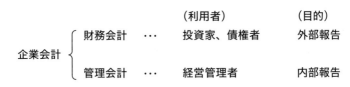

図1-1　財務会計と管理会計

　経営者は経営計画を立てて、部門管理者に対して、そして、さらに部門管理者を通じて一般従業員にも、その経営計画に従い、利益目標を達成するように誘導、説得するために会計情報を収集、利用することになります。これが管理会計です (上埜、2001)。

　図1-2に管理会計における動機づけ機能を示します。まず、経営者への動機付けが重要です。つまり、経営計画の精度を高めるために会計情報が利用されます。次に、部門管理者への動機付けが重要になります。つまり、企業組織においては、たとえ経営者が素晴らしい経営計画を立案しても、部門管理者および一般従業員の合意が得られなければ、その経営計画を実現することは困難です。そこで、部門管理者が経営計画を十分理解し、納得と自発的な行動を引き出すために会計情報が利用されます。正確な会計情報を収集・集約して、十分な情報公開と議論を進めることが重要です。そこでは、管理基準の達成と業績評価 (報酬) が連動されることによって、組織構成員の合意が得られやすくなります。例えば、部門利

益目標が合意され、その目標が管理基準となって、部門管理者の意思決定、行動が起こります。

　さらに、一般従業員に対する動機付けも重要です。つまり、部門管理者が一般従業員に対して、合意を得て行動を促すときも、例えば、目標原価と実際原価との差異というような会計情報が有効な役割を果たします。

　これら、「動機づけ」は管理会計の重要な機能であるといえます。したがって、管理会計は財務情報（貨幣価値で直接表せるデータ）のみならず、非財務情報（貨幣価値で直接表せないデータ）も扱い、経営活動に貢献することを主眼に活用されます（上總、2017）。

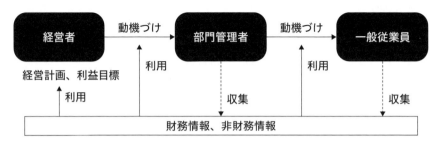

図1-2　管理会計における動機づけ機能

　管理会計は、会計情報を企業内部の業績管理やさまざまな意思決定に役立てようとするものです。管理会計を活用すれば、企業行動を客観的に数値で評価することができ、課題や改善すべき点、目標などを明確に知ることができるようになります。

　また、管理会計は、「利益を増やすための会計」、「企業を持続的に発展させるための会計」とでも表現できるかもしれません。いくらで売るべきかという価格設定、あるいは事業を続けるべきかどうか、投資をするべきかどうか、この部品は内製すべきか社外から購入すべきかなどを決めるときに管理会計が必要になるからです。

　管理会計は、次のような重要な会計情報を提供してくれます。

- 営業や生産など組織階層に応じた、業績評価に必要なコスト・損益
- 事業戦略の意思決定に必要な事業別損益

- 顧客政策に必要な顧客別損益、商品政策に必要な商品別損益
- 損益、キャッシュフローや資金繰りの予測情報

1.2　管理会計の実際

　いくつかの事例から管理会計の意義、機能を理解しましょう（**上總・長坂、2016**）。様々な事象を観察、分析し、共通した概念や方法論を導き出すのが帰納的アプローチです。一方、こうあるべきであるという理念、定理を探し出してから、実際の現象が説明できることを証明していくのが、演繹的アプローチです。

　この2つの方法に加えて、具体的な問題・課題に対して仮説を立てて、とにかくやってみて（調べてみて）検証していくアブダクション・アプローチ（仮説形成法）は、現実の問題を解決しようとする時に役立ちます。

　管理会計は実務においてアブダクション・アプローチを支援できる強力なメソッドであるともいえます。

① うどん屋と高級レストランの経営
－讃岐うどん屋はトッピングと客回転で利益確保－

　ある起業家が、今から開業するのは、「うどん屋」と「高級レストラン」の、どちらにするかについて考えているとします。当然、いろいろなことを整理して検討する必要がありますが、ここでは、利益が出やすいのはどちらであるかを予想してみましょう。

　「利益 = 売上 − 原価」です。つまり、利益を大きくするには、売上を多く上げるか、原価を下げるかです。その両方が実現できれば、利益はより大きくなります。しかし、一般には、売上が多い場合は原価も大きく、原価が小さい場合は売上が少ないということになります。したがって、ここで考えるうどん屋では原価は小さいが売上も少ないだろう、高級レストランでは売上は多いが原価も大きいであろうと想像できます。

　ファースト・フードとは、短時間で調理、あるいは注文してからすぐ食べられる手軽な食事のことを指すとすると、日本が誇るファースト・フードの一つは、「立ち食いうどん」ではないでしょうか。

　「立ち食いうどん」で、かけうどん一杯の価格は230円〜280円程度、きつねう

どんは290円〜400円くらいのようです。その原価はいくらでしょうか？ 材料費だけに注目して、麺、スープ、油揚げ、薬味で100円くらいと考えてしまうのは間違いです。この材料費はうどんを作る度に必要で、うどんが売れた数に比例して発生します。これを変動費と呼びます。

　変動費だけが原価ではないということを認識しなければなりません。この材料費に加えて、労務費、経費が発生します。つまり、「立ち食いうどん」屋では、機器減価償却費、リース料、光熱費、人件費、家賃等店舗維持費、運転資金借入利息、広告宣伝費など、様々な経費がかかります。これらの費用は、開業と同時に発生し、売上にかかわらず一定額が必要です。これが固定費と呼ばれるものです。原価は、変動費と固定費を合わせたものということができます。

　うどん屋や高級レストランを開業するにあたり、店舗を構え、人を雇わなければなりません。これらの固定費はいわば、その店舗の営業能力を示すとも考えられ、「キャパシティ・コスト」と呼ばれることもあります。一方、食材費や割り箸などの消耗品費などは、うどんやディナーの注文が増えればそれに比例して発生するので「バリアブル・コスト」（変動費）と呼ばれます。

　例えば、材料費を削減するために、麺を仕入れず、自店舗で手打ち麺を作ることを考えてみましょう。確かに、薄力粉、強力粉などを購入して麺を作るので、材料費は安く済みますが、麺を作るための労働が必要で、その労働対価として人件費が発生します。麺を仕入れるか、手打ち麺を作るか、どちらが総原価は小さくなるか、きちんと検討しなければなりません。

　人件費を変動費にする方法として、外注や業務請負に作業を依頼し、一部の人件費を外注費として扱うことや、作業のためにアルバイト、パート社員や派遣スタッフなどを活用することがあげられる場合もあります。しかし、うどんが一杯も売れなくても、最小限のアルバイトは雇い入れる必要があり、うどんの販売量に比例して発生する材料費とは扱いが異なります。

　毎月の売上高、利益はどうなるでしょうか？ 1年後、5年後の経営状態はどうなっているでしょうか？ これらについて情報を提供し、意思決定を助けることが管理会計の役割の一つです。開業計画を立ててみましょう。

例題 1-1　うどん屋と高級レストランの開業計画

　5年間の営業利益を予測し、開業計画を支援できるExcelワークシートを作成しましょう。

　Excelでは、セルに計算式を設定すれば、いろいろな条件の数値を入れて替えてすぐに試算できますので、どんな状態でいくらくらいの利益がでるのかを検討するにはとても便利です。シートの設計では、見やすく、色をつける工夫も大切です。

　図1-3にうどん屋の開業計画を、図1-4に高級レストランの開業計画を検討するワークシートの例を示します。

うどん屋の開業計画

開業資金計画　（単位：千円）

項目		投資額
設備工事費・	内外装工事費	3,000
什器備品費等	厨房設備工事費	2,000
	設備費	1,000
	什器・備品費	1,000
	その他	500
	小計	7,500
開業費	一式	2,000
	小計	2,000
	総計	9,500

売上計画

年間営業日数	300日
席数	20
回転率	4
平均客単価	800円
客数／日	80人
平均売上（日）	64,000円
売上（年）	19,200,000円

人員計画等

	人数	平均単価
正社員	2人	250,000円／月
アルバイト	1人	800円／時間
年間人件費		7,920,000円
地代家賃		350,000円／月

損益　（単位：千円）

項目	率	初年度	2年度	3年度	4年度	5年度	年間増加率
売上高		19,200	19,584	19,976	20,375	20,783	2.00%
売上原価	30.0%	5,760	5,875	5,993	6,113	6,235	
売上総利益		13,440	13,709	13,983	14,263	14,548	
営業費		14,280	12,506	12,738	12,974	13,214	
人件費		7,920	8,078	8,240	8,405	8,573	2.00%
地代家賃		350	357	364	371	379	2.00%
販売促進費	1.0%	192	196	200	204	208	
水道光熱費	5.0%	960	979	999	1,019	1,039	
その他経費	10.0%	1,920	1,958	1,998	2,038	2,078	
開業費		2,000	-				
減価償却費	12.5%	938	938	938	938	938	
営業利益		-840	1,202	1,245	1,289	1,333	
営業利益率		-4.4%	6.1%	6.2%	6.3%	6.4%	

5年間の売上高合計	99,918
5年間の営業利益合計	4,231

図1-3　うどん屋の開業計画

高級レストランの開業計画

開業資金計画　（単位：千円）

項目		投資額
設備工事費・	内外装工事費	8,000
什器備品費等	厨房設備工事費	5,000
	設備費	3,000
	什器・備品費	3,000
	その他	1,000
	小計	20,000
開業費	一式	2,000
	小計	2,000
	総計	22,000

売上計画

	平日	土日
年間営業日数	208日	104日
席数	20	20
平均客単価	1,500円	2,500円
客数／日	40人	60人
平均売上（日）	60,000円	150,000円
売上（年）	12,480,000円	15,600,000円

人員計画等

	人数	平均単価
正社員	2人	300,000円／月
アルバイト	2人	800円／時間
年間人件費		9,882,400円
地代家賃		500,000円／月

損益　（単位：千円）

項目	率	初年度	2年度	3年度	4年度	5年度	年間増加率
売上高		28,080	28,642	29,214	29,799	30,395	2.00%
売上原価	35.0%	9,828	10,025	10,225	10,430	10,638	
売上総利益		18,252	18,617	18,989	19,369	19,757	
営業費		19,355	17,652	17,955	18,264	18,580	
人件費		9,882	10,060	10,261	10,466	10,675	2.00%
地代家賃		500	510	520	531	541	2.00%
販売促進費	1.0%	281	286	292	298	304	
水道光熱費	5.0%	1,404	1,432	1,461	1,490	1,520	
その他経費	10.0%	2,808	2,864	2,921	2,980	3,039	
開業費		2,000					
減価償却費	12.5%	2,500	2,500	2,500	2,500	2,500	
営業利益		-1,103	965	1,034	1,105	1,177	
営業利益率		-3.9%	3.4%	3.5%	3.7%	3.9%	

5年間の売上高合計	146,129
5年間の営業利益合計	3,177

図1-4　高級レストランの開業計画

Excel操作

セルに数値と文字の混在表示

　セルに、「〇〇円」「〇〇時間／月」というように、数値と文字を混在させて表示する方法を学びましょう。

　Excelのセル（横方向の列番号はA、B、C……とアルファベットで、縦方向の行番号は1、2、3……と数字で表示され、B11というように列と行番号でセルを特定できます）に入力できるのは、数値または文字です。

　セルを左クリックすると数値や文字を入力できる状態（アクティブ・セル）になります。ここで右クリックすると、ポップアップメニューが現れ、「セルの書式設定」を選択すると、図1-5のようなウィザードが表示されます。「ユーザ定義」を選択すれば、「#,###"円"」というように、桁数、カンマ表示の追加、数値とともに文字を表示できるように変更できます。

図1-5　セルの書式設定

　図1-3のシートで、セルF4、F7、J5などは、添え字として"日"、"円"、"円／

月"などを表示しつつ、数値として扱うことができ、F10などの計算式からセル番地を参照できるようにした例です。

　図1-3のうどん屋の開業計画検討シートでは、「投資額」を見積もり、「売上計画」、「人員計画等」を計算して、「損益」を予想しようとしています。

　まず、セルC13に、開業時に必要な設備、什器などの投資額を計算します。次に、E10には、1年間の売上高を予想します。回転率とは、座席数が限られている飲食店で、顧客が特定の席を占めてから帰るまでを1回転と考えた場合、何回転できるかという見込み数です。通常、売上の集中する昼食や夕食時にいかに多くの客をさばいて回転率を上げるかが、売上増の大きなポイントになります。J7には年間人件費を計算し、J9には地代家賃を入力します。

　初年度から5年間の損益をD28 〜 H28に計算します。I32には5年間の利益総額が表示されます。この金額がマイナスであると、開業すべきではないということになります。

　この例では、売上原価、販売促進費、水道光熱費、その他経費は年間売上に対してどの程度の比率で発生するか、その比率をC18、C23 〜 25に入力し、各年度の発生金額を予想しています。

　うどん店は単価が低く、顧客にとっては利用しやすいという特徴があります。商品の質を落とさずに価格を抑え、かつ利益を確保していくためには、店内レイアウトの工夫によるスタッフ業務の効率化や、提供時間の短縮化など、食材以外のコストダウンも重要です。

Excel操作

ゴールシーク

　ゴールシークの使い方をマスターしましょう。ゴールシークとは、計算結果から、その結果を得るための数値を逆算する機能です。例えば、利益を毎月10万円確保するには、原価はいくらにしなければならないか、という逆算が可能です。

　図1-6のように、「データ」タブ、「What-If分析」→「ゴールシーク（G）」を選択してください。するとゴールシークのウィザードが現れます。そこで、「数式入力セル（E）」には5年間の営業利益合計I32を、その値の「目標値（V）」を0にするとき（損益分岐点）の、平均客単価を求めてみましょう。

　「変化させるセル（C）」でF7セルをクリックして「$F$7」と設定しました。「OK」ボタンを押すと、F7セルの値が変化して737円と表示され、I32セルは0となりま

す。つまり、737円以上の客単価を確保しないと赤字になってしまうことを意味しています。

このように、ゴールシーク機能を使うと、ある条件下での限界値を容易に計算できます。これにより、損益分岐点（営業総利益＝0となる売上高）は、58,982円／日となることもわかります。一日の売上高としてこの金額を達成していければ利益が確保されるということですから、これを目標に毎日を過ごせばいいという目安となります。

図1-6 ゴールシーク

■ 粗利、限界利益について

よく「粗利」という単語が使われます。これは正確には、売上総利益を指します。「売上総利益＝売上高−売上原価」です。

商業経営の場合、粗利は、「商売の大元の利益」という意味になります。商品1単位当たりの粗利は「売価−仕入」となるわけです。商業経営なら粗利は管理会計でいう限界利益（「限界利益＝売上高−変動費」と同じになります（詳しくは第4章参照）。粗利がマイナスになるということは、原価割れで売るときということになります。

一方、工業経営（製造業）では、売上原価は販売した製品原価で当期製造原価

（作った製品の原価）を使って計算します。製造原価には、材料費及び外注費などの変動費以外に経費、人件費などの固定費が含まれます。したがって、工業経営（製造業）では、粗利≠限界利益です（詳しくは第4章参照）。

　図1-3のうどん屋の開業計画では、売上原価を「売上高×原価率」で計算しています。商業経営で、限界利益率（粗利利益率）は、商品の販売価格から材料費を控除したものですが、「限界利益率＝1－原価率」となります。一般に、うどん・そば店の原価率は30％ぐらい（限界利益率は70％）といわれています。しかし、高松市中心部の有名うどん屋セルフ店は、原価率40％オーバーが少なくないそうです。

　毎月の営業利益がどの程度あるかを確認しつつ、毎日の売上げ、客数、同伴人数、売れたメニューの数と「月初在庫金額＋納品金額－月末在庫金額＝当月原材料費」を把握して、原価率、ロスの削減を続けることで経営が良くなっていきます。これが管理会計による経営改善です。

　(1) 売上げの少ないメニューを廃止する、(2) 1時間当たりの生産性を計測し、生産性を上げて、少ない人数でも対応できるように人員配置を考える、(3) 実際の客席稼働率を計測し、適正な客席数に設定する、あるいは厨房を小さくして客席数を確保する（店舗圧縮）などの具体策をとるための根拠となるのが、管理会計情報です。店舗圧縮とは、客席数を少なく、厨房を小さくしても、効率を向上すれば売り上げが上昇する考え方です。つまり、固定費を最小限に設定、人件費をアルバイト中心に変動費として考え、常に損益分岐点を低く抑えていけば、利益確保が可能です。

　一方、高級レストランの経営はどうでしょうか？　かつては、グルメブームにのって高級店に人気が集まりましたが、フランス料理店を含むディナーレストランの売上高、利用客数、客単価は微増微減を繰り返しているといわれています。料理だけでなく、サービス、内・外装、インテリアにいたるまで専門性が要求されるのは、社交の場や団らんの場でもあるからでしょう。落ち着いた店内で個性的なメニューを提供できれば、顧客に「高級料理を満喫した」という満足感を与えることになります。フランス料理店の分類は次のようになっています。

- **オート・キュイジーヌ：**ミシュランのような著名なガイドブックに、二つ星・三つ星という星つきで紹介されるような高級フレンチレストラン
- **ビストロ：**気軽なレストランの意味で、ワインと料理を組み合わせることでややカジュ

アル風な演出をする業態店

- **ブラッスリー**：大衆性の高い業態で、フランス版ビアレストラン
- **サロン・ド・テ**：軽食やお菓子（パティスリー）を提供するコーヒーショップ

　図1-4の高級レストランの開業計画検討シートを見てみましょう。原価率はうどん屋よりも高くなります。この例では35％としています。平日と土日では、客数や客単価が異なることを反映しています。この試算では、初年度の売上高は28,080千円と予測され、5年間の総売上高は146,129千円となりますが、5年間の営業利益合計は3,177千円にとどまっています。一方、図1-3のうどん屋の開業計画検討シートでは、初年度の売上高は17,695千円、5年間の総売上高は99,918千円となり、5年間の営業利益合計は4,231千円になります。この例では、うどん屋の方が儲かるということになります。

　そこで、売上を伸ばすために客単価を上げることを考えてみます。フランス料理店では、オーナーが顧客に対して積極的に接客サービスや商品説明等を行い、ホスピタリティを高めることがリピート客の獲得につながるといわれています。そのような努力も含め、図1-4の高級レストランの客単価が20％増えると想定してみましょう。5年間の営業利益合計は、17,498千円にのぼります。

　図1-3のうどん屋でも客単価が20％増えると想定してみたら、5年間の営業利益合計は15,022千円となります。この比較から、客単価を上げることができれば高級レストランの方がより大きな利益を得ることができるということがわかります。

　実際の店舗を観察してみました。郊外にあるビストロ・タイプのフランス料理店で、普段のディナーは一人当たり4,000円と6,000円の2つのコースがあるものの、クリスマス・ディナーは6,000円の単一メニューしか設定しない、ランチは2,500円と3,500円の2コースのみというようなフランス料理店が繁盛しています。2階を住居にし、1階でレストラン経営を行っている30席程度の郊外店です。シェフは、毎年一定期間、本場フランスで料理の探求を続けておられるそうです。このフランス料理店に、先日、ランチを予約しようとしたら3カ月先になりますといわれました。

■ 客単価と回転率について

　徳島大学の近くにある讃岐うどん屋は、製麺型でガラス越しに製麺作業を見ることができます。店に入り、列に並びます。うどんのメニューを見て、「かけ」、「ざ

る」、「ぶっかけ」、「とろたま」などを注文すると、トレーにできたてのうどんを置いてくれます。次に2〜3歩進むと、揚げたての天ぷらがずらりと並んでいて、おにぎりもあります。つい、天ぷら、おにぎりをトレーにのせてしまいます。かけうどんが300円ですが、天ぷらは120円〜200円程度、「三種の神器」といわれる「ちくわ」「かしわ」「たまご」を皿に入れると合計750円というように、客単価が上がります。

　しかも、回転率がとても高い（うどんを食べる時間は15分程度です）ことを実感します。昼食時、店内の席が一杯になっている状況では、うどんを出すタイミングを遅らせて、うどんを待つ人と席が空くタイミングを同期させる工夫をしていることにも感心します。店舗は古いままで、固定費は少ないだろうと想像でき、しかも、客単価が高くて、原価率は低い、回転率が高いとなると、この讃岐うどん屋は健全な経営をしていると確信できます。ちなみに、以前このうどん屋の隣にあったお好み焼き屋はつぶれたそうです。お好み焼きは鉄板で焼くのに時間がかかり、回転が少なかった……ということも一因だろうと想像します。

　客席数が20人の店舗に、1日で60人の客が来店したら、その店の回転率は60÷20で「1日3回転」ということになります。飲食業界では「この店の回転率は3回」などのように回数で表現するようです。牛丼店などでは1日20回転以上、居酒屋などでは1日2回転、高級フレンチなどでは1日1回転とのことです。

　林 總著「餃子屋と高級フレンチでは、どちらが儲かるか？」（**PHP研究所**、**2011**）ではビジネスモデルの違いを管理会計の視点からわかりやすく説明しています。つまり、限界利益と損益分岐点の理解が重要になります。餃子屋は損益分岐点が低いので、売り上げが増えても大儲けできないですが、売り上げが少なくなっても大損はしません。高級フレンチは損益分岐点が高く、売り上げが増えると大儲けできますが、売り上げが減ると大損する可能性があるわけです。

　利益構造は固定費と限界利益率によって決まります。高級フレンチは店の維持費が多く必要なため固定費が高い一方で、商品（ディナーやその際飲まれるワイン等）が売れた場合の利益が高いため限界利益率が高いといえます。一方、餃子屋は店の維持費が少なく（極論をいうと店が多少うらぶれていてもよい）、固定費が少ない一方で、商品が売れた場合の利益は低いため限界利益率は低いわけです。高級フレンチの方がたくさん売り上げたときの利益が高い一方で、売れないと損失が大きいのですが、餃子屋はこの逆になります。

　また、大トロとコハダは、一貫での利益では大トロの方が儲かることを指摘し

ています。この例では、購入に要した資金が、再び現金になるまでの時間に注目する必要があります (林、2009)。一貫当たりの利益では大トロの方が大きいのですが、大トロは一日の売上量が少ないため、大トロを購入してからそれを売上に変えるまでに時間がかかります。一方で、コハダは毎日大量に仕入れて大量に売るため、回転率が高いわけです。売上だけでなく、現金を投入してからそれが再び現金になるまでの時間も考慮して資金を投入することが大事になるというわけです。

　つまり、経営する上で、どのようなビジネスモデル（儲ける仕組み）を目指すのか、明確にした上で、管理会計を使い、その収益性についてよく検討することが大切です。

② ハンバーガーショップとファミリーレストラン
－ポテトの粗利を生かすセット販売、低価格ドリアで客単価を上げるファミレス－

　日本でもポピュラーになったハンバーガーショップですが、店内を見ているとハンバーガーだけを注文する人は少なく、ポテトやドリンクを合わせて購入する人が多いことに気づきます。実は、ハンバーガーショップでは、ハンバーガー単体では利益が少なく、いわゆるセットメニューを売ることで客単価を上げ、収益を確保できるようにしています。ちなみに、ポテトの原価率は20%程度と低く、稼ぎ頭になっているといわれています。利益率が異なる複数の製品を製造・販売する際、その構成比（これをプロダクト・ミックスといいます）が重要です。

　日本マクドナルドでは、図1-7に示すような価格戦略をとっています。すなわち、バリューゾーンの中で、価格フォーカス層には100円バーガーなどの低価格戦略をとり、バリューフォーカス層には500円〜700円のセット販売を提供しています。飽きないようにマンハッタンバーガーやブラジルバーガーなどの特色あるスポット製品を提供し、客単価を上げる努力もしています。

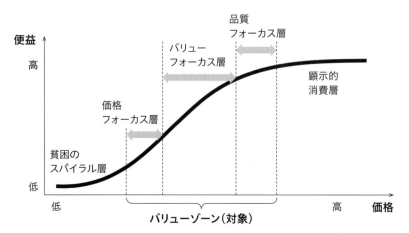

オリジナル出典：Bill Dodds、"Managing customer value"、UNIVERSITY PRESS OF AMERICA、(2003) p.9、
上田隆穂「消費者における価値と価格」、学習院大学経済論集41 (2)、75-88 (2004) をもとに作成

図1-7　価格戦略

　公表されている資料からハンバーガーの原価の推計を試みたのが、次項の例題1-2の図1-8です。この例では、月当たりの人件費、諸経費をハンバーガー、ポテト、ドリンクそれぞれ1個当たりの原価の一部として割り付けています。光熱費は、ハンバーガーやポテトに比べ、ドリンクでは少ないでしょうから、重みをかえて割り付ける必要があります。

　このように全体にかかった経費を製品1個ごとに割り付けて計算することを「配賦」といいます。製品1個当たりの原価を知るためには配賦計算を正確に行う必要があります。

■ ミックス販売について

　来店した顧客はハンバーガーのみならず、同時に、ドリンクとポテトを購入してもらえば、粗利の大きいポテトやドリンクで利益を上げることができます。そのために単体でバラバラに購入するよりもセット販売では安くなるように価格設定することで顧客の購買意欲を増加させたいということになります。

例題 1-2　ハンバーガーショップのミックス販売

　ハンバーガーショップのミックス販売を検討できるExcelワークシートを作成しましょう。

　ハンバーガーショップで、ハンバーガー、ドリンク、ポテトを販売すると仮定し、それぞれの売価、変動費を設定、店舗経営に関わる固定費を見積もるとともに、毎月の顧客数を予想して、原価計算を行います。さらにセット販売の割引率と来店顧客がセット販売を購入するか単品を購入するかという確率を仮定して、月当たりの売上高、利益を計算した例が図1-8です。

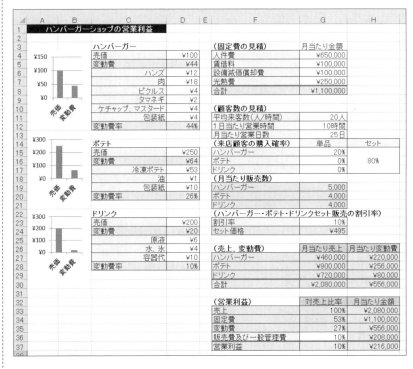

図1-8　ハンバーガーショップのセット販売

　図1-8では、まず、ハンバーガー、ドリンク、ポテトについて販売価格、変動費（材料費）を入力します。次に、人件費（例えば、正社員1人＋アルバイト店員2人の月当たり支払い費用）、諸経費（月当たり店舗賃借料、設備減価償却費、

光熱費）を見積もり、入力します。さらに、平均来客数（例えば、3分間に1人来客するとすれば1時間当たり20人）、1日当たり営業時間（例えば10時間）、月当たり営業日数（例えば25日）を入力します。そして、訪れた客が何を購入するか、その確率を仮定します。

　図1-8では、来客者はすべてハンバーガーを注文すると仮定し、そのうち20％はハンバーガー単体を注文、残りの80％はセット販売を注文すると仮定しています。つまり、ポテト、ドリンクの注文確率も80％としました。さらにセット販売の割引率（図1-8では単品で購入した場合の合計に比べて10％引き）、販売費及び一般管理費（販促費など）の売上高に対する比率（図1-8では10％を想定）を入力すると、月当たり営業利益が計算されます。

　この同じワークシートを使い、ハンバーガーとポテトのみの単体販売での営業利益を計算したのが図1-9です。月当たり営業利益は、-65,000円で、赤字になってしまいます。

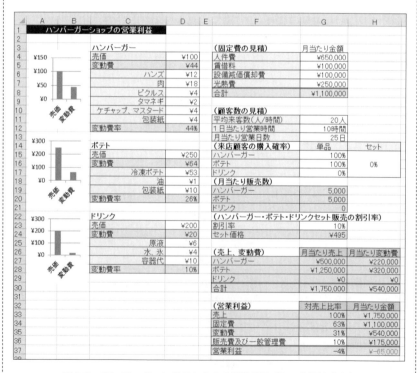

図1-9　ハンバーガーとポテトのみの単体販売（セット販売なし）

　セットメニュー（ハンバーガー、ポテト、ドリンク）を設け、3つ単体での価格合計より安い価格で、このセットメニューの販売を増やすことを考えると、ポテトおよびドリンクの収益力によって店全体で利益が増えます。図1-8の例では、セットメニューの割引率を15％にしても、月当たり営業利益は117,000円の黒字です。

　ゴールシーク（数式入力セル：H37（営業利益）、目標値：0、変化させるセル：G23（割引率））を使って計算してみると割引率21％以下であれば営業利益がプラスになることがわかります。

　2000年に日本マクドナルド社では半額バーガーを販売していましたが、当時の売上高4,311億円の内、純粋な半額バーガーが占める割合は10％未満といわれていました。セットメニューで収益を上げていたということになります。

　マクドナルドでは、接客、調理、調達、在庫管理などあらゆるものをマニュアル化して競争力を高めました。マニュアル化、システム化に早くから取り組み、間接費の削減が進みました。とくに美味しさとバリュー（＝お得感）のバランスをとることを重視している点がマクドナルドの強みです。2015年には、図1-7に示した価格フォーカス層とバリューフォーカス層の中間を狙う、200円の「おてごろマック」を発売しています。

　Michael E. Porterは、①コスト・リーダーシップ戦略、②差別化戦略、③集中戦略という3つの基本戦略類型を提唱しましたが、マクドナルドはコスト・リーダーシップ戦略をとる代表的な企業であり、それを管理会計が支えているといえます（第3章参照）。

例題 1-3　ファミレスにおけるドリンクバーのセット販売

　ファミリーレストランにおけるドリンクバーのセット販売で、利益を確保するためにセット販売の割引率をいくらに設定すればよいでしょうか？ Excelで検討しましょう。

　ファミリーレストランのメニューとして、ドリア、ハンバーグステーキ、ライス、ドリンクバーを仮定し、営業利益を計算します。

　一般に、ファミリーレストランのドリンクバーは、単体価格に対して、料理とのセット販売では割引があります。来店者がドリンクバーだけで長い時間にわたり滞留されると時間当たり売上高が減少し、利益確保が厳しくなります。一方、できる限り客単価を上げることができれば、時間当たり売上高が増加し、

利益確保につながります。そのために、料理に加えて、ドリンクバーを注文してもらう工夫がなされています。

　例えば、あるファミリーレストランでは、単品で430円、セット販売で214円。別のファミレスでは、単品が345円、セットで205円です。飲み放題ですが、一人で2～3杯飲めば十分というところでしょう。そのドリンクバーの推定原価（材料費）は、一杯当たり、炭酸飲料3～5円、烏龍茶10～15円、コーヒー10～15円、果汁100％ジュース15～25円程度ということです。

　「サイゼリヤ」は、イタリアンファミリーレストランチェーンとして有名です。このサイゼリヤには、「ミラノ風ドリア」という看板メニューがあります。1999年に商品内容は変えず一気に190円値下げして290円で売り出し、商品の売上数量は3倍近くに跳ね上がるという大ヒット商品になりました。その後、「ミラノ風ドリア」（2020年現在の価格は300円）はサイゼリヤの代名詞になりました。

　この「衝撃的な売価設定」とともに「それでも利益の出る仕組みづくり」が重要です。サイゼリヤでは、包丁を使わずにハサミだけで調理するというような、商品品質が安定する、よりよい作業方法を開発するチームが存在します。また、ムダな作業と必要な作業を振り分け、品質に関わる重要な作業は、マニュアル化し、コスト削減につなげています。さらに、販売の機会ロス（注文しても品切れ）を最小限に抑えるため、発注管理システムが機能しています。そして、実は、この「ミラノ風ドリア」が「ライス」の代わりに注文され、客単価を押し上げる効果をもたらしています。

　図1-10のExcelシートでは、ライスの代わりにドリアが選択される場合に、営業利益にどのような影響が出るかについても検討することができます。つまり、図1-10の例では、ハンバーグステーキを選ぶ顧客が70％で、35％はライスを注文すると仮定しています。また、ドリアを選ぶ顧客が65％ということは、ハンバーグステーキを選んでドリアを注文する顧客が35％いることを想定しているわけです。

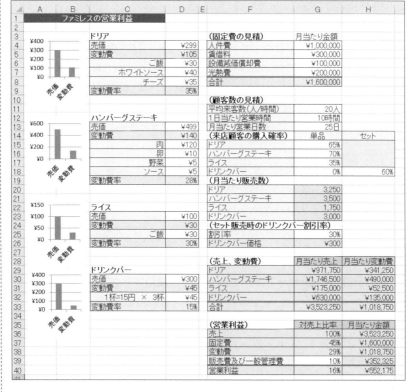

図1-10 ファミレスの営業利益計算シート

③ 国内製造業各社の取り組み事例

　各企業では、全社員が組織目標に向かうよう動機付けを行い、行動を促すために財務情報、非財務情報を織り交ぜながら、特色ある管理会計、マネジメント・コントロールに対する取り組みが行われています。

■ 5ゲン改善活動の徹底

　(株) クボタ堺製造所では、5ゲン改善活動を徹底して継続しています。1994年より5ゲン活動 (最小の投資で変化を起こし、最大の付加価値を生み出す活動) を開始、2002年には5ゲン道場を開設、多くの従業員が受講しています。また、技術系従業員にとっては役職になるための必須研修になっています。2013年4月

に米国海外法人に5GenDojoを開設しました。

　5ゲンは、2原（あるべき姿）として原理（不変）と原則（高い技術レベル）をあげ、3現（現在の姿）すなわち現場、現物、現実（自社の実力）との差を改善していくものです。そこでは、KPI（重要評価指標）として、IT（Idle Time）、FT（Function Time）、CFT率＝FT（Function Time）／CT（Cycle Time）などを定め、CFT率を+8%〜20%とするというような定量的な目標を設定しています。このように計測可能で経営改善の動機付けになるシンプルな指標を定めることが重要です。

　これによって、トラクター艤装組立ラインでは大物部品の手元化改善が進み、エンジン組立ラインではインパクトレンチが上から降りてきて部品が下から上がってくる動的手元化などが生まれています。また、AGV（Automated Guided Vehicle、無人搬送車）の内製化は200台におよび、内作効果として約5億円と見積るなど、改善効果を金額ベースで数値化する努力が行われています。

■ TPM（Total Productive Maintenance）で生産効率アップ

　三菱ロジスネクスト（株）（旧ユニキャリア（株）、TCM）滋賀工場では、革新的なTPM活動による、製品開発から生産までの"流れ化工場"を構築しています。エンジン式や電動式のフォークリフトで、さまざまな機種が次々と組み立てられています。

　工場内では生産性を高める工夫も施されており、目を引くのが「からくり改善」です。作業者だからこそ思いつく知恵やアイデアをもとに、洗練された生産現場へと変わっていく小集団活動が徹底されています。「費用をあまりかけずに、わかりやすい仕組みを考えることが重要」とのことです。

　この工場では、TPM（Total Productive Maintenance）、すなわち「生産効率を極限まで高めるための全社的生産革新活動」が徹底して行われてきました。1993年に、TPMパートⅠがスタート、1999年にTPMパートⅡ、2005年にTPMパートⅢを行い、1996年にTPM優秀賞、2007年にTPMアドバンスド特別賞を受賞しています。

　その目的は、小集団活動を通じた人と組織の成長による固定費削減と生産リードタイム短縮にあります。とくに、フロントローディングの徹底で、最適コストの図面展開、CR（カスタマー・リテンション、顧客維持）の前倒し、マーケティングのステップ展開、要素技術の先行開発（オーダーメイドのスピードアップ）を実現してきました。

　また、品質展開→工程展開→設備開発→運転開発→まとめ生産→1個流しを実現するための努力が行われてきました。例えば、流れ化工場、見てわかる工場、コンカレント・エンジニアリング、新製品コスト1/2の実現、1ヶ流し、多台持ち、混流生産、カンバン生産、MRP（資材所要量計画）、ムダなし工場、標準タクトタイム、完全受注生産工場、同期化生産など、管理会計で効果を把握していく取り組みが行われてきました。

■ Jコスト論でLead-Time短縮効果を評価

　ナブテスコ（株）神戸工場は、車両用ドアを中心に生産を続けていて、モーションコントロール製品として鉄道ブレーキシステム（シェア50％）、ドア制御システム（シェア70％）と多くのオンリーワン製品を提供しています。企業理念として「ナブテスコは、独創的なモーションコントロール技術で移動、生活空間に安全・安心・快適を提供する」とあります。

　1960年代頃にVE（Value Engineering；価値工学）活動を取り入れ、その後全社展開を行いVE活動を定着させたものの1980年代半ばより停滞、しかし、近年、海外案件が増え事業環境の変化があったので、VE活動を再開したとのことです。VE活動とは、組織が製品やサービスなどを提供するにあたって、対象の価値が最も高くなるように、顧客要求や期待を機能で捉えて、その機能を最小の総費用（ライフサイクルコスト）で達成する手段を考え実践していく体系的・組織的活動のことを指します（日本VE協会より）。

　また、Jコスト活動による棚卸在庫削減を実現する取り組みも行っています。Jコスト論は、株式会社Jコスト研究所田中宏和代表（ものつくり大学名誉教授）によって提唱されたLead-Time短縮効果を評価する方法です。これは、Jコスト（時間×金額）＝リードタイムを考慮した収益性評価法であり、投資資金が1日当たり粗利をいくら稼いだか、銘柄別収益性＝原価利益率×回転数を意識します。Jコスト図、物と情報の流れ図、工程流れ図を用いて、組立工程間の同期化を実現します。

　ナブテスコ（株）神戸工場では、在庫量／月の所要量を可視化し、多め早めの手配を改善し、部品納入着手を遅らせることに成功したとのことです。

■ 生産能力と可動率（べきどりつ）の向上

　ダイキン工業（株）は空調事業世界No.1企業で、ダイキン生産方式（DPS）と、ものづくり人材育成の取組みに特徴があります。

　テレビやパソコンと違い、エアコンはアナログな部分が多いという特徴があります。生産能力と、稼働時間内に生産停止時間がなく正味活動した割合を表す可動率（べきどりつ）の向上を目指して取り組んでいます。

　ルームエアコンの主力工場である滋賀製作所では、工場内における生産リードタイムが当時4年間で85％短縮したという改善活動の実績があります（2003年11月時点では68時間かかっていた生産リードタイムは、2004年8月に20.7時間へ、2007年5月には10.4時間まで短縮した）。リードタイムによるコスト削減効果を把握するには管理会計が必要です。

　また、ダイキン工業は、グループの技術力アップを狙いにした「技能オリンピック」を2年に1回開催しています。世界各国にある生産拠点からえりすぐりの技術者が集まり、それぞれの種目ごとに腕を争います。

　オリンピックを支えるのが、同社が導入している「マイスター＆トレーナー制度」です。マイスターは最も熟練した技能を持つ技術者に与えられる称号で、技能検定試験で1級の腕前を持ち、所定の教育を受けた優秀な技術者が選ばれます。グループの技術者のなかで最上位に位置し、社内の技術を戦略的に伝承する使命を持つわけです。アナログ技術の可視化も重要です。

■ KPIとして売上原単位発熱量（KJ／円）

　NBK（鍋屋バイテック（株））は、従業員約400名、売上高約90億円の会社です。1560年創業と、460年以上続く機械要素部品の専門メーカーで、カップリング、特殊ねじ、リニアガイド用ブレーキ、Vプーリーなどの機械要素部品を企画開発・製造販売しています。変種変量生産に対して従業員自らの挑戦を促すユニークな仕組みを構築していることもあり、2005年には内閣総理大臣表彰「ものづくり日本大賞」（第1回）優秀賞を受賞しています。製品数12万点、顧客数12万人、1日当たりの出荷件数2,400件に対して希望納期順守率88％を達成しています。

　同社がめざすモノづくりは、カウンターに腰かけて好きなものを注文する寿司屋のように、注文を受けるつど（多頻度）、様々な（多種）、新鮮な（スピード）ネタの寿司を1個2個（微量）、その場で握って出す"寿司バーコンセプト"と呼ばれています。1個だけ欲しい顧客にとっては、モノの値段よりも幅広い品揃えから欲しいモノが選べること、それがすぐに手に入ることが重要な購入要件と考えられます。

　売上目標や利益目標を設定しないで、売り込むより結果として売れる製品を作

る、利益を出すのではなく利益が出るという発想があります。つまり、結果より
プロセス、教育重視、環境重視を徹底しています。

　唯一のKPI（重要管理指標）として、売上原単位発熱量（KJ／円）があり、こ
れを下げる取組を行っています。売上原単位発熱量を下げればリードタイムが短
くなるという管理会計手法といえます。

　25,000種類の製品に対して、生産計画に必要な需要予測は、過去6カ月の出荷
データをもとに現在庫がゼロになる月日を毎日予測しています。その日から製造
のリードタイム（日数）を遡れば発注点が計算されるという仕組みです。したがっ
て発注点は出荷量の変化に応じて毎日変動しています。

■ コスト、品質、納期の可視化

　TOTO（株）小倉第2工場では、風土改革と人を活かす機動力で生産革新を実
現しています。生産品目は、混合水栓・自動水栓、鋳物ホーロー浴槽・制御基盤・
電気温水器などです。海外では、ジャカルタ、中国、タイなどで生産、売上比率
33.7％が水栓金具です。

　生産革新のポイントは、変化への柔軟性と、お客様の要求にスピーディに応え
ることです。そのために、3つの重点施策を実施しています。①製品別組織とセ
ル生産、②組織のスリム化と情報の見える化、③セルフマネジメントなど自分た
ちの実力にあった、TOTOらしい企業文化にあったやり方を心がけているとのこ
とです。

　グループによるQ-up活動（QCサークル）では、活動の結果が優れている場合
には「あっぱれ賞」が、とくにすぐれている場合には「ゴールドあっぱれ賞」が贈
られます。賞が与えられた作業場には「あっぱれシール」や「ゴールドあっぱれ
シール」が貼られ、周囲から認められることになります。工場内の随所に、その
ようなシールをみることができます。給与には反映されないものの、副賞として、
クオカードが渡されるとのことです。

　また、コスト（原価改善、生産能率、労務生産性、損益計算）、品質（クレーム、
新商品、市場・他事業部クレーム）、納期と3つの指標が計測され、それぞれが
具体的な数字として、工場内に貼り出されています。

　「人を活かす」という基本的な考え方ができていて、自慢会「あっぱれ」を実施、
設備のコンパクト化、設備の移動など全員で改善した例は圧巻です。良いと思う
ことはまずやってみる、そうすると次が見えてくるということです。

■「管理なき管理」を徹底

　未来工業 (株) 本社工場では、社員の管理はせず、「ホウ・レン・ソウ」を禁止し、常に考える、モノマネは絶対しない差別化戦略を徹底しています。創業は1965年、家業は演劇活動でしたが、建築に関わるものづくりに移行しました。

　ジョイントボックス (木ネジが落下しない)、スイッチボックス (壁の中に埋め込む。センサーで探知) が主要製品です。しかし、未来工業のカタログには多くの種類の製品が掲載されています。3種類で利益を出し、97種類は赤字でも顧客満足度を向上させるために必要であるといいます。つまり、100種類全部で黒字にするプロダクト・ミックスを前提にしているわけです。「スイッチボックス」の国内シェアは約80％とのことです。

　オリジナリティが重要だと考えられています。しかし、一人の提案では商品化しないとのことです。少なくとも100人の賛同が必要であるといいます。パート・派遣社員なし、正社員のみ、定年70歳、平均年収620万円、休日 (有給休暇を合わせると) 183日／年、労働時間7時間15分と圧倒的な就業条件を持つところが特徴です。「管理なき管理」を徹底しているといえます。

　例えば、ユニホームもなく、「報告、連絡、相談 (ホウ・レン・ソウ)」を禁止し、「常に考える」(廊下、階段、トイレ、本社内でいたるところに貼られている標語)、QC活動、提案活動などを徹底しています。提案1件につき500円の報奨金を出すという制度も機能しています。よく提案する人は年間300件も出すとのことです。常に改善意識を持つ環境づくり、社員の自立化、商品の差別化の徹底が素晴らしいといえます。

■ アメーバ経営

　アメーバ経営とは、「会社全体の組織を機能別・役割別に細分化し、臨機応変に変化させ、それぞれの組織が「時間当たり採算」という統一した評価基準により、部門別に採算を求め、全社員に経営者意識を醸成することを可能にする仕組み」です (上總、2017)。京セラで創業者である稲森和夫氏 (稲盛財団理事長) が発案し、京セラで実践されてきました。

　京セラでは経営理念 (社是は「敬天愛人」) のもとで京セラフィロソフィ (心をベースに経営) が掲げられ、フィロソフィ教育が徹底されています。

　アメーバ経営では、製造部も営業部も利益を生む採算部門 (プロフィットセンター) として扱われ、営業アメーバ、製造アメーバと呼ばれるアメーバ組織が構

成されます。つまり、次のように製造部で売上高が認識されるようになっていて、営業部門へは営業口銭（営業手数料＝売上高×口銭率）として利益の一部が分配されるようになっています。

製造アメーバ利益 ＝ 売上高 － 製造経費 － 営業口銭
営業アメーバ利益 ＝ 営業口銭 － 営業経費
会社利益 ＝ 製造アメーバ利益 ＋ 営業アメーバ利益

アメーバ経営では、各アメーバの利益が計算されます。京セラではこのアメーバ利益のことを「部門別採算」と呼んでいます。

京セラでは、全従業員の信頼関係に基づく「大家族経営」が貫かれていて、細分化したアメーバ組織が自己利益のみを追求する部分最適を目指すのではなく、会社全体の利益を最大化する全体最適を目指しています。とくに、アメーバリーダーが「原価管理ではなく、付加価値の創出を目指す」ために「時間当たり採算」がアメーバの業績評価基準として採用されているところに特徴があります。

$$時間当たり採算 ＝ \frac{アメーバ利益}{総時間}$$

JALは、2010年1月、約2兆3,000億円という債務を抱え会社更生法の適用を申請しました。そのJALの再建にあたった稲森和夫氏（当時、日本航空会長に就任）は、アメーバ経営の考え方を適用しました。自社の文化は自社で作るという信念のものと、「JALフィロソフィ」を社員が共有し、部門別採算制度（時間当たり採算の代わりに、収入から人件費を含む費用を差し引いた営業利益が全社共通の採算指標として使われた）を導入して、意識改革を推進しました。とくに従来のJALでは、収支を見る上では路線ネットワーク全体を単位として捉えていて個別の路線収支は重視されてこなかったところ、稲盛氏は個別の路線収支の把握の重要性を徹底するという方式に変更しました。

また、この改革では、リーダーから変える、全社員の一体感、社員のモチベーションを高める、変化を起こし続けることで本気度を示す、スピード感を重視するという原則を大事にし、2012年9月東京証券取引所に再上場を果たしました。

アメーバ経営は、他の企業のみならず病院などにも広がりを見せています（**アメーバ経営学術研究会、2017**）。

参考文献

(1) アメーバ経営学術研究会、『アメーバ経営の進化』中央経済社（2017）

(2) 上埜 進、『管理会計―価値創出をめざして』税務経理協会（2001）

(3) 上總康行、『管理会計論第2版』新世社（2017）

(4) 上總康行・長坂悦敬（編著）『ものづくり企業の管理会計』中央経済社（2016）

(5) 長坂悦敬、"製造・開発における戦略管理会計の展望"、『原価計算研究』Vol.38、No.1（2014）pp.21-33

(6) 林 總、『餃子屋と高級フレンチでは、どちらが儲かるか？』PHP研究所（2011）

(7) 林 總、『コハダは大トロより、なぜ儲かるのか?』ダイヤモンド社（2009）

(8) 門田安弘、『管理会計学テキスト』税務経理協会（2003）

企業とは、営利を目的として、継続的に生産・販売・サービスなどの経済活動を営む組織体のことです。広義の企業は私企業と公企業に大別できますが、狭義ではそのうち主体のために収益を上げることを目的とする私企業だけを指します。私企業には個人企業、組合企業のほか、合名会社、合資会社、合同会社、株式会社などの会社企業があり、資本、労働力、技術、原材料などいろいろな経営資源を結びつけることによって、一定の利益を上げるために活動しています。

会計は、企業の経営管理のために金銭の収支を記録し、財務状態を知るための重要な役割を担っています。そして、その企業会計は、企業を取巻く外部利害者集団への報告を中心とする財務会計と、内部経営管理者への報告を主とする管理会計に分けることができます（大辞林、ブリタニカ国際大百科事典より）。本章では、経営管理と財務会計および管理会計の役割、機能について理解しましょう。

2.1　経営管理と企業会計

企業とは、何らかの経営資源を調達して、資源変換プロセス（製造業では生産過程）に投入（インプット）し、変換された（製造業では生産の）成果である産出（アウトプット）を社会（消費者）に送り出すという、投入・産出の取り組みを行う組織であるといえます。

必要な経営資源とは資本、労働力、原材料や信用であり、それらを資源変換プロセスに投入して産出される製品・サービスが顧客に届けられ、企業は正当な対価を得ます。その対価を、出資者には配当や株価収益として、労働者には賃金・雇用として、取引企業には取引代金として、金融機関には利息、社会には租税として分配することになります。また企業は、雇用機会（働く場）や生き甲斐を提供し、社会への貢献も担うことになります。

企業が持続発展していくためには、うまく運営していく「経営」が重要です。経営とは、人、モノ、カネ、情報という経営資源をうまく使い、利益を上げるた

めの取り組みです。そして、利益がいくらあったかを正確に把握する手段が「会計」ということになります。合理的な経営のために会計が必要であるともいえます。

　経営管理とは、経営理念、ビジョン、戦略実現のために、企業における生産・販売・労務・財務などの管理を、総括的に効率よく調整するなどの全般的な管理のことを指します。会計は経営管理のために重要な役割を果たします。

　企業活動において、戦略立案、人事、組織、M&A、合併、成果配分など様々な意思決定を行い、それらの意思決定の枠内で企業を効率的に稼働させるのが、経営管理の機能です。

　通常、経営機能は社長と取締役会によって、全般管理機能は社長、副社長、専務、常務などによって、部門管理は事業部長、部長、課長、係長などによって担当されるという階層体系を持っています。この中で、部門管理は様々な部門体系に分化されます。すなわち、財務（資本調達）、人事、購買、製造、販売の各管理が必要となります。また、これら主要プロセスの支援プロセスとして運搬、在庫、品質、事務、設備保全、IT（情報技術）などを担当する各業務部門が設けられ、これらについても管理を行う必要があります。社内外の不正・事故を未然に防ぎ、法令・規則に準じた財務内容を株主・投資者に適時開示できる体制が整えられ、実際に運用されていることが重要になります（柴田・中橋、1997）。

　一般に、経営、経営管理を実行する企業組織は、トップ（経営者）、ミドル（部門管理者）、ボトム（一般従業員）という階層組織となっています。経営者はトップマネジメントを、部門管理者は（中間管理職とも呼ばれ）コントロールを、そして、一般従業員は現場のオペレーションを任されます。

例題 2-1　Excelで経営管理の概念図を作成しましょう

　Excelで「挿入」タブ→「SmartArt」機能をクリックすると図2-1のようなウィザードが現れます。そこで、「ピラミッド」機能を選択し、トップ、ミドル、ボトムの3階層を図示したのが図2-2です。

　この階層組織を具現化する形として、職能部門別組織、事業部制組織などがあります。職能部門別組織では、株主総会、取締役会、経営者（社長）のもとに、購買部、製造部、営業部などの直接部門（現業部門）と、財務部、人事部、総務部、研究開発部などの間接部門（支援部門）が構成され、各部門管理者がコントロールを担います。また、複数の事業を多角的に展開している企業などでは、1つの事業部があたかも独立企業であるかのように組織された事業部制組織となって

います。

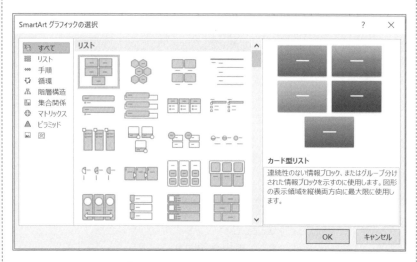

図2-1 「SmartArt グラフィックの選択」ウィザード

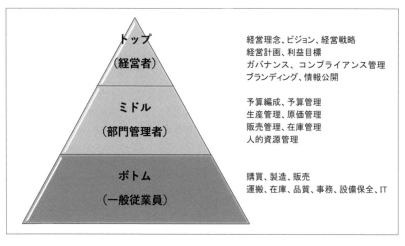

図2-2 経営管理の概念図

例題 2-2 | **Excelで職能部門別組織図、事業部制組織図を作成しましょう**

　例題2-1と同様に、「SmartArt」機能を使い、「階層構造」を選択して図2-3のような組織図を作成することができます。

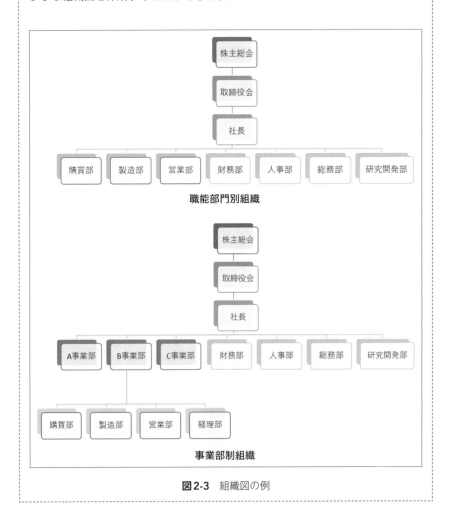

図2-3　組織図の例

2.2 会計目的と財務会計

　企業経営のために「会計」が利用されます。会計は、金銭の収支、財産の変動、損益の発生を貨幣単位によって記録・計算・整理し、管理および報告する行為または制度ということができます。会計によって、企業活動のうち取引などの経済活動におけるお金の動きを帳簿に記録、集計し、そのデータは目的に応じて会計情報へと加工処理されます。

　会計情報の利用目的は、外部報告目的と内部報告目的に区分されます。前者が財務会計、後者が管理会計ということができます。

　財務会計では、株主・投資家・債権者等の利害関係者（ステークホルダー）のために、財務諸表を作成して提供します。

　また、管理会計では、経営管理のための会計情報を作成して、経営者、部門管理者に提供します。企業業績を向上させるための情報を提供することが目的となります。

　財務諸表は、会計基準に従って作成されます。つまり、外部報告目的の財務会計は、会計基準という統一したルールを適用することによって、業種や規模が異なる企業の業績を比較することができるようになっています。特定の利害関係者に偏った会計を行わないという会計基準のおかげで、株主、債権者、投資家、消費者、政府等の利害関係者の利害を調整することができるわけです（図2-4参照）。

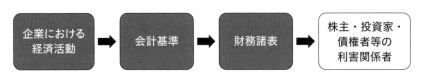

図2-4　財務会計の役割

日本での会計基準には以下のようなものがあります。

- **日本会計基準**：日本独自の会計基準で、1949年に公表された「企業会計原則」をもとにしたものです。2001年からは企業会計基準委員会が設定した会計基準を合わせたものが採用されています。
- **米国会計基準**：アメリカで採用されている会計基準で、米国財務会計基準審議会

（FASB）が発行する財務会計基準書（SFAS）や、FASB解釈指針（FIN）などから構成されています。アメリカで上場している日本企業は、米国会計基準に基づいて財務諸表を作成しなければなりません。

- **IFRS（International Financial Reporting Standards、国際会計基準）**：国際会計基準審議会が作成した会計基準で、EU域内の上場企業に対して2005年に導入が義務化されています。海外に子会社が多数ある企業、海外展開する企業での導入が必要になります。

これ以外に、国際会計基準「IFRS」を日本企業向けに調整した日本版IFRS（J-IFRS）ともいわれる「修正国際基準（Japan's Modified International Standards）」が2016年3月期末より適用されています。

会計基準は、各国が経済環境や歴史に合って独自に設定されてきました。日本ではなじみのある日本会計基準ですが、海外の投資家から見ると海外企業と同じように評価することができず、グローバルビジネスにおいて弊害となる懸念もあります。自社の財務諸表を作成するにあたり、どの会計基準を選択すればいいのか検討する必要があります。

財務諸表には、貸借対照表（B/S、Balance Sheet）、損益計算書（P/L、Profit and Loss Statement）、キャッシュ・フロー計算書（C/F、Cash Flow Statement）などがあります。

（1）貸借対照表（B/S、Balance Sheet）

貸借対照表は、図2-5に示すように、決算日における会社が持っている「資産」、返済義務のある「負債」、資産から負債を差し引いて残る返済義務のない「純資産」の状態を明らかにするための計算表です。

図2-5　貸借対照表の基本構造

資産は、「流動資産」、「固定資産」から構成されます。流動資産は現金および

短期のうちに現金化できる資産であり、固定資産は土地、建物など現金化するのに長期を要する資産のことを指します。

　負債とは、いずれ支払う義務のあるものであり、「流動負債」と「固定負債」に分けられます。流動負債は、支払手形、買掛金、未払金など、決算から1年以内に返済の義務がある負債です。固定負債は、資金を調達するために発行した社債、長期にわたる借入金など、決算から1年を超えて返済していく負債です。

　純資産は、株主が出資する資本金や、過去の利益の合計額になります。「自己資本」とも呼ばれ、返済の義務がないものです。

（2）損益計算書

　損益計算書は、収益から費用を差し引いた「利益」を知るための計算書です。利益は、「売上総利益」「営業利益」「経常利益」「税引前当期利益」「当期利益（純利益）」の5つから成り立っています。図2-6に損益計算書の構造を示します（**松村・松本・篠田、2009**）。

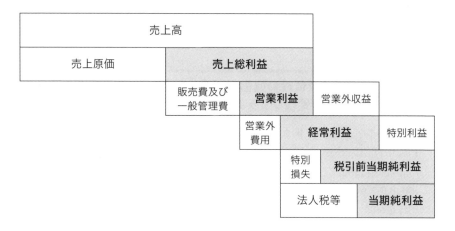

図2-6 損益計算書の基本構造

　「売上高」は、企業が市場に提供した商品・製品・サービスなどの価値であり、「売上原価」はその製品の製造のために消費した費用あるいは商品の仕入れのために消費した費用です。この差額を売上総利益といいます。

　　売上総利益 ＝ 売上高 − 売上原価

　販売活動や一般管理のために費用がかかりますが、これを「販売費及び一般管理費」といいます。

　　営業利益 = 売上総利益 − 販売費及び一般管理費

で計算される営業利益は、その企業の本業の利益を示しています。

　経常利益（経常的かつ正常な企業活動での利益）は、営業外収益（主たる営業活動以外からの収益、例えば、家賃収入、受取利息など）と営業外費用（主たる営業活動以外の活動での費用、支払利息など）から下記のように計算されます。

　　経常利益 = 営業利益 + 営業外収益 − 営業外費用

　そして、特別利益（固定資産売却など）を加え、特別損失（火災損失など）、法人税などを差し引き、当期純利益が計算されます。

　　税引前当期利益 = 経常利益 + 特別利益 − 特別損失
　　当期純利益 = 税引前当期利益 − (法人税 + 法人住民税 + 法人事業税)

例題 2-3　**上場企業各社の貸借対照表、損益計算書についてExcel シートで整理してみましょう**

　金融庁が中心となり開発された財務データの電子開示システムEDINET（Electronic Disclosure for Investors' NETwork：http://disclosure.edinet-fsa.go.jp/）を利用して、有価証券報告書をダウンロードすることができます。

　EDINETからコマツ（株式会社小松製作所）第150期（平成30年4月1日 - 平成31年3月31日）の有価証券報告書をExcelシートにダウンロードし、それをもとに貸借対照表の要旨を作成した例が図2-7です。

　各科目合計にはSUM関数が使われています。また、マイナス数値 (-123) を「△123」のように示すために、当該セルを右クリック→「セルの書式設定」→「数値」から書式の設定を行っています。

　さらに、損益計算書の要旨を作成した例を図2-8に示します。Excelシートの各セルに含まれている計算式、SUM関数を見ると、どのような計算が行われて貸借対照表、損益計算書ができあがっているか理解できます。

	H	I	J	K	L
3		貸借対照表の要旨			(単位：百万円)
4		資産の部		負債の部	
5		科　　目	金　額	科　　目	金　額
6		**流動資産**	600,919	**流動負債**	330,951
7		現金及び預金	244,913	支払手形・買掛金	79,610
8		受取手形・売掛金	186,749	未払金及び未払費用	33,518
9		たな卸資産	83,957	その他	217,823
10		その他	85,890	**固定負債**	130,714
11		貸倒引当金	△ 590	社債	50,000
12				長期借入金	28,500
13				退職給与引当金	41,466
14		**固定資産**	277,331	その他	10,748
15		有形固定資産	259,146	**負債合計**	461,665
16		無形固定資産	18,185	純資産の部	
17				資本金	70,561
18		**投資等その他の資産**	460,824	資本剰余金	140,841
19				利益剰余金	713,610
20				自己株式	△ 49,478
21				評価・換算差額等	77
22				その他	1,798
23				**純資産合計**	877,409
24		**資産合計**	1,339,074	**負債及び純資産合計**	1,339,074

図2-7　貸借対照表の要旨

	D	E	F
3		損益計算書の要旨	(単位：百万円)
4		科　　目	金　額
5		売上高	928,967
6		売上原価	666,853
7		販売費及び一般管理費	136,893
8		**営業利益**	=F5-F6-F7
9		営業外収益	76,028
10		営業外費用	5,715
11		**経常利益**	=F8+F9-F10
12		特別利益	4,506
13		特別損失	1,333
14		**税引前当期利益**	=F11+F12-F13
15		法人税、住民税及び事業税	39,611
16		法人税等調整額	1,341
17		**当期利益**	=F14-F15-F16

図2-8　損益計算書の要旨

2.3　管理会計とコントロールの体系

　会計情報の利用目的が、外部報告目的と内部報告目的に区分され、前者が財務会計、後者が管理会計であることを説明しました。内部目的とは、経営者が企業内部の管理者を目標利益に向かうよう説得・誘導することを意味します。このために活用される「管理会計」は、経営の意思決定や業績向上につながるという点で意義があります。

　18世紀、イギリスで起こった産業革命によって機械工業と大量生産の時代に入り、原価計算（Cost Accounting）が形作られていきました。これが、管理会計の萌芽です。その後、1880年代から1930年代にかけてアメリカで、標準原価計算、予算統制、損益分岐点分析あるいはCVP（Cost-Volume-Profit）分析、直接原価計算といった、伝統的な管理会計の手法が生成・確立されていきました。さらに、第2次世界大戦後には、管理会計の対象が、原価のみならず、売上高、利益、投資等にも広がり、資本予算、長期利益計画等の手法や、経営科学あるいは行動科学などの隣接諸分野を取り入れた学際的アプローチも生まれました（**伊藤、1992**）。

（1）管理会計の体系

　管理会計の定義には諸説があり、歴史とともに発展し変化してきました。

　1993年にR.Beyerが①意思決定管理会計（decision accounting）と②業績管理会計（performance accounting）という機能区分を提唱しました。これは、今も多くの支持を受けている基本的な考え方になっています。

　意思決定とは、複数の選択肢の中から一つを選択するプロセスで、何を選択肢として考えているのか、比較対象として何を捉えるのかが問題となります。例えば、アウトソーシングするか、しないかという選択肢に対して、製造原価（労務費）を比較して意思決定するために原価管理（原価計算）を行うということであれば、この原価管理は意思決定管理会計であるといえます。

　一方、業績評価の指標を何にするかによって人や組織の行動は決定付けられます。明確な指標、尺度によって計量的に業績を評価することが重要であり、例えば、予算を立ててその達成率を評価するということは業績管理会計であるといえます。

　また、管理会計領域を①利益管理会計と②原価管理会計という機能区分で整理

することも提唱されています（**上埜、2001**）。経営計画、目標利益の決定とそれを
実現するための期間業績指標、予算管理などの利益管理会計は、営利の追求によっ
て組織の存続を維持する私企業にとって重要です。収益から費用を引くと利益と
なりますから、利益確保のためには費用を下げることが必要であることは自明で
す。標準的な原価を定めて実際に発生した原価との差異を分析する標準原価管理
などは原価を抑えるために有効であり、原価管理会計は管理会計における重要な
要素であるといえます。

1949年にB.E.Goatsは、①計画策定のための管理会計と②統制のための管理会
計という階層で整理し、現在の管理会計体系の基礎を作りました（**青木、1980**）。
これを受けて、日本の「原価計算基準」（1962年）では、①計画策定のための管
理会計をさらに①-1基本計画策定のための管理会計と①-2業務計画のための管
理会計に分けて整理しています。

これら管理会計体系化の試みは、以下の3つに整理できます（**上埜、2001**）。

- 計算方法などの技法による体系化（標準原価計算、予算統制、投資決定など）
- 経営職能領域による体系化（生産管理会計、販売管理会計など）
- 経営管理機能による体系化（計画会計と統制会計など）

これらを図示すると図2-9のように整理できます（**上總、1993**）。

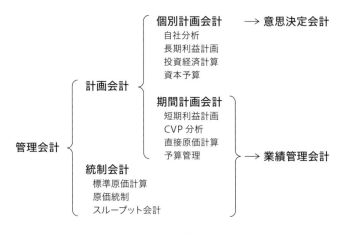

図2-9 伝統的管理会計の体系（上總、1993より）

　計画会計とは、様々な計画を策定するために必要な会計情報の収集、分類・統合を行い伝達することです。また、統制会計とは、計画に基づく行動の測定、その測定実績と目標値との差異情報を提供することです。計画会計は、戦略や中期経営計画などの個別計画会計（長期計画会計）と、利益管理や予算などの期間計画会計（短期計画会計）に分けて考えることができます。

　意思決定会計は個別計画会計（長期計画会計）を、業績管理会計は期間計画会計（短期計画会計）と統制会計を指します。

　伝統的な管理会計の体系は、図2-9にあるようにR.Beyerと B.E.Goatsが提唱した「計画会計と統制会計」、あるいは「意思決定会計と業績評価会計」として整理されます。

　しかし、実務において、計画と統制を明確に分けることは難しいことがあります。例えば、予算管理では、予算編成は期間計画会計で、予算統制は統制会計であると分類しても、予算管理として一体として運用する方が自然です。つまり、実際の経営管理においては、計画の策定、計画の実行、統制は一体となっています。

　1965年にRobert N. Anthonyは、経営管理を3つの区分で説明しました。

① **戦略的計画（Strategic Planning）**
　組織目的を達成するための戦略を策定するプロセス。

② **マネジメント・コントロール（Management Control）**
　策定した戦略の実現に向けて経営資源を効果的・効率的に取得・活用するプロセス。

③ **オペレーショナル・コントロール（Operational Control）**
　課業（一定時間に割り当てられた仕事）を効果的・効率的に遂行するプロセス。

また、次のような解釈があります。

- **マネジメント**：正しいと思われる方法を見つけ出して実行に移すこと
- **コントロール**：ルール通りになっているかどうかを調べ、なっていなければルール通りに修正することである

　マネジメント・コントロールとは、従業員が組織にとってベストな行動をとるよう促す活動を行うこと、および、その活動を改善することであるといえます。また、マネジメント・コントロールは主に人を対象とし、継続的、定期的、シス

テマティックなものであるとしています。

　この戦略的計画／マネジメント・コントロール／オペレーショナル・コントロールの枠組みに合わせると、①戦略的計画のための管理会計、②総合管理のための管理会計、③現業統制のための管理会計と3つの階層に整理することができ、多くの著書でもこの体系に沿って管理会計が説明されています（**上總、1993**）（**青木、1980**）。

　この3つの階層と各管理会計手法との関係は次のように整理することができます。第3章以降では、これらの各管理会計手法についてExcelを用いて説明します。

① 戦略的計画のための管理会計（戦略的計画会計）
- 中期経営計画
- 財務情報分析
- 資金管理
- キャッシュ・フロー管理
- プロダクト・ポートフォリオ管理
- 投資経済計算
- BSC（バランスト・スコアカード）

② 総合管理のための管理会計（総合管理会計）
- 短期利益計画
- CVP分析
- 限界利益分析
- ライフサイクル・コスティング
- 内外製意思決定
- 予算管理

③ 現業統制のための管理会計（現業統制会計）
- 購買管理会計
- 研究開発管理会計
- 生産管理会計
- 販売管理会計

これらはいずれも、従業員が組織の目標に向かうよう説得し、行動を促すもの

です。現在、マネジメント・コントロールでは非財務情報も重要であることが認識され、結果として管理会計そのものが財務情報だけでなく非財務情報を取り扱うものとして捉えられるになっています。管理会計をManagerial Accountingと表現する場合は伝統的な狭義の管理会計を指し、Management Accountingと表現する場合は非財務情報も扱う拡張された管理会計を指すといわれています。本書でもこの管理会計の階層に基づく体系に沿い、各管理会計手法を説明しています。

(2) コントロールの体系

次に、コントロールについて整理します。

1995年にSimonsは、インタラクティブ・コントロール・システムと診断型コントロール・システムという2つのコントロールを提唱しました。

インタラクティブ・コントロールは、「マネジャー自身が定期的そして個人的に部下の意思決定活動に関与するために、利用する公式的な情報システム」と定義されています。組織内で双方向に情報を共有し頻繁に会話しながら目標に向かうコントロールというような解釈ができます。

一方、診断型コントロールは、「アウトプットを測定する能力、現実の成果と比較できる事前に設定された基準、基準からの乖離を修正する能力が必要な要件となるシステム」と定義されています。定めた目標に達していない場合に能力や取り組み方法についての修正を求めることで目標に向かうコントロールであるといえます。

一般には、診断型コントロール（目標との差異が出たら能力不足を指摘し改善していく"叱咤激励型"）とインタラクティブ・コントロール（コミュニケーションや情報共有を進め、目標と実績の差異が出ないように普段の努力を行う"会話・励まし型"）の二つのコントロールモードをうまく使い分けることが必要であるといわれています。

図2-10に企業規模別に診断型コントロールおよびインタラクティブ・コントロールがどの程度活用されているかを調査した一例を示します。企業規模が大きくなる程コントロールの活用度が高くなっていること、また、インタラクティブ・コントロールよりも診断型コントロールの活用度が高いことがわかります。

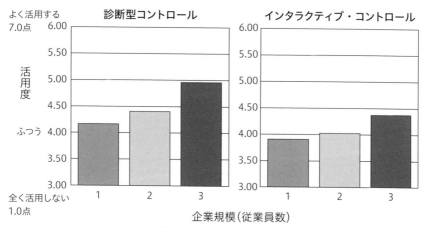

図2-10 企業規模とマネジメント・コントロール活用度（長坂、2014）

　さらに、管理会計のコントロールについて、シングルループおよびダブルループ、あるいはフィードバック・コントロールおよびフィードフォワード・コントロールというコントロールの類別があります。とくに戦略的計画策定などにおいては、ダブルループおよびフィードフォワード・コントロールが有効であることも報告されています（丸田、1998）。

　管理会計においても、伝統的に展開されているのは、図2-11にあるシングルループです。つまり、アウトプット目標値（予算、標準原価など）をアウトプット実績（予算実績、実際原価など）と比較し、その差異を分析して、インプットやプロセスの改善・修正を行うというシングルのフィードバック・コントロールが基本になっています。例えば、気温が下がって寒くなったことを感じると、セーターを着たり暖房をつけたりというように対応しますが、これがフィードバック・コントロールです。

　これに対して、図2-11にあるダブルループのフィードバックは、アウトプット目標値とアウトプット実績値を比較して行動をとるというシングルループに加えて、そのアウトプット目標値を達成すれば実現できるであろうと見込まれているアウトカム目標値（例えば、標準原価を達成すれば利益目標が達成できるはずであるというような見込み）と、アウトプット実績によって実際にもたらされたアウトカム実績値との比較を行うという、もう一つのループを組み込んだものです。

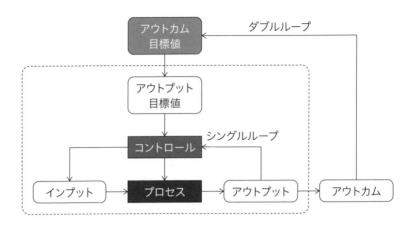

図2-11 ダブルループのフィードバック・コントロール（丸田、2005）

　一般に、アウトプットとはプロセスが生み出す財・サービスの量的結果を意味します（予算、原価、生産量など）。そして、それは経営目標であるアウトカム（利益、株価など）とつながっていると見込まれています。つまり、アウトプットが増えればアウトカムも増えるはずであると考えられています。しかし、予算を達成しても利益が伸びないことも起こります。そのため、アウトカムの目標値と実績値も比較して、アウトプット目標値を修正したり、インプットやプロセスを改善・修正したりするように行動を促すことも重要になるわけです。

　フィードバック・コントロールに対して、フィードフォワード・コントロールがあります。フィードフォワード・コントロールは、もともと自動制御の方式の一つで、出力に変動を起こさせるような外乱を予測し、前もって打ち消してしまう制御方式を指します。通常、フィードバック・コントロールと一緒に用いられます。

　図2-12に示すように、フィードバック・コントロールは、実際の取り組みにおいて得られた結果と当初設定した基準値との差異を計測し、次の行動を見直し、より基準値に近づこうとするものです。一方、フィードフォワード・コントロールは、実際の取り組みの前に結果を予測し、その予測値と基準値との差異を確認して投入予定量等を修正するものです。例えば、気温が下がることが天気予報で予測されていたら、事前にセーターを用意し早めに着ていたり、少し早めに暖房をつけたりというように対応することができます。これがフィードフォワード・コントロールです。

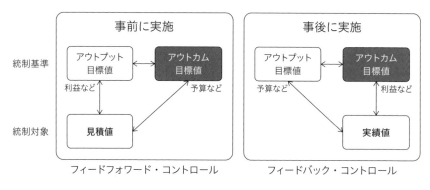

図2-12 フィードフォワードとフィードバック・コントロール（丸田、2005）

　計画を立てて、実際に取り組んでその成果を向上させるには、計画を着実に実行するだけではなく、計画の実現可能性をフィードフォワード・コントロールしておく必要があるといえます。戦略的計画策定のための管理会計の諸技法において、フィードバックの限界を克服するためにフィードフォワードが必要とされます。

　戦略的コントロールに対する伝統的なアプローチでは、(1) トップマネジメントによって戦略が形成され目標が設定される、(2) 戦略が実行に移される、(3) 設定されている目標に対して業績が測定されるというプロセスにおいて、設定された目標と実際とを比較してフィードバックするというシングルループのみが前提にされていました。この場合、戦略目標は計画期間中において固定されることになってしまいます。つまり、シングルループおよびフィードバック・コントロールだけでは、環境が不安定で複雑性が高い状況においては、戦略目標自体が逆機能を果たしてしまう危険性もあるわけです。

　そこで、戦略や目標を絶えずモニターし再検討するためのダブルループ・コントロールに加えて、戦略上の脅威に対して、あらかじめ予測し対応していくというフィードフォワードが求められています（丸田、2004）。環境が不安定な状況では、戦略行動が実行されてからのフィードバックだけでは戦略計画の修正が遅すぎる場合が出てくるからです。

　原価企画はフィードフォワード・コントロールで、予算差異分析や標準原価計算はフィードバック・コントロールであるといえます。製造業の実務においては、これらを組み合わせでダブルループ・コントロールを実現しようとする場合が多いようです（西村、1995）。また、日本企業における管理会計に関して、フィードフォ

ワード技法として原価企画、価値工学、組織間原価管理が、フィードバック技法として製品原価計算、オペレーショナル・コントロール、原価改善などがあげられています（丸田、2005）。

　最新のエアコンでは、部屋の温度を自動でコントロールしてくれます。管理会計でも迅速で的確なコントロールが求められています。そのような仕組みを企業活動で活用できるようにしていくことが重要です。

参考文献

(1) 青木成男、『管理会計研究』中央経済社（1980）

(2) 伊藤博、『管理会計の世紀』同文舘（1992）

(3) 上埜進、『管理会計－価値創出をめざして－』税務経理協会（2001）

(4) 上總康行、『管理会計論』新世社（1993）

(5) 篠原 巨司馬、"戦略マネジメントシステムとしての戦略管理会計研究"、『福岡大学商学論叢』55巻4号（2011）pp.445 -465

(6) 柴田悟一・中橋國藏、『経営管理の理論と実際』東京経済情報出版（1997）

(7) 長坂悦敬、"製造・開発における戦略管理会計の展望"、『原価計算研究』Vol.38、No.1（2014）pp.21-33

(8) 西村明、"日本的管理会計の構造と特質"、『経済学研究』第61巻、第3・4合併号（1995）pp.83-97

(9) 松村勝弘・松本敏史・篠田朝也、『財務諸表分析入門－Excelでわかる企業力－』ビーケーシー（2009）

(10) 丸田起大、『フィードフォワード・コントロールと管理会計』同文舘出版（2005）

(11) Anthony,R.N. Planning and Control Systems: A Framework for Analysis. Boston, Division of Research, Graduate School of Business Administration, Harvard University.（1965）（高橋吉之助訳『経営管理システムの基礎』ダイヤモンド社（1968））

　戦略的計画のための管理会計は、戦略的計画を作り、そして、戦略実行を支援するためのものとして活用されます。その特徴には、①短期的視点に基づく会計情報に加えて長期的視点に基づく会計情報を用いる、②自社内の会計情報に加えて企業外部の会計情報を用いる、③財務的尺度に加えて非財務的尺度を用いる、という3つがあります（園田、1999）。既に、戦略管理会計を表題に含めた著書がいくつか出版され、経営戦略の課題と管理会計について複数の視点から論説されています（清水、2000）（西山、2009）（辻、2010）（淺田・伊藤、2011）。

　本章では、戦略的計画策定のための各管理会計手法を具体的にExcelシートに表現し、計算例を学びましょう。

3.1　経営戦略と管理会計

　経営戦略とは、企業が目指すビジョンを可能にさせる中長期的な方針や計画を指すものです。企業が生き残るため、あるいは、成長するためにどのようなシナリオを描いていくかが重要になってきます。社会・政治・経済の状況においてのマクロ動向、業界およびその枠を超えた競争環境、変化のスピードや不確実性をも考慮することが大切です。

　その企業内に独自の優れた技術や知的資産などの経営資源がある場合は、「内」の「要因」に焦点を当てます。業界そのものが活況である場合など産業構造上儲かる仕組みになっている場合は、「外」の「要因」に焦点を当てることが必要です。

　Michael E. Porterが提唱した競争戦略（Competitive Strategy）はポジショニング・アプローチと呼ばれます。ポジショニング・アプローチは、高い利益率の原因を「外」の「要因」つまり、外部環境の構造的な要因に焦点を当てて分析しようとするものです。戦略担当者の役割は、このような競争要因との関連で、自社に有利なポジションを見つけたり、自ら創造したりすることになります。そして、一つの業界内の競争の状況は、代替品、新規参入、業界内の競争と顧客及び供給

業者の競争力という5つの競争要因（ファイブ・フォース）によって決定される
としています。

　経営戦略の類型として、ポジショニング・アプローチ以外に、資源アプローチ、
ゲーム・アプローチ、学習アプローチがあります。これらの経営戦略について、
①「利益の源泉を外に求めるのか、内に求めるのか」、②「競争優位をもたらす要
因に注目するのか、プロセスに注目するのか」という2つの分類軸を組み合わせ
ると、表3-1のように4つの象限に整理することができます（**青島・加藤、2003**）。

表3-1　競争戦略における4つのアプローチ（（**青島・加藤、2003**）に加筆）

利益の源泉	外	**ポジショニング・アプローチ** （目標達成に向けて都合がよい状況に なるよう環境の中で自社を位置づける）	**ゲーム・アプローチ** （自社が都合のよい状況になるように 自ら環境を作り出す）
	内	**資源アプローチ** （企業内部にある経営資源を生かして 競争優位の源泉とする）	**学習アプローチ** （企業内部のプロセスに注目し、鍛錬・ 学習を重ねることで強くなる）
		要因	**プロセス**
		注目するポイント	

　ポジショニング・アプローチでは、企業を取り巻く環境は所与のものであり、
自分では変えられないという前提があります。また、資源アプローチも、環境
に積極的に働きかけていくのではなく、自分自身の力を高めて競争力の源にしよ
うという考え方がもとになっています。いわゆる競争優位の源泉をコアコンピタ
ンス（競合他社に真似できない核となる能力）に求めるアプローチです。

　一方、ゲーム・アプローチは自分の行動によって相手の行動や外部環境すら変
えられるという考えで、競合相手の環境変化を自ら起こすことを意識したアプ
ローチであるといえます。例えば、同業者と協力して市場を広げることに邁進
し、市場創造していくことなどが考えられます。また、学習アプローチは、業
務・プロセス・組織活動において様々なことを学習・鍛錬し、とくに知的資源を
蓄積することで競争優位を獲得しようとするもので、学習の中から創発する成功
例（もともと意図していなかったがいいアイデアが生まれ、事業成長が起こると
いうようなこと）が現れることも期待できます。

　ポジショニング・アプローチと関連して、例えば、事業戦略としてコスト・リー
ダーシップ戦略あるいは差別化戦略を採用する場合、産業の価値連鎖をおよび企

業の価値連鎖をどのように構築していくかに役立つ、戦略的計画会計手法が必要です。これには投資決定の理論、原価企画の理論、活動基準原価計算（ABC）などが有効です。また、顧客価値を何に求めるかによって戦略ポジションが決定されますので、ステークホルダーを強く意識した戦略的計画会計のツールが必要となります。これには、後述するBSC（バランスト・スコアカード）などがあります。

　従来活用されてきた戦略的計画会計が、静態的分析であるポジショニング・アプローチに偏向しているという指摘があります。そこで、表3-1に示すように、経営戦略としてポジショニング・アプローチや資源アプローチという静態的分析のみならず、ゲーム・アプローチや学習アプローチという動態的分析も採用されるに至り、学習アプローチについてはBeyond Budgeting、ゲーム・アプローチについては資本予算などを活用することが進んでいます（**伊藤、2006**）。

　2005年にChapmanは戦略について2つの解釈を指摘しています。一つ目が、戦略の機能は、「意図された戦略」を明確化し、その戦略を達成するために熟慮された政策を策定することに関わっているという考え（**Mintzberg、1994**）です。そして、二つ目は、戦略を時とともに進化する行動のパターンとみなした場合、戦略は「意図されていなかった形」で漸進的にアイデアが創発されてくるプロセスとして認識される（**Quinn、1980**）という考えです。現在の複雑か不確実な経営環境において多くのレベルで戦略を理解しようとする際には、この両方の考え方を適用すべきであるといえます。

　2005年にDavilaは、イノベーションの管理におけるマネジメント・コントロールの利用目的には、既存の戦略の精織化を図ることと、既存の戦略を新しい戦略に置き換えることとがあると主張しています。これは、管理会計、マネジメント・コントロールが静的な環境において戦略の実行を支援するための実行ツールとしての伝統的な役割だけでなく、動的な環境における戦略の策定と実行を促進するツールとしての役割を求められていることを示しています。

　まず経営層の意図的な策定があり、次に実行があるという手順で戦略を捉えるだけでなく、戦略を策定と実行が同時に起こる内部進化的なプロセス（創発的要素）も注目されるようになりました。具体的には、例えばSimonsがいうインタラクティブ・コントロールの活用においてマネジメント・コントロールの役割が創発戦略と結びつく場合があります。

　1983年にBurgelmanは、進化論に基づく内部生態系モデルを提唱しています。そして、2005年にDavilaは、Burgelmanの概念を用いてマネジメント・コント

ロールに関する構造的コンテクストおよび戦略的コンテクストの2つの次元を整理し、マネジメント・コントロールと戦略の関係を紐解いています。それを模式的に表したものが図3-1です。

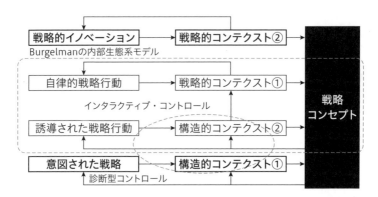

図3-1 戦略とマネジメント・コントロールの関係
（Burgelman 1983,p.65: Davila 2008,澤邉、堀井監訳2008、p62表2から作成）

Burgelmanの「誘導された戦略行動」という概念は、意図された戦略を強制的に実現しようとするのではなく、代わりに、創発戦略を形成するガイドラインを定義し、中核事業におけるリーダーシップを獲得・維持することを志向しています。ガイドラインにそった日々の行動が、最終的に戦略の実現に結びつくということです。また、Burgelmanのいう「自律的戦略行動」とは、企業の現行戦略の外部にあるものであり、それは個人やグループによって組織内の至る所で創発されるものを意味しています。

Davilaは、構造的コンテクストはマネジメント・コントロールに関して、①現行戦略に基づいて期待された価値をもたらすこと、②誘導された戦略行動を通じて漸進的イノベーションを促進すること、という2つの次元を持つとしています。つまり、意図された戦略の枠内で、忠実にいわれたことをやるだけの仕事ぶりでは、その仕事がきちんとできているか診断型コントロールのもとで叱咤激励されるということになります（構造的コンテクスト①）。一方、戦略枠組みに基づき、いわれなくてもやるべきことを整理し実行していくというような仕事ぶりでは、会話・励ましのインタラクティブ・コントロールが有効になります（構造的コンテクスト②）。

　一方、図3-1上半分で表現されている戦略的コンテクストは、①組織全体における急進的イノベーションの創造と育成を促すこと、②経営上層部による急進的変化の必要性と急進的イノベーションを基礎とした戦略策定の機会の評価を支援することという、2つの次元を持つという意味です。創発的な戦略はこのレベルで生まれてきます。また、漸進的イノベーションを支援するマネジメント・コントロールは戦略的コンテクストの一部と関連し、そのようなマネジメント・コントロールは現行戦略の改善につながる方法を導く可能性があります。

　つまり、マネジメント・コントロールは戦略的不確実性に関する情報を提供してくれるために、その情報によって改善がもたらされ、また注意深く分析することによって急進的な変化へとつながることもありうるというわけです。

　図3-1に示すように、マネジメント・コントロールは、意図された戦略を実行するための構造的コンテクスト①において、主に診断型コントロール機能を発揮する一方で、誘導された戦略高度のための構造的コンテクスト②および自律的戦略行動のための戦略的コンテクスト①のためのインタラクティブ・コントロールを機能させる必要があります。

　ここで、自律的戦略行動のための戦略的コンテクスト①として、マネジメント・コントロールとイシュー・セリング（issue selling）の関係も重要です。2013年の黒澤の定義によると、イシュー・セリングとは、「ミドル・マネジャーがトップ・マネジャーに対して自身が重要だと考える事案（issues）を受け入れてもらおうとする試み」とのことです。イシュー・セリングは創発戦略へつながる可能性が高いといえます。

　Burgelmanモデルでは、ボトム・アップのプロセスを多様性の出現とみなし、トップ・ダウンのプロセスを多様性の淘汰とみなすことができます。組織の現場で生まれる創発的な活動は組織に多様性をもたらしますが、通常は淘汰プロセスの中でその活動の大半が淘汰されます。イシュー・セリングはこの淘汰プロセスをミドルがくぐり抜けるための活動であり、戦略的コンテクストで重要な役割を持ちます。

　管理会計手法との関係でいえば、バランスト・スコアカード（BSC）、予算管理、業績管理などの測定システムは、組織の戦略がどのように実行されているかということを追跡するための監視システムとして用いられるだけでなく、漸進的改善の機会を教えてくれるような、インタラクティブ・コントロールの一部として、またイシュー・セリングを目的としても用いることができる可能性があります。

　野中郁次郎は、日本では、2000年頃から多くの企業で社員を育成する余裕が失われ、強みだった社員の忠誠心や団結力、社会貢献への思いなどは劣化したことを指摘しています。また、数値で計測できる指標を用いて意思決定する風潮が広がり、企業は理論分析過多、経営計画過多、コンプライアンス過多に陥ったということも指摘しています。その上で、企業が競争優位性を高めるためには知識創造を不断に続ける必要があり、そのためには組織に動的な関係性が生じる場があるかどうかが大切で、人の「思い」がないと知は創造できないとも主張しています。これに対して、誘導された戦略行動のための構造的コンテクスト、自律的戦略行動のための戦略的コンテクスト、イシュー・セリングのための管理会計、マネジメント・コントロールの役割は大きいといえます。

3.1.1　経営戦略と中期経営計画

　経営戦略を実現するために長期経営計画または中期経営計画が策定されます。一般に、長期経営計画（10年程度）、中期経営計画（3〜5年）、短期経営計画（1年）が関係付けられ、企業内で共有されます。長期経営計画は、例えば10年後にこうありたいという姿（ビジョン）を描き、それに向かう方針などをまとめたものですが、中期経営計画は、3〜5年間の進むべき方向性を明確にし、アクションプラン（何をなすべきか）も定めることが求められます。その中期経営計画に基づき、単年度の短期経営計画が作られ、予算管理が行われることになります。

　多くの企業では、株主価値向上のために中期経営計画を公表しています。

例題 3-1　**Excelシートに中期経営計画を作成してみましょう**

　ビジョン（目指す姿）、戦略方針、事業展開の方針などとともに中長期戦略計画の目標として財務業績を書き込む必要があります。それをシンプルに表現した概要様式例を図3-2に示します。

　Excelでこのようなシートを作るメリットとして、レイアウトの修正が容易であること、図3-2のように数値表、グラフの組み込みが容易であることがあげられます。棒グラフを作成した後、グラフをクリックし、「データ系列の書式設定」ウィザードを表示して、第2軸を選択するとグラフの左側に新たな軸表示が現れます。右側の軸と左側の軸の2軸で複合グラフを作成することで見やすいグラフを作ることができます（棒グラフと折れ線グラフの組み合わせも可能で

す）。また、これらのシートをA4版用紙にうまく収まるように余白をとってレイアウトすると、印刷やPDFファイルで情報共有が可能になります。

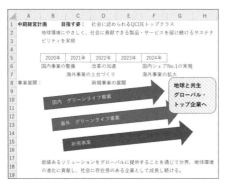

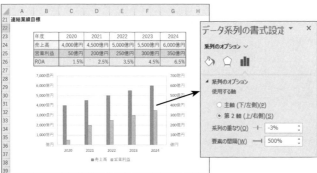

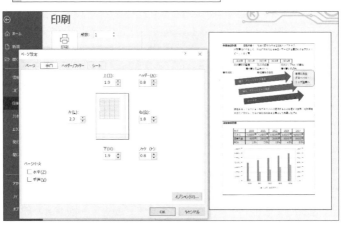

図3-2 中期経営計画概要（例）

　図3-3には、A3版用紙に印刷できる中期経営計画表の作成例を示します。企業全体の中期経営計画のみならず、各事業部、部門での中期経営計画をこのようなシートで明確にし、組織内で共有することは経営管理において重要です。

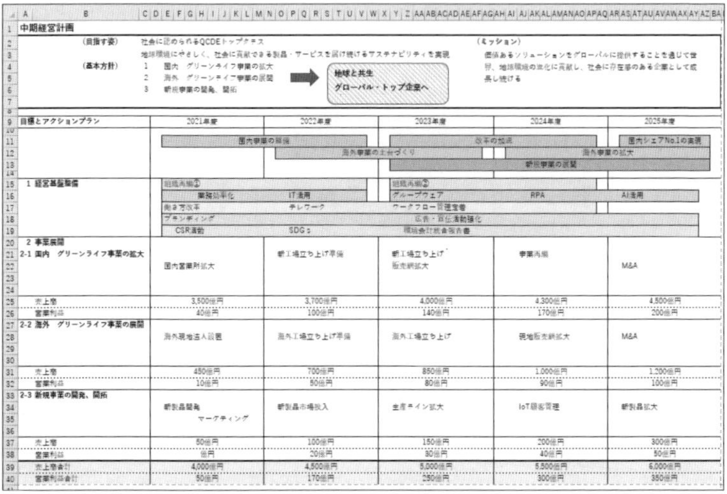

図3-3　中期経営計画表（例）

　Excelシートでセルの行と列を同じ大きさにして「碁盤の目」状に、つまり、「方眼紙」のように変更すると、レイアウトが容易で、見やすい資料の作成ができます。行、列の境界線（例えば、A列とB列の間の線）にマウスポインタを合わせるとマウスポインタの形が左右に矢印がある十字形に変わります。マウスを左クリックしたままにすると、例えば「幅:8:08（104ピクセル）」と表示されます。このピクセル数を行、列で同じになるように調整することで方眼紙状のセルができあがります。

　戦略計画を貨幣で測定し、利益計画を作るプロセスが利益計画策定です。利益計画の中には、将来獲得したい見積利益が計算され、表示されます。利益計画は、企業環境を予測し、これに対応した経営資源の有効配分を行うという目的で策定されますが、「間接的ではあるが、中長期計画策定の過程は、経営者の洞察力を向上させ、建設的な考え方を持つようにさせるとともに、協調的な態度を改善することに大いに役立つ」ともいわれています（アメリカ会計人協会）。

例題 3-2　Excelを用いて利益計画を作成してみましょう

　3年間の実績を入力し、その右横に今後5年間の予測値を入力できるようにレイアウトしたシートの例を図3-4に示します。

5カ年目標損益計算書　（千円）

項目	3年前の実績 2018年3月期	前年比	2年前の実績 2019年3月期	前年比	前期実績 2020年3月期	前年比	1年後 2021年3月期	前年比	2年後 2022年3月期	前年比	3年後 2023年3月期	前年比	4年後 2024年6月期	前年比	5年後 2025年6月期	前年比
売上高	373,745		369,193	99%	317,812	86%	325,000	102%	340,000	105%	355,000	104%	372,000	105%	395,000	106%
売上原価	277,978		258,945	93%	214,005	83%	210,100	98%	220,000	105%	230,000	105%	242,000	105%	255,000	105%
売上総利益	95,767		110,248	115%	103,807	94%	114,900	111%	120,000	104%	125,000	104%	130,000	104%	140,000	108%
販売費及び一般管理費	85,155		84,531	99%	81,200	96%	89,500	110%	91,000	102%	91,500	101%	91,700	100%	92,000	100%
営業利益	10,612		25,717	242%	22,607	88%	25,400	112%	29,000	114%	33,500	116%	38,300	114%	48,000	125%
営業外収益	1,190		1,173	99%	1,165	99%	1,167	100%	1,167	100%	1,167	100%	1,167	100%	1,167	100%
営業外費用	3,840		3,873	101%	4,348	112%	4,000	92%	3,800	95%	3,600	95%	3,000	83%	2,600	87%
経常利益	7,962		23,017	289%	19,424	84%	22,567	116%	26,367	117%	31,067	118%	36,467	117%	46,567	128%
特別利益	650		0	0%	0		0		0		0		0		0	
特別損失	0		845		0	0%	0		0		0		0		0	
税引前当期純利益	8,612		22,172	257%	19,424	88%	22,567	116%	26,367	117%	31,067	118%	36,467	117%	46,567	128%
法人税等	3,987		7,759	195%	7,246	93%	10,155	140%	11,865	117%	13,980	118%	16,410	117%	20,955	128%
当期純利益	4,625		14,413	312%	12,178	84%	12,412	102%	14,502	117%	17,087	118%	20,057	117%	25,612	128%
人件費	73,945		73,505	99%	72,018	98%	68,000	118%	68,000	100%	68,000	100%	68,000	100%	67,000	99%
減価償却費	7,930		8,497	107%	8,580	101%	10,135	118%	12,302	121%	12,300	100%	12,500	102%	11,500	92%

図3-4　5カ年目標損益計算書（例）

　この予測値を得るために、目標とする毎年の売上高伸び率、売上原価率（＝売上原価/売上高）の減少率、営業外収益増加率、営業外費用減少率、人件費増加率、減価償却費増加率および販売費及び一般管理費／売上高比率、実効税率を設定し（セルA23～P23）、直近の年度実績から今後5年間の各値を計算できるようにしたExcelシートを図3-5に示します。前年の数値に対して、毎年どのくらいの伸び率であれば中期利益目標が達成できるのかシミュレーションすることができます。

5カ年 損益計算書（シミュレーション）

売上伸び率	売上原価率の減少率	販売費及び一般管理費/売上高 比率	営業外収益増加率	営業外費用減少率	実効税率	人件費増加率	減価償却費増加率
5.0%	-1.0%	25.0%	1.0%	-5.0%	33.0%	2.0%	2.0%

項目	3年前の実績 2018年3月期	前年比	2年前の実績 2019年3月期	前年比	前期実績 2020年3月期	前年比	1年後 2021年3月期	前年比	2年後 2022年3月期	前年比	3年後 2023年3月期	前年比	4年後 2024年6月期	前年比	5年後 2025年6月期	前年比
売上高	373,745		369,193	99%	317,812	86%	333,703	105%	350,388	105%	367,907	105%	386,302	105%	405,618	105%
売上原価	277,978		258,945	93%	214,005	83%	222,458	104%	231,245	104%	240,379	104%	249,990	104%	259,745	104%
売上総利益	95,767		110,248	115%	103,807	96%	111,244	107%	119,142	107%	127,528	107%	136,428	107%	145,873	107%
販売費及び一般管理費	85,155		84,531	99%	81,200	96%	83,426	103%	87,597	105%	91,977	105%	96,576	105%	101,404	105%
営業利益	10,612		25,717	242%	22,607	88%	27,819	123%	31,546	113%	35,551	113%	39,852	112%	44,469	112%
営業外収益	1,190		1,173	99%	1,165	99%	1,177	101%	1,188	101%	1,200	101%	1,212	101%	1,224	101%
営業外費用	3,840		3,873	101%	4,348	112%	4,131	95%	3,924	95%	3,728	95%	3,542	95%	3,365	95%
経常利益	7,962		23,017	289%	19,424	84%	24,864	128%	28,810	116%	33,023	113%	37,523	114%	42,328	113%
特別利益	650		0	0%	0		0		0		0		0		0	
特別損失	0		845		0	0%	0		0		0		0		0	
税引前当期純利益	8,612		22,172	257%	19,424	88%	24,864	128%	28,810	116%	33,023	113%	37,523	114%	42,328	113%
法人税等	3,987		7,759	195%	7,246	93%	8,205	113%	9,507	116%	10,898	113%	12,383	114%	13,968	113%
当期純利益	4,625		14,413	312%	12,178	84%	16,659	137%	19,302	116%	22,125	115%	25,140	114%	28,360	113%
人件費	73,945		73,505	99%	72,018	98%	73,459	102%	74,928	102%	76,426	102%	77,955	102%	79,514	102%
減価償却費	7,930		8,497	107%	8,580	101%	8,580	100%	8,580	100%	8,580	100%	8,580	100%	8,580	100%

図3-5　5カ年目標損益計算書のシミュレーション

　各目標値のセルA23～P23を使って、図3-6のように計算式が設定されています。ここで、「\$A\$23」などと「\$」マークが付与されたセルは、固定的にこのセルの値を用いるという絶対番地を示しています。通常は、パソコンの「F4」キー

を押すことで、相対番地から絶対番地に変更することができます。

	P	Q
25	5年後	
26	2025年6月期	前年比
27	=N27*(1+$A23)	=IF(N27<=0,"",1+(P27-N27)/N27)
28	=P27*(N28/N27)*(1+$C23)	=IF(N28<=0,"",1+(P28-N28)/N28)
29	=P27-P28	=IF(N29<=0,"",1+(P29-N29)/N29)
30	=P27*$F$23	=IF(N30<=0,"",1+(P30-N30)/N30)
31	=P29-P30	=IF(N31<=0,"",1+(P31-N31)/N31)
32	=N32*(1+$H$23)	=IF(N32<=0,"",1+(P32-N32)/N32)
33	=N33*(1+$J$23)	=IF(N33<=0,"",1+(P33-N33)/N33)
34	=P31+P32-P33	=IF(N34<=0,"",1+(P34-N34)/N34)
35	0	
36	0	
37	=P34+P35-P36	=IF(N37<=0,"",1+(P37-N37)/N37)
38	=IF(P37>0,P37*$L$23,0)	=IF(N38<=0,"",1+(P38-N38)/N38)
39	=P37-P38	=IF(N39<=0,"",1+(P39-N39)/N39)
40	=N40*(1+$N23)	=IF(N40<=0,"",1+(P40-N40)/N40)
41	=N41*(1+$Q23)	=IF(N41<=0,"",1+(P41-N41)/N41)

図3-6　図3-5のP列、Q列27〜41行における数式の設定

　このシートで、第1章で説明したゴールシークを使い、5年後の営業利益を50,000千円にするためには売上原価率を毎年どのくらい減少させていかなければならないかシミュレーションしてみましょう。

　図3-7のように、「数式入力セル（E）」の欄を選んで5年後の営業利益のセル（P31）をクリックし、「目標値（V）」の欄に50,000と入力。続いて「変化させるセル（C23）の欄を選んで売上原価率の減少率（C23）のセルをクリックし、「OK」ボタンを押します。すると、5年後の営業利益のセル（P31）に50,000が表示され、売上原価率の減少率（C23）のセルに-1.4%という値が表示されます。他の条件が変わらない場合は、原価低減を図り、売上原価率（＝売上原価／売上高）を毎年1.4%下げていく努力が必要であることがわかります。

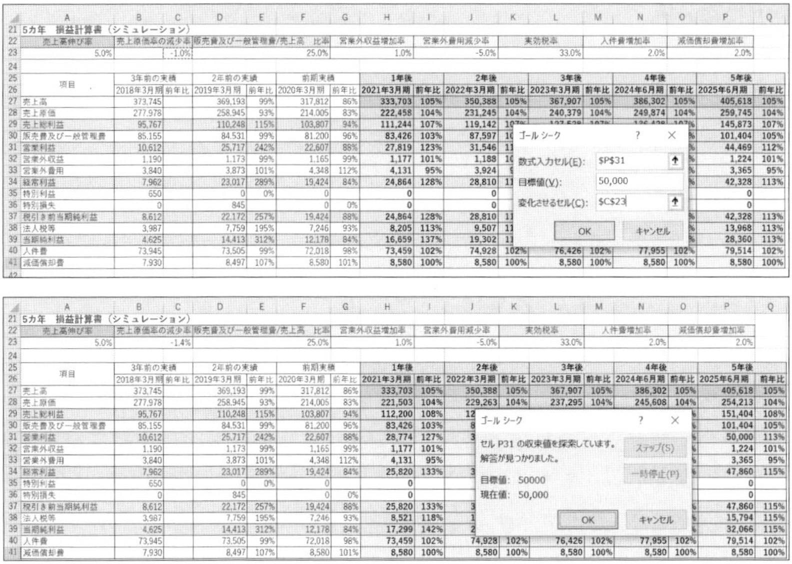

図3-7　ゴールシークによるシミュレーション

3.1.2　財務情報分析

　財務情報分析は、会計データを用いた分析によって収益性、安全性、資金状態について判断することができる点と、他社との比較から自社の強み弱みを知ることができる点の2つの点で、経営戦略や利益計画を策定する際に有用です（森田、1993）（白井、1995）。

　財務情報分析の一般的な手法は、①比率分析、②実数分析、③損益分岐点分析などに分類されます。

① 比率分析

　会社の規模にかかわらず、比率として構成のあり方を比較するものです。

■ 構成比率分析

　全体の中に占める割合を計算し、比率で表したものです。例えば、貸借対照表で自己資本を総資本で割った値（自己資本率という）や売上高と利益の比率はこれに該当します。

■ 相互比率分析

　貸借対照表と損益計算書の相互間、あるいは、貸借対照表の中の資産と負債というように相互に関連した数字を使ったものを指します。例えば、流動資産と流動負債の相互比率（流動比率という）が、これにあたります。

■ 傾向指数分析

　ある期の数字を100とした場合の各期の傾向値を見るもので、グラフ化することで情勢を把握することが容易になります。売上高や利益の伸び率などが該当します。

② 実数分析

　実数そのものを分析の対象とするものです。代表的なものに比較貸借対照表、比較損益計算書があります。これは、年度にまたがって各科目の金額がいくら変化したか、増減の実数で表示するものです。

③ 損益分岐点

　売上高から費用を引いた残りがプラスであれば利益がありますが、マイナスであれば損失が出ていることになります。もし売上高と費用の金額がまったく同一であるとすると、その売上高は損失も利益もない状態です。

　この売上高と費用の金額が同じ点を「損益分岐点」と呼びます。損益分岐点を知ることは、利益を上げるための最低売上高を知ることになり、重要です。売上高、固定費（売上数に関わらず発生する一定の費用）、変動費（売上数の増加にともなって比例的に増えていく費用）から損益分岐点は次の式で計算されます。

$$損益分岐点 = \frac{固定費}{1 - \dfrac{変動費}{売上高}}$$

　ここでは、他社との比較から自社の強み弱みを知ることを目的として、個別の分析の評価比率を積み上げて、総合的に会社全体を評価していく方法について説明します。個別分析では、資金力、資金運用力、収益力、発展力、人というような視点の置き方や、収益性、活動性、支払能力、安全性、生産性、販売力というような視点の置き方があります。

　伝統的なアプローチ（森田、1993）（白井、1995）を採用し、①安全性の分析（資

金の調達と運用）、②収益性の分析、③生産性の分析という3つの項目に分けて
Excelで分析していきます。

① 安全性の分析（資金の調達と運用）

　会社としては、資金の調達と運用のバランスがとれていることが財務安定性を
確保することにつながります。貸借対照表によってその状態をつかむことができ
ます。

■ (a) 資産と負債のバランス

流動比率＝流動資産合計／流動負債合計×100〔％〕

　原則として1年以内に現金化できる資産が流動資産ですから、1年以内に社外
流出となる流動負債の金額に比べて流動資産が少なければ支払い能力が乏しいと
いうことになります。日経225（東証1部上場銘柄のうち代表的な225銘柄）にお
ける流動比率の平均値（2019年度）では185.3％となっています。産業分野や事業
形態によっても異なりますが、流動比率は一般的に100％未満では危険域であり、
120％〜149％の範囲であれば安全水準、150％以上であれば優良水準であるとい
われています。また代表的な業界の流動比率の平均値は、建設業：174％、製造業：
195％、卸売業：157％、小売業：158％、宿泊業・飲食サービス業：105％程度
というデータがあります。

当座比率＝当座資産合計／流動負債合計×100〔％〕

　現金、預金、受取手形など比較的すぐ支払いに充当できる当座資産（後述する
図3-8の貸借対照表では、現金・預金、受取手形、売掛金の合計）と流動負債の比
率を見ることで、向こう3〜6カ月の支払い能力を知ることができます。製造業
平均では115％程度に対して、小売業、卸売業の平均では88〜95％程度という
データがあります。

固定比率＝固定資産合計／自己資本×100〔％〕

　土地建物などの固定資産の代金には、自己資金または長期の借入金を充当する
のが原則であり、運転資金までつぎ込むことはできません。固定資産が自己資本
の範囲を超えて、その金額が大きくなると支払能力に不安がでます。製造業平均
では135％程度に対して、小売業、卸売業の平均では90〜105％程度というデー
タがあります。

長期適合率＝固定資産合計／（自己資本＋固定負債）×100〔％〕

　自己資本に長期借入金を加えたいわば長期安定資金でどの程度の固定資産投資が行われているかを知ることができます。製造業平均では80％程度に対して、小売業、卸売業の平均では65 〜 75％というデータがあります。

■ (b) 資金の調達における自己資本の割合

自己資本比率＝自己資本／総資本×100〔％〕

　借入金や支払債務も事業活動の資金となりますが、これらはいずれ返済や決済をしなければならないお金であり他人資本と呼ばれます。自己資本の比率が多ければ多いほど、他人資本への依存度は少なく会社は安全であるといえます。上の式で、総資本＝資本合計＋負債合計（＝流動資産合計＋固定資産合計）、自己資本＝資本の部（純資産合計）です。自己資本比率は、60％程度が理想とされていますが、製造業平均では60％程度に対して、小売業、卸売業の平均では28 〜 45％程度というデータがあります。日経225平均値（2019年度）は43.4％でした。

■ (c) 資本運用の効率

総資本回転率＝売上高／総資本〔回〕

　会社が調達した資本の運用の効率を知ることも大切です。もし、調達した資本が単に現金預金として会社の中におかれているだけでは、まったく資本が活用されていないことになります。いくら資本を使って、その何倍売り上げたか（資本が回転しているか）を見ることで資本の活用度を把握することができます。少ない資本で多くの売上を達成している会社では、多くの資本を投入して少ない売上しか上げられない会社に比べて活用度がよいといえます。製造業の平均値では、1.0回程度、小売業、卸売業の平均では1.7回程度というデータがあります。

固定資産回転率＝売上高／固定資産〔回〕

　固定資産の投資効率を判定します。遊休設備や不良資産があれば回転率が低くなります。この回転率が年々低くなっていたり、同業他社に比較して低かったりする場合には要注意です。製造業の平均値では3.0回程度、小売業、卸売業の平均では5.5 〜 8.5回程度というデータがあります。

商品回転率（棚卸資産回転率）＝売上高／商品在庫高〔回〕

　商品は勘定科目で棚卸資産と呼ばれます。製造業では、棚卸資産＝製品＋仕掛品＋原材料＋貯蔵品などとなり、卸・小売業では、棚卸資産＝商品となります。

商品回転率、在庫回転率は同じ意味で使われます。商品回転率が5回以下であれ
ば売れ残りなどの不良在庫を抱えている可能性が高いといえます。商品回転率が
12 〜 23回の範囲内であれば標準的な水準（商品回転率が12回ということは商品
在庫が1カ月で1回転している）、商品回転率が24回以上であれば優良水準（商品
回転率が24回ということは商品在庫が2週間で1回転している）であるといえま
す。製造業の平均値では11回程度、小売業、卸売業の平均では11 〜 22回程度と
いうデータがあります。

売上債権回転率＝売上高／売上債権〔回〕

　現金と交換で商品を売る場合には売上債権は発生しません。しかし、現実の商
取引では商品を納入してから、請求、代金の受領という手順をとります。代金は、
現金の他に小切手、約束手形などで受け取る方法があります。約束手形の場合に
は、現金化されるまでに数カ月の期間が必要です。商品が売れてから代金を受領
するまでの期間を「売掛期間」、この期間の滞留金を「売掛金」と呼びます。手形
で受領したときには、現金になるまで「受取手形」という形で貸借対照表に記載
されます。売掛金と受取手形金の合計を売上債権と呼びます。したがって、売上
債権回転率は、いかに早く代金を回収できるかを示す指標であるといえます。
　製造業の平均値では、8 〜 9回、小売業の平均値では12回、卸売業の平均値で
は6回程度というデータがあります。

② 収益性の分析

　売上総利益は会社の売上によってもたらされる粗利益ですが、販売費及び一般
管理費を引いた残りが営業利益であり、会社の営業段階での成績（本業の成績）
を示すことになります。さらに、営業利益に対して、営業外の収益と費用を加減
算したものが経常利益です。これらの利益と売上高や総資本との比率で収益性を
判断します。

■ (a) 売上と利益の関係

売上総利益率＝売上総利益／売上高×100〔%〕

　売上総利益が売上高に対していくらの割合になるかを求めるのが売上総利益率
です。この値が大きければ儲ける力が大きいといえます。同業他社と比較すれば
収益力を比べることが可能です。製造業の平均値では20%程度、小売業の平均値
では30%程度、卸売業の平均値では15%程度というデータがあります。

売上高営業利益率＝営業利益／売上高×100〔％〕

　売上が伸びない中で利益を確保しようとすると、費用の削減が必要です。費用がかかりすぎているかどうかを見る指標が売上高営業利益率です。同様に、売上高経常利益率＝経常利益／売上高×100〔％〕という指標も使われます。これは、会社の事業活動を総括して評価する指標であるといえます。売上高営業利益率の製造業の平均値では5％程度、小売・卸売業の平均値では2～3％程度というデータがあります。

■ (b) 資本と利益の関係

総資本利益率＝経常利益／総資本×100〔％〕

　これは、事業活動に投入した総資本に対する経常利益の割合を示すもので、総資本の運用効率がわかります。総資本が少なく、経常利益が大きい会社が経営効率のよい会社であるといえます。製造業の平均値では5％程度、小売・卸売業の平均値では3～4％程度というデータがあります。

自己資本経常利益率＝経常利益／自己資本×100〔％〕

　会社は資本金をもとにして成り立っています。その資本金の出資者は利益配当を期待しています。自己資本経常利益率は、株式配当などの余裕度がわかる指標であり、出資者・投資家の注目するものであるといえます。製造業の平均値では25％程度、小売・卸売業の平均値では20～25％というデータがあります。

　一般に、ROE（Return on Equity）＝自己資本利益率＝当期純利益／自己資本（期中平均）×100〔％〕で計算されます。製造業の平均値では10％程度、小売・卸売業の平均値では7～11％というデータがあります。

③ 生産性の分析

　利益は付加価値によって得られるといえます。付加価値は会社の能力による価値の創造であり、価値創造こそが会社の使命であると考えられます。そして、より少ない人員で費用をかけずにいかに付加価値を増やすことができるかを考えることが重要です。つまり、生産性を向上させて価値創造することによって会社が評価され、正当な対価との交換が起こります。そして、そこから出る利益によって新たな投資を行い、社会に新たな価値を提供していくことが期待されます。

■ (a) 付加価値

付加価値率＝付加価値／売上高×100〔％〕

　顧客に提供される商品やサービスには会社に蓄積された高度な技術、訓練された人材、最新鋭の設備などが駆使され、顧客がその価値を認めて、代金を支払ってくれる（正当な対価との交換）ことによってはじめて会社は利益を得ることができます。ここで、売上高から外部から購入した価値を差し引いたものを付加価値（＝売上高−売上原価）と捉え、売上高に占める割合を評価指標としたものが付加価値率です。製造業の平均値では、40％程度、小売業では30％、卸売業では20％程度というデータがあります。

労働生産性＝付加価値額／従業員数〔円〕

　労働生産性は従業員一人当たりの付加価値を意味します。労働生産性は、それ自体が高い値であることが望まれますが、前年度に対してどのくらい伸びたかを評価することも重要になってきます。生産性の伸びと人件費の伸びを合わせて考えることも重要です。

労働分配率＝総人件費／付加価値額×100〔％〕

　事業活動によって得た利益（付加価値）は、配当金、税金、人件費、支払金利などに配分されていきます。この配分のうち多くを占めるのが人件費です。付加価値のうち、何％を人件費に支出しているのか、これを見るのが労働分配率です。

■ (b) 一人当たりの比率

一人当たりの売上高（経常利益）＝売上高（経常利益）／従業員数〔円〕

　一人当たりどのくらい売上をあげているか、そして利益をあげているか、その金額が同業他社と比べてどのような位置にあるのか、また、伸び率はどうかということについて見ることは、生産性の評価を行う上で重要な指標となります。

例題 3-3　**Excelを用いて財務情報分析を理解しましょう**

　分析対象である貸借対照表、損益計算書をExcelシートに入力した例を図3-8に示します。

　安全性の分析は財務構造を分析するものともいえます。(a) 資産と負債のバランス、(b) 資金の調達における自己資本の割合、(c) 資本運用の効率について、それぞれの評価指標に対して数式を入力し、値を求めた結果が図3-9です。

	A	B	C	D
1	表1.貸借対照表			(千円)
2	資産の部	金額	負債の部	金額
3	流動資産合計	235,360	流動負債合計	178,931
4	現金・預金	85,450	支払手形	42,876
5	受取手形	32,230	買掛金	88,350
6	売掛金	89,480	短期借入金	44,722
7	商品	44,650	その他流動負債	20,983
8	その他の流動資産	23,570	固定負債合計	49,300
9	固定資産合計	185,641	引当金合計	7,480
10	有形固定資産	182,825	負債合計	233,711
11	無形固定資産	3016	純資産の部	
12	繰り延べ資産合計	1,800	資本金	45,000
13	資産合計	422,801	法定準備金	64,200
14			剰余金	79,890
15			(内、当期利益金)	15,932
16			純資産合計	189,090
17			負債及び純資産合計	422,801

	A	B
20	表2.損益計算書	(千円)
21	科目	金額
22	売上高	744,250
23	売上原価	512,986
24	期首商品棚卸高	29,516
25	当期商品仕入高	521,360
26	期末商品棚卸高	37,890
27	売上総利益	231,264
28	販売費・一般管理費	215,784
29	営業利益	15,480
30	営業外損益の部	
31	営業外収益	2,630
32	営業外費用	1,988
33	経常利益	16,122
34	特別損益の部	
35	特別利益	580
36	特別損失	1,490
37	税引前当期利益	15,212
38	納税引当金	6,500
39	当期利益	8,712
40	前期繰越利益	3,680
41	当期未処分利益	12,392

図3-8　貸借対照表および損益計算書（財務情報分析の例題）

	F	G	H	I	J	K
21	②収益性の分析					
22	(a)売上と利益の関係					
23	・売上総利益率＝売上総利益／売上高×100(%)					
24	31.1% =B27/B22					
25	・売上高営業利益率＝営業利益／売上高×100(%)					
26	2.1% =B29/B22					
27	(b)資本と利益の関係					
28	・総資本利益率＝経常利益／総資本×100(%)					
29	3.8% =B33/D17					
30	・自己資本経常利益率＝経常利益／自己資本×100(%)					
31	8.5% =B33/D16					
32	③生産性の分析					
33	・付加価値率＝付加価値／売上高×100(%)					
34	31.1% =(B22-B23)/B22					

	F	G	H	I	J	K	L
1	①安全性の分析						
2	(a)資産と負債のバランス						
3	・流動比率＝流動資産合計／流動負債合計×100(%)						
4	133.0% =B3/D3						
5	・当座比率＝当座資産合計／流動負債合計×100(%)						
6	94.5% =SUM(B4:B6)/D3						
7	・固定比率＝固定資産合計／自己資本×100(%)						
8	98.2% =B9/D16						
9	・長期適合率＝固定資産合計／（自己資本＋固定負債）×100(%)						
10	77.9% =B9/(D16+D8)						
11	(b)資金の調達における自己資本の割合						
12	・自己資本比率＝自己資本／総資本×100(%)						
13	44.7% =D16/D17						
14	(c)資本運用の効率						
15	・総資本回転率＝売上高／総資本 (回)						
16	1.76 =B22/D17						
17	・固定資産回転率＝売上高／固定資産 (回)						
18	4.01 =B22/B9						
19	・商品回転率（棚卸資産回転率）＝売上高／商品在庫高 (回)						
20	19.64 =B22/B26						

図3-9　資金の調達と運用についての分析

例題 3-4　Excelを用いて総合評価指標による会社比較（経営分析）を実施しましょう

　財務情報分析による会社の評価を他社と比較し、自社の強み、弱みを知ることも重要です。会社の評価を比較するためには、収益力は優れているが安全性に欠けていることをどう見るか、安全性は優れているがここ数年間での収益の伸び率が他社に比べて少ないことをどのように評価したらよいかなど、いくつかの視点が必要です。会社の評価を比較するためには外部から得られる情報で評価する必要があります。これには財務諸表や、有価証券報告書のデータが有効です。

　財務情報分析で定量的データ以外に経営の定性的な情報も読み取っていこうという見方があります。これを経営分析と呼んで区別する場合があります（実際には経営分析と財務情報分析はほぼ同義で使われている場合も多いようです）。

　会社の評点に100点満点をどのように考えるかは難しいことですが、仮に100を標準的な（あるいは目標とする）点数と置き換えて考えれば、その標準値（目標値）に比べどのくらいの評点になるかを知ることは意味があります。 つまり、A社が90点、B社が80点ということになれば、A社の方がB社より標準値（目標値）に近いという評価となります。ここで、どこに重点を置いて評価するのか、そのためにどんな指標を採用するのか、そして、どのくらいの値をもって標準値とするのかを定めることが必要です。

　表3-2に総合評価指標の例を示します。これは、会社の評点合計として100点を標準点とし計算する例です。例えば、資金力の指標として流動比率を取り上げ、これに10点、総資本経常利益比率には15点という標準点を与えます。従業員年齢は財務データではありませんが、企業力としての評価指標として入れています。2019年3月期決算の上場企業1,841社の平均年齢（中央値）は41.4歳で、前年同期（41.2歳）より0.2歳上昇したとのことです。平均年齢の上昇は、調査を開始した2010年3月期以降、9年連続で上昇をたどり、2010年3月期からの10年間で1.9歳上昇しています。業種別では、建設業が43.4歳（前年同期43.4歳）で最も高く、最低はサービス業の39.0歳（同39.1歳）でした。これらから標準値として40歳を設定してみることができます。そして、表3-3のように各社の実際の数値をあてはめ評点計算を行います（**森田、1993**）。

表3-2 会社の総合評価指標（例）

評価指標	項目	評価
資金力	流動比率	10
安全力	自己資本比率	15
利益力	総資本経常利益率	15
	売上高経常利益率	10
資金運用力	総資本回転率	10
発展力	売上高伸び率	10
	経常利益伸び率	10
	売上高付加価値率	10
企業力	従業員平均年齢	10
合計		100

表3-3 各評点の計算例

	140未満	140～159	160～179	180	181～200	201～220	221以上
流動比率（％）	4	6	8	10	12	14	16
自己資本比率（％）	30未満	30～39	40～49	50	51～60	61～70	71以上
	2	5	10	15	18	20	22
総資本経常利益率（％）	5未満	5～7	8～9	10	11～15	16～18	19以上
	2	5	10	15	18	20	22
売上高経常利益率（％）	5未満	5～7	8～9	10	11～12	13～14	15以上
	4	6	8	10	12	14	16
総資本回転率（回）	0.8未満	0.8～0.9	1.0～1.1	1.2	1.3～1.4	1.4～1.6	1.7以上
	4	6	8	10	12	14	16
売上高成長率（％）	5未満	5～7	8～9	10	11～13	14～18	19以上
	3	6	8	10	12	14	16
経常利益成長率（％）	5未満	5～7	8～9	10	11～13	14～18	19以上
	3	6	8	10	12	14	16
付加価値率（％）	15未満	15～19	20～24	25	26～28	29～31	32以上
	3	6	8	10	12	14	16
従業員年齢（歳）	48以上	44～47	41～43	40	37～39	35～36	35未満
	3	6	8	10	12	14	16

この他に、安全力に売上債権回転率（＝売上高／（受取手形、売掛金、受取手形割引残高）の当、前年度末の平均）を加えたり、企業力に生産性指標である

労働分配率、または取締役年齢を加えたりする方法もあります（**森田、1993**）。

　株主価値に重きをおいた総合評価では、安全余裕率（＝(売上高 - 損益分岐点売上高) / 売上高×100%）などを加えて安全性を評価したり、キャッシュ・フローにも注目して成長性を評価するために営業キャッシュ・フロー成長率を加えて経営分析を行ったりしている例もあります。さらに、株価にも注目して「割安性」（企業が本来持っている価値よりも安い株価が付いている可能性）を評価するために株価売上高倍率（PSR、Price to Sales Rate）（＝時価総額 / 売上高）などを加える方法もあります。

　Excelシートに実際の企業データを使って表3-2、表3-3の各評価指標を計算した例を図3-10に示します。レーダーチャートで各社を比較すると、それぞれの強み、弱みがよくわかります。

	J	K	L	M	N	O	P	Q	R	S	T
1	企業名	流動比率	自己資本比率	総資本経常利益率	売上高経常利益率	総資本回転率	売上高伸び率	経常利益伸び率	売上高付加価値率	従業員平均年齢	評点合計
2	日本通運(株)	156.7%	35.4%	5.6%	4.0%	1.39	7.2%	15.3%	8.8%	43.3	
3		6	5	5	4	16	8	14	3	8	69
4	イオン(株)	100.0%	9.6%	2.2%	2.5%	0.85	1.0%	0.6%	36.3%	47.2	
5		4	2	2	4	16	3	3	16	6	56
6	トヨタ自動車(株)	164.2%	70.3%	13.2%	18.4%	0.71	3.5%	3.8%	20.9%	39.4	
7		8	20	18	16	16	3	3	8	10	102

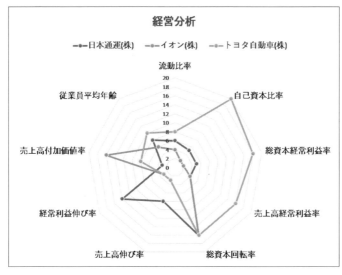

図3-10　3社における各評点の計算例（2019年度有価証券報告書より）

　ここで、IF関数（＝**IF(論理式,[値が真の場合],[値が偽の場合])**）を用いて、各項目数値から評点の判定が自動的に行われるようにすることができます。例えば、従業員年齢の数値がセルS2に入力される場合、その下のセルS4に**=IF(S2<48,3,IF(S2<44,6, IF(S2<41,8,10)))**と入力すると、**S2<48**という論理式が真であれば（48未満であれば）3を、さらに**S2<44**であれば6を、そしてさらに**S2<41**であれば8を、それ以外は10を返すことになります。このようにIF関数で複数の条件を入れ子（ネスト）にして記述することができます。

　この例のように、多くの条件を入れ子にしなければならず混乱してしまうことがあります。この場合は、IFS関数（**=IFS(論理式1,値が真の場合1,[論理式2,値が真の場合2],[論理式3,値が真の場合3],[……],TRUE,[どの条件も満たさない場合])**）を使うと便利です。どの条件も満たさない場合については、最後に「TRUE」と記述し、その処理を指定することに注意しましょう。**=IF(S2<48,3,IF(S2<44,6, IF(S2<41,8,10)))**は、IFS関数で**=IFS(S2<48,3,S2<44,6,S2<41,8,TRUE,10)**と表すことができます。IFS関数は、Excel 2019以降で有効です。

　会社の評価には、人の質の評価やその他の目に見えないものの評価も必要です。目に見えないもので、例えば、組織力や営業力、会社の信用力、知的財産、のれん、歴史、伝統などは重要です。表3-3の評点だけでは会社の総合評価は十分とはいえません。管理会計では、無形資産、非財務的尺度についても重要視する理由がそこにあります。

例題 3-5　Excelを用いて業界別経営分析を実施しましょう

　業界を代表する企業がどのような状況にあり自社はどの位置にあるのか、2軸の視点で分析（2軸分析）してみましょう。

　図3-11に、業界をA群（金融、建設・不動産、物流・運送、IT、メディア）、B群（エネルギー・資源、自動車・機械、電機・精密、食品、衣料・装飾）、C群（小売・卸、生活関連、サービス、飲食、娯楽・レジャー）という3つに分け、それぞれ25社ずつ合計75社を選び、連結決算データから従業員数、資本金、売上高、営業利益、経常利益、資本金を入力した例を示します。

　Excelで、このような行数と列数の多いデータを扱う場合は、「表示」タブか

ら「ウィンドウ枠の固定 (F)」を選択すれば、表示したい行および列を画面に残したままで、ワークシートの残りの部分をスクロールできるので便利です。

	A	B	C	D	E	F	G	H	I	J	K	L	M
1	経営分析												
2	No.	区分	業界	企業名	従業員数 (人)	平均給与 (千円)	売上高 (百万円)	営業利益 (百万円)	経常利益 (百万円)	資本金 (百万円)	営業利益/ 売上高	経常利益/ 売上高 (百万円)	従業員1人当 たりの売上高 (百万円)
72	70	C	小売・卸	イオン	156,739	8,240	8,518,215	212,256	215,117	220,007	2%	3%	54.35
73	71	C	サービス	パソナグループ	7,855	5,960	326,984	9,465	9,237	5,000	3%	3%	41.63
74	72	C	サービス	テイクアンドギヴ・ニーズ	2,416	4,370	66,871	4,281	3,900	5,264	6%	6%	27.68
75	73	C	サービス	AOKI HD	4,094	7,490	193,918	13,382	11,890	23,282	7%	6%	47.37
76	74	C	サービス	ALSOK	38,037	5,640	443,535	32,280	33,881	18,675	7%	8%	11.66
77	75	C	サービス	帝国ホテル	2,013	5,720	58,426	5,036	5,314	1,485	9%	9%	29.02
78	◆	A	平均	A平均	45,648	8,448	1,601,579	171,248	181,553	846,653	8.6%	9.1%	56.0
79	■	B	平均	B平均	59,612	8,123	3,055,644	163,936	189,188	141,101	7.3%	7.6%	50.1
80	▲	C	平均	C平均	16,031	6,863	881,746	59,837	56,771	93,166	8.0%	8.0%	78.1
81	○	全	平均	すべての平均	40,430	7,838	1,846,323	131,674	142,504	360,307	8.0%	8.2%	61.4

図3-11　財務データの入力例 (75社)

　平均値を求めるにはAVERAGE関数を用います。図3-12では、81行目に75社の各項目の平均値を計算しています。2019年度決算データでは、売上高営業利益率 (＝営業利益／売上高) は8.0%、売上高経常利益率 (＝経常利益／売上高) は8.2%、従業員1人当たりの売上高は6,140万円という平均値となっています。

78	◆	A	平均	A平均	=AVERAGEIF($B$3:$B$77,$B78,E$3:E$77)
79	■	B	平均	B平均	=AVERAGEIF($B$3:$B$77,$B79,E$3:E$77)
80	▲	C	平均	C平均	=AVERAGEIF($B$3:$B$77,$B80,E$3:E$77)
81	○	全	平均	すべての平均	=AVERAGE(E3:E77)

図3-12　AVERAGEIF関数 (B列 (区分) で識別しE列 (従業員数) の平均値を計算)

　A群、B群、C群の企業それぞれ25社の平均値はどのようになるでしょうか。**AVERAGEIF (範囲, 条件, [平均対象範囲])** を用いると便利です。範囲にB列を指定し (A、B、Cが入力されています)、条件に平均値を求めたい記号を指定、さらに平均値を求めたい項目の列を指定すると、AまたはB、Cの区分に該当するデータだけの平均値を返してくれます。

　A群、B群の企業に比べてC群の企業は従業員数、資本金が少なく規模は大きくないといえますが、従業員1人当たりの売上高は一番多いことがわかります。

　次に、2軸分析を試みましょう。横軸に売上高経常利益率、縦軸に従業員1人当たりの売上高をとって、散布図ですべての企業データをプロットしたのが図3-13です。平均値を中央において (○で表示)、右上の象限に入る企業は売上高経常利益率、従業員1人当たりの売上高とも平均値を上回っている優れた企業

であるといえます。任天堂、オリエンタルランドは突出していることがわかります。A群、B群、C群企業の平均値も示しています。これら2つの軸で整理（2軸で4象限マトリックスに分ける）したときに、自社がどの位置にくるか比較検討してみることで中長期経営計画における目標値の設定にも反映できる可能性があります。

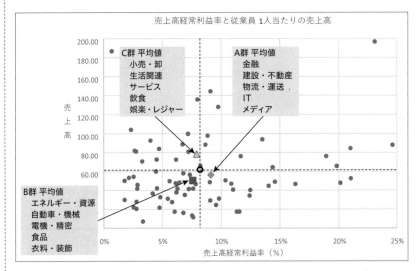

図3-13　売上高経常利益率および従業員1人当たりの売上高（散布図）

3.1.3　資金管理とキャッシュ・フロー管理

資金管理では、資金計画を策定し、資金の調達と運用を調整・適合させていくことが必要になります。資金予算を編成し、予算に基づき、執行・統制していきます（上埜、2001）。

資金は、流動性という視点から現金資金、正味運転資金、総運転資金、設備資金などに分類できます。

そして、資金の過不足を事前に調整するために図3-14のような見積資金繰表が作成されます。なお、資金収支は以下の式で計算することができます。

資金収支 ＝ 収入 − 支出

＝ 利益 ＋ 負債 ＋ 資本 − 資産

例題 3-6 Excelを用いて見積資金繰表を作成しましょう

図3-14に見積資金繰表の例を示します（上埜、2001）。C列〜H列の3行目、7行目、12行目、13行目、17行目には、H列のように数式が埋め込まれています。

	A	B	C	D	E	F	G	H	I
1	見積資金繰表							(百万円)	
2		項目	4月	5月	6月	7月	8月	9月	
3		前月繰越	1,000	1,485	1,570	1,625	1,545	=G19	
4		売上現金収入	1,350	1,175	1,200	1,250	1,400	1,500	
5		受取手形期日入金	1,885	1,905	1,950	1,900	1,950	1,950	
6	営業収入	受取手形割引高	1,595	1,880	1,750	1,800	1,850	1,850	
7		前受金	210	220	190	190	180	180	
8		収入計	5,040	5,180	5,090	5,140	5,380	=SUM(H4:H7)	
9		現金仕入れ	680	700	710	720	730	730	
10		買掛金現金支払	1,080	1,095	1,100	1,150	1,200	1,200	
11	営業支出	支払手形決済	1,820	1,885	1,900	1,900	2,000	2,000	
12		人件費	400	1,045	900	950	1,000	1,000	
13		諸経費	325	370	400	400	450	450	
14		支出計	4,305	5,095	5,010	5,120	5,380	=SUM(H9:H13)	
15		差引過不足	1,735	1,570	1,650	1,645	1,545	=H3+H8-H14	
16		短期借入	0	250	200	150	150	150	
17	財務収支	長期借入金返済	50	50	50	50	50	50	
18		社債償還	200	200	175	200	200	200	
19		翌月繰越	1,485	1,570	1,625	1,545	1,445	=H15+H16-H17-H18	

図3-14 見積資金繰表（例）

図3-14に示されているように、企業活動では、商品を販売しても現金で支払われるものや受取手形で支払われるものがあり、すぐに入金されるわけではありません。また、仕入れの支払いも後日になるものがあります。

このように収益・費用の発生と収入と支出のタイミングが異なることで「利益＝現金残高」が成り立ちません。企業がどれだけのキャッシュを生み出し、そのうちいくらを設備投資にまわし、借入金をいくら返済したのかなどを把握し、残高を知ることができる計算表がキャッシュ・フロー計算書です。

キャッシュ・フロー計算書は、以下の3つのカテゴリーに分類されています。

- 営業活動におけるキャッシュ・フロー（本業の営業活動によるもの）
- 投資活動におけるキャッシュ・フロー（固定資産の取得や有価証券の購入などによるもの）

- 財務活動におけるキャッシュ・フロー（借入金の調達や社債の発行などによるもの）

　とくに営業活動によるキャッシュ・フローが最も重要になります。その表示方法として「直接法」と「間接法」があります。

　直接法とは、営業収入、原材料または商品の仕入れの支出、給料・広告費の支出、その他の営業支出など営業収入と営業支出をそのまま記載する方法です。商品の販売や仕入れ、経費の支払い、給料の支払いごとに、キャッシュ・フローの総額を記載します。したがって、詳細に流れを把握することができます。

　間接法は、損益計算書をもとに作成することができます。税金控除前の当期純利益から調整項目（売掛金、買掛金、減価償却費、のれん償却費など）を加減して計算します。税引前当期純利益、減価償却費、売掛金の増加、商品の増加など、営業活動と利益に関係するキャッシュ・フローとの関係をわかりやすく示すことができます。

　図3-15にキャッシュ・フロー計算書の例を示します。直接法と間接法で営業活動におけるキャッシュ・フローの表記が異なりますが、合計金額は同じになっていることがわかります（**松村、松本、篠田、2009**）。

直接法	
キャッシュフロー計算書	
Ⅰ 営業活動によるキャッシュ・フロー	
営業収入	2,000
商品仕入による支出	△ 1,600
人件費による支出	△ 250
その他の営業支出	△ 400
利息の支払額	△ 15
営業活動によるキャッシュ・フロー	△ 265
Ⅱ 投資活動によるキャッシュ・フロー	
有形固定資産の取得による支出	△ 850
投資有価証券の取得による支出	△ 400
投資活動によるキャッシュ・フロー	△ 1,250
Ⅲ 財務活動によるキャッシュ・フロー	
借入	500
財務活動によるキャッシュ・フロー	500
Ⅳ 現金及び現金同等物の増減額	△ 1,015
Ⅴ 現金及び現金同等物の期首残高	1,500
Ⅵ 現金及び現金同等物の期末残高	485

間接法	
キャッシュフロー計算書	
Ⅰ 営業活動によるキャッシュ・フロー	
当期純利益	110
減価償却費	25
売掛金の増加額	△ 400
棚卸資産の増加額	△ 300
買掛金の増加額	300
営業活動によるキャッシュ・フロー	△ 265
Ⅱ 投資活動によるキャッシュ・フロー	
有形固定資産の取得による支出	△ 850
投資有価証券の取得による支出	△ 400
投資活動によるキャッシュ・フロー	△ 1,250
Ⅲ 財務活動によるキャッシュ・フロー	
借入	500
財務活動によるキャッシュ・フロー	500
Ⅳ 現金及び現金同等物の増減額	△ 1,015
Ⅴ 現金及び現金同等物の期首残高	1,500
Ⅵ 現金及び現金同等物の期末残高	485

図3-15　キャッシュ・フロー計算書

3.1.4　無形資産とコーポレート・レピュテーション管理

　特許権、実用新案権、商標権、営業権（のれん）など、物理的な形を持たない資産は、無形資産（Intangible Assets）と呼ばれる資産に入ります。

　これら法的に保護されている知的財産は貸借対照表にも計上されています。一方、貸借対照表に計上されない無形資産として、ブランドやコーポレート・レピュテーション、人的資産（従業員のスキル・才能・知識など）、情報資産（データベース、ネットワーク、IT インフラなど）、組織資産（組織文化、リーダーシップ、チームワーク、ナレッジマネジメントなど）があげられます。これらが新製品の開発、生産技術やノウハウの構築、自社や製品の知名度を高めることに貢献したときの評価が必要となりますが、それにはアウトカム（成果）との関連を測定することが重要になります（辻、2010）。

　ブランド（コーポレート・ブランドおよび商品ブランド）とコーポレート・レピュテーション（企業の評判、風説）は、重要な無形資産です。

　ブランドは、広告の展開や斬新なビジネスモデルの構築による会社そのものや商品についての他社との差別化（ブランド価値の形成）ですが、コーポレート・レピュテーションは、経営者・従業員の普段の行動から形成される持続可能な競争優位性（経済価値、社会価値、組織価値への貢献）であるといえます。レピュテーションを通じた企業価値の創造や、レピュテーション・リスクの適切な管理は重要な経営上の課題であると考えられます。コーポレート・レピュテーションはよい評判と悪い評判の両方の側面があり、とくに不祥事があらわになった場合コーポレート・レピュテーションが急激に低下することで企業経営の破綻に結びつくこともあります。

　管理会計のツールである戦略マップ、バランスト・スコアカードを使ってレピュテーション・マネジメントを行うことができます。また、内部統制のために会計監査、業務監査を実施するだけでなく、コーポレート・ガバナンスやコンプライアンスを強化し、コーポレート・レピュテーションを高める努力も必要です。また、マイナスのレピュテーション・リスクを回避するためにコンプライアンスの徹底が必要です。さらに、CSR（Corporate Social Responsibility、企業の社会的責任）を果たすこともコーポレート・レピュテーション管理のためには不可欠であるといえます（櫻井、2010）。

　CSR で重視されるべき活動として、本業を生かした社会貢献（76.6%）、環境への配慮（75.8%）、コンプライアンスの徹底（66.9%）、地域社会への貢献（59.7%）、

ガバナンス体制（31.5％）、障害者や高齢者の雇用（26.6％）という調査結果があります（**櫻井、2010**）。

また、レピュテーションの高い企業に特徴的な特質として、①高品質の製品とサービス、②透明性・信頼・好感度、③顧客・従業員・サプライヤーを重視、④企業理念とリーダーシップ、⑤利益だけでなく社会価値・組織価値、⑥地域社会・株主の重視があげられ、とくに①～③はレピュテーションに大きく影響すると考えられています（**櫻井、2010**）。

3.2 戦略支援

1981年にSimmondsは、戦略管理会計を「事業の戦略の策定と監視に利用するための、自社とその競合他社に関する管理会計の準備と分析」であると定義しました。経営戦略や中期経営計画の中身を決定していくためには組織的、合理的なアプローチが必要です。そのために役立ついくつかの管理会計手法があります。

3.2.1 プロダクト・ポートフォリオ管理と会計情報

P. Kotlerは、戦略的事業単位（SBU、Strategic Business Unit）を明確化し、その資源配分をどのように決定していくかが重要であると述べました。BCG（ボストンコンサルティンググループ）は、SBUを「製品、市場、競合関係の3つの要因によって定義される事業単位であり、これらの要因が他の製品、事業群と異なるとき、1つのSBUとして定義される」と指摘しています。SBUについて、育成すべきか、縮小撤退すべきかなどを判断するための手法としてBCGが開発したPPM（プロダクト・ポートフォリオ・マネジメント）という手法があります。

PPMは、図3-16に示すように「市場成長率」軸と「相対的マーケットシェア」軸のマトリックスを使って、SBU（事業）の分析を行うためのフレームワークです。

相対的マーケットシェア＝自社の当該事業のマーケットシェア／当該事業における他社の最大マーケットシェア、で計算されます。相対的マーケットシェアは、収益率の大きさ、つまり、資金供給の尺度を表す指標であるといえます。

PPMチャートは2軸分析の一種であり、図3-16に示すように、各特徴を表現して「花形」「問題児」「負け犬」「金のなる木」と呼ばれる4象限マトリックスに

各SBU（事業）を整理します。

図3-16　PPMチャート

① **金のなる木（cash cows）**：低成長・高シェア事業

多くの資金を生み出している。他事業の成長やシェア拡大のための資金源となり得る。競争上の地位を現状維持するのにとどめ、過剰投資に注意する。

② **花形（stars）**：高成長・高シェア事業

シェアが大きいので大きな資金流入があるが、成長のための投資資金も大きい。シェアの維持・拡大につとめるのであれば、市場成長率と同程度かそれ以上の資金配分が必要となる。結果として「金のなる木」へ移動できる可能性がある。

③ **負け犬（dog）**：低成長・低シェア事業

資金の流入も再投資需要も少ない。投資をやめるか、事業ごと売却して投下資金を少しでも回収することを考えるべきである。

④ **問題児（question marl）**：高成長・低シェア事業

資金流入よりも大きな投資額を必要とする。徹底的に投資してシェアを拡大し花形にしない限り投資が浪費となる。

このフレームでは、「成長率の高い事業ほど業界の変化や競合他社の動きが活発なため資金が必要となる」、「マーケットシェアの高い事業ほど自社は収益を上げやすい」という2つの前提条件があります。SBU（事業）がどの象限に位置付けられるかで、そのSBU（事業）は収益獲得が可能なのか、未来を開拓するための投資目的（短期的に見ると資金が必要となる）とすべきなのか、といったことを可視化し、戦略計画に反映するわけです。

ここで、「問題児」→「花形」→「金のなる木」という展開（「問題児」象限の事業つまり伸びている事業に資金を注ぎ、シェア率を上げ「花形」事業にもってい

く)、研究開発によって生み出された「花形」事業を「金のなる木」にもっていくという変化を期待することになります。

例題 3-7 Excelを用いてプロダクト・ポートフォリオ分析を行いましょう

まず、図3-17のような事業別損益および市場シェアに関する表を作成します。SBU（事業）ごとに、売上高、粗利、営業利益、伸び率などを整理することで、どの事業で過当競争が起こり、どの事業が伸びていて、どの事業で投資資金が必要であるかを可視化し、比較することができます。

図3-17は3カ年の比較を行った例です。ここでの伸び率は、年平均成長率（CAGR、Compound Annual Growth Rate）として計算されています。これは、複利計算によって求めた成長率（複数年にわたる成長率から1年当たりの幾何平均を求めたもの）です。

例えば、100万円の売上高が5年間で150万円に伸びたときの5年間の平均成長率を考える際、5年間で1.5倍（= 150/100）であるので、50％増だから1年当たりの平均成長率は10％（= 50/5）と計算してしまうと複利計算で求めた成長率にはなりません。

複利計算では、$100 \text{万円} \times (1+x) \times (1+x) \times (1+x) \times (1+x) \times (1+x) = 150 \text{万円}$ となる x を求める必要があります。$x = 8.447\%$ となりますが、これを一般的な式に直すと以下のようになります。

1年目が100万円であり、5年間で150万円に伸びたということは6年目の数値が150万円ということです。下記の式で $n = 6$ となります。

$$年平均成長率 = \left(\frac{n \,年目の数値}{1 \,年目の数値} \right)^{\frac{1}{n-1}} - 1$$

Excelでは、＾がべき乗（累乗）ですので、n年目の数値がA、初年度の数値がBとすると、=(A/B)^(1/(n-1))-1と表現できます。ちなみに＾は、「ハット・キャレット」と読みます。図3-17ではn = 3となり、この数値はF1のセルに格納されています。

次に、図3-18のような表、PPMチャートを作成します。E列には、B列、C列の値と閾値を比較し、どの象限に該当するか自動的に判断できるようIF関数がセットされています。なお、図3-17の各セルの値から作成した図3-18の表（各

事業に対する相対的市場シェア、成長率、売上高を示す）は、「散布図」→「バブルチャート」を作成しやすくするためのものです。

	A	B	C	D	E	F	G	H	I	J	K	L	M
1	プロダクト・ポートフォリオ分析				年数	3							
2	事業		産業機械事業				素材事業				医療機器事業		
3	年度	前々年度	前年度	今年度	伸び率	前々年度	前年度	今年度	伸び率	前々年度	前年度	今年度	伸び率
4	売上高	4,090	4,420	**4,738**	7.6%	1,500	1,550	**1,600**	3.3%	764	805	849	5.4%
5	売上総利益	2,024	2,095	2,177	3.7%	500	550	580	7.7%	605	634	671	5.3%
6	（粗利益率）	49%	47%	46%	-3.6%	33%	35%	36%	4.3%	79%	79%	79%	-0.1%
7	販管費	1,836	1,900	1,987	4.0%	400	450	500	11.8%	451	476	501	5.4%
8	営業利益	188	195	190	0.5%	100	100	80	-10.6%	154	158	170	5.1%
9	（営業利益率）	5%	4%	4%	-6.6%	7%	6%	5%	-13.4%	20%	20%	20%	-0.3%
10	自社シェア	19%	20%	22%	5.7%	5%	5%	5%	1.6%	8%	7%	6%	-11.1%
11	相対的市場シェア	1.36	1.38	**1.35**	-0.4%	0.30	0.30	**0.29**	-1.5%	0.25	0.23	**0.22**	-4.8%
12	市場規模（千円）	21,200	21,600	22,000	1.9%	30,000	30,500	31,000	1.7%	9,600	11,800	13,500	18.6%
13	他社トップ推定売上高	3,000	3,200	3,500	8.0%	5,000	5,200	5,500	4.9%	3,100	3,500	3,800	10.7%
14	他社トップシェア	14%	15%	16%	6.0%	17%	17%	18%	3.2%	32%	30%	28%	-6.6%

図3-17　事業別損益および市場シェア

	A	B	C	D	E
16		閾値	1.0	10%	
17	事業名	相対的市場シェア	市場成長率	売上高	
18	産業機械事業	1.35	1.9%	4,738	金のなる木
19	素材事業	0.29	1.7%	1,600	負け犬
20	医療機器事業	0.22	18.6%	849	問題児
21	IT事業	1.46	17.1%	2,480	花形製品
22	環境事業	0.34	14.1%	750	問題児

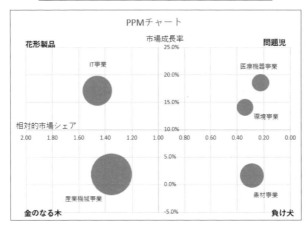

図3-18　PPMチャート

図3-19にバブルチャートの作成方法を示します。まず、図3-19 (a) のように
x軸、y軸、バブルの大きさに該当する数値の入った表の部分「B18:D22」のみを
ドラッグします。次に、図3-19 (b) のように「挿入」→「グラフ」→「散布図」で
「バブル」を選択します。するとバブルチャートが表示されます (図3-19 (c))。

(a) 表をドラッグ

	A	B	C	D
17	事業名	相対的市場シェア	市場成長率	売上高
18	産業機械事業	1.35	1.9%	4,738
19	素材事業	0.29	1.7%	1,600
20	医療機器事業	0.22	18.6%	849
21	IT事業	1.46	17.1%	2,480
22	環境事業	0.34	14.1%	750

(b) グラフ (バブル) を選択

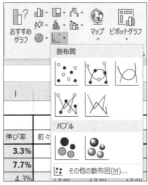

(c) バブル・チャートにラベルを設定

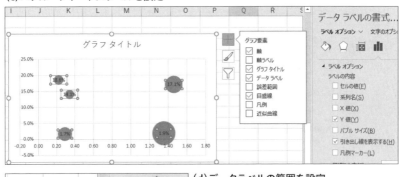

(d) データラベルの範囲を設定
(バブルに事業名を表示)

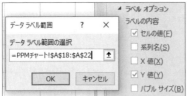

図3-19　バブルチャートの作成

　次に、図3-19 (c) のようにそのグラフをクリックし、編集可能な状態にしま
す。右側に「+」マークのアイコンが現れますので、それをクリックし、「デー

タラベル」にチェックをいれます。するとバブルに数値が表示されます。その数値をダブルクリックすると「グラフエリアの書式」ウィザードが表示され、その中に棒グラフのアイコンが表示されます。そのアイコンをクリックすると図3-19 (c) 右のような「データラベルの書式」ウィザードが表示されます。「ラベルオプション」でラベルの内容「セルの値 (F)」を選択します。そして、図3-19 (d)のように「データラベル範囲」の選択ウィザードで、事業名の入力されているセル範囲「A18:A22」を選択するとバブルに事業名が表示されます。ラベル内容のうち表示しない項目は☑を外しておきます。

　さらに、「軸の書式設定」で「縦軸 (横軸) の交点」の「軸の値 (E)」を閾値に設定することで4象限に分けることができます。また、相対的市場シェアでは大きな値が左にくるように「軸を反転する (V)」を設定します。

3.2.2　投資決定

　戦略策定において、投資計画を織り込む必要があります。設備投資にともなう資金の動きを含めた見積資金繰表を作成し、中期経営計画に反映しなければなりません。巨額の設備投資や研究開発投資など投資計画を実施すべきかどうか、その意思決定のためには原価および採算性で判断することになります。このような投資計画の採算性に関する計算は、投資経済計算と呼ばれます。

　投資金額と将来得られる金額を正確に知るのは簡単なことではありませんが、できるだけ精度よく見積る必要があります。投資決定の分析では、短期的な意思決定と違い、プロジェクトの全期間にわたり、投資による現金流出 (キャッシュ・アウトフロー) とそれらが生み出す将来の現金流入 (キャッシュ・インフロー)、あるいは収益と費用を見積もり、それらに基づき採算計算を行う必要があると考えられます。

　経営の基本構造を変える投資は長期にわたって効果が現れます。時間の経過がお金の価値を変えますから、投資のための現金流出額と投資により回収される現金流入額については、時間の経過にともなう貨幣の価値を評価して、比較しなければなりません。現金流出入額の現在価値から投資金額を差し引いた残りを正味現在価値といいます。

<table>
<tr><td>例題 3-8</td><td>Excelを用いて利子率による投資額の現在価値の違いを計算してみましょう</td></tr>
</table>

図3-20に計算例を示します。

	A	B	C	D	E
1	現在価値の計算				
2	金額	10,000,000	利子率	4.0%	
3					
4	利子率	3.0%	4.0%	5.0%	
5	1年	9,708,738	9,615,385	=$B$2/((1+D$4)^$A5)	
6	2年	9,425,959	9,245,562	9,070,295	
7	3年	9,151,417	8,889,964	8,638,376	
8	4年	8,884,870	8,548,042	8,227,025	
9	5年	8,626,088	8,219,271	7,835,262	
10	6年	8,374,843	7,903,145	7,462,154	
11	7年	8,130,915	7,599,178	7,106,813	
12	8年	7,894,092	7,306,902	6,768,394	
13	9年	7,664,167	7,025,867	6,446,089	
14	10年	7,440,939	6,755,642	6,139,133	

図3-20　投資額の現在価値

　この例では、セルB2に投資金額（I）を、セルD2に利子率（r）を入力します。投資金額（現在の金額）は、n年後に何円の価値（P）になっているといえるか、次の式で求められます。

$$P = \frac{I}{(1+r)^n}$$

Excelで計算してみると、現在の1,000万円は利子率3％で放置しておけば10年後には価値が減ってしまい、744万円の価値しかないとみなすことができます。逆にいえば、10年後の744万円は現在の1,000万円と同じ価値であるといえます。

　毎年の現金流入額（収益）が200万円あると仮定し、現在価値を計算して、その年までの合計を計算（現在価値の合計）、それを1,000万円から差し引いて（正味現在価値が）プラスになれば、「1,000万円を投資し、毎年200万円の収益を予想し投資可」と判断されます。しかし、いったい何年後に正味現在価値がプラスになるのか、計算してみましょう。

　図3-21に毎年の現金流入に対する現在価値および正味現在価値の計算結果を

示します。6年目に正味現在価値がプラスになり、投資回収ができるということがわかります。

　ゴールシークを用いて、利子率4%のとき5年目に正味現在価値がゼロになるための現金流入額（年額）を求めてみましょう。2,246,271円となることがわかります。

	F	G	H	I	J	K	L	M	N	O
1										
2		現金流入額（年額）		2,000,000						
3			現在価値			現在価値の合計			正味現在価値	
4	利子率	3.0%	4.0%	5.0%	3.0%	4.0%	5.0%	3.0%	4.0%	5.0%
5	1年	1,941,748	1,923,077	1,904,762	1,941,748	1,923,077	1,904,762	-8,058,252	-8,076,923	-8,095,238
6	2年	1,885,192	1,849,112	1,814,059	3,826,939	3,772,189	3,718,821	-6,173,061	-6,227,811	-6,281,179
7	3年	1,830,283	1,777,993	1,727,675	5,657,223	5,550,182	5,446,496	-4,342,777	-4,449,818	-4,553,504
8	4年	1,776,974	1,709,608	1,645,405	7,434,197	7,259,790	7,091,901	-2,565,803	-2,740,210	-2,908,099
9	5年	1,725,218	1,643,854	1,567,052	9,159,414	8,903,645	8,658,953	-840,586	-1,096,355	-1,341,047
10	6年	1,674,969	1,580,629	1,492,431	10,834,383	10,484,274	10,151,384	834,383	484,274	151,384
11	7年	1,626,183	1,519,836	1,421,363	12,460,566	12,004,109	11,572,747	2,460,566	2,004,109	1,572,747
12	8年	1,578,818	1,461,380	1,353,679	14,039,384	13,465,490	12,926,426	4,039,384	3,465,490	2,926,426
13	9年	1,532,833	1,405,173	1,289,218	15,572,218	14,870,663	14,215,643	5,572,218	4,870,663	4,215,643
14	10年	1,488,188	1,351,128	1,227,827	17,060,406	16,221,792	15,443,470	7,060,406	6,221,792	5,443,470

図3-21　投資額の現在価値

　投資案の評価法については、以下のようなものがあります。

（1）正味現在価値法（Net Present Value Method）

　正味現在価値法とは、投資案の耐用年数における現金流入額を一定の割引率（資本コスト率または最低必要利益率と呼びます）で割引いて現金流入額の現在価値を計算し、そこから投資案の支出総額を差し引いて正味現在価値（NPV）を求め、それを投資の判断基準とする方法です。正味現在価値がプラスならば投資案は採用することになり、それがマイナスならば採用は見送ることになります。

　　　正味現在価値 ＝ 現金流入額の現在価値合計 − 投資額
　　　正味現在価値 ＞ 0……投資案の採択
　　　正味現在価値 ＜ 0……投資案の棄却

（2）内部利益率法（Internal Rate of Return Method）

　内部利益率法では、投資案の耐用年数にわたって発生する現金流入額の現在価

値合計と投資額を等しくする割引率（IRR）を内部利益率とし、それが必要利益率もしくは資本コスト率よりも大きければ投資案を採用します。なお、次の関係を満たす割引率が内部利益率です。

投資額 ＝ 現金流入額の現在価値合計

（3）回収期間法（Payback Method）

回収期間法では、各期間の現金流入額を累計しながら、投資額の全額を回収する期間を検討します。回収期間とは次式を満たす最初の年度のことで、何年経てば投資が回収できるかを示しています。

初期投資額 － 毎期の現金流入額の累計 ≤ 0

複数の投資案件がある場合、最短の回収期間を持つ投資案を採択することになります。一方、企業によっては、3年間あるいは5年間というように、目標とする回収期間を設け、それ以内に収まるように投資の基本計画を練っていくということが行われています。

（4）会計的利益率法（Accounting Rate of Return Method）

会計的利益率（＝投資案の平均見積純利益額／平均投資額）と必要とする利益率を比較することによって、投資決定を行う方法です。

投下した資本がどれだけの利益を生んでいるのかを測るために使われる基本的な指標として、ROI（Return On Investment）があります。これは、投資利益率、投資回収率ともいわれるもので、基本的な計算式は次の通りです。ROIが大きいほど収益性に優れた投資案件ということになります。

$$ROI = \frac{利益}{投資額} \times 100$$

ROIの基本形は単純であるため種々のバリエーションがあり、キャッシュ・フローをベースにして事業部門や個別のプロジェクト、個別の商品における投資対効果の評価にも利用されます。

一方、総資産に対してどれだけ利益を生んでいるかを測るために使われる基本

的な指標としてROA（Return On Assets）があります。これは、総資産利益率、資産収益率などともいわれ、投資家（株主）の視点から投資先である企業の採算性を判断するために用いられます。ROAは、決算書の数値から、次のように計算できます。

$$ROA = \frac{利益}{総資本（総資産）} \times 100$$

類似の指標に、ROE（Return On Equity）があります。これは、企業が株主から調達した資金（資本）をどれだけ効率的に使っているかを示す財務指標で、株主・投資家にとって投資対象である企業の収益力、投資資金の運用効率を示す尺度として評価されています。

例題 3-9　Excelで投資計算を行いましょう。

　設備の購入費4,000（千円）、売上1,600（千円）、営業費用750（千円）と仮定して、設備耐用年数8年、資本コスト率3.00%、実効税率40%とした場合に、この投資の採算性はどうでしょうか。同じ条件で、設備耐用年数が5年となった場合の採算性はどうでしょうか。Excelでの検討例を図3-22に示します。

　図3-22には、J列のセルに毎年の正味営業現金流入額（＝税引後利益＋減価償却）、K列に耐用年数で減価償却したときの毎年の投資残高、L列に平均投資額（＝毎年の投資残高の合計／年数）、N列に正味営業現金流入額の現在価値（＝毎年の正味営業現金流入額×現価係数）を計算できるように数式が入力されています。

　採算性の検討には以下の指標を用いることにし、Excelで計算してみます（図3-23）。

　①ROI＝利益／投資額 …… （大きいほどよい）

　②会計的利益率＝平均純利益／平均投資額 …… （大きいほどよい）

　③回収期間＝初期投資額／平均正味営業現金流入額 …… （短いほどよい）

　④正味現在価値（千円）＝正味営業現金流入額の現在価値合計 - 投資額 …… （＞0であれば投資可）

　⑤内部利益率＝正味営業現金流入額の現在価値合計が投資額に等しくなるような割引率 …… （＞資本コスト率であれば投資可）

	A	B
1	投資決定のための計算	
2	製造設備購入費（千円）	¥4,000
3	売上（千円/年）	¥1,600
4	営業費用（千円/年）	¥750
5		
6	設備耐用年数	8年
7	資本コスト率	3.00%
8	実効税率	40%

D 年	E 売上（千円）	F 営業費用（千円）	G 減価償却費（千円）	H 税引前利益（千円）	I 税引き後利益（千円）	J 正味営業現金流入額（千円）	K 投資残高（千円）	L 平均投資額（千円）	M 現価係数＝1／(1＋割引率)＾年数	N 正味営業現金流入額の現在価値（千円）	O 年金現価係数（＝現価係数の累積）
0	-	-	-	-	-	-	¥4,000	-	1.0000	-	-
1	¥1,600	¥750	¥500	¥350	¥210	¥710	¥3,500	¥3,750	0.9709	¥689	0.9709
2	¥1,600	¥750	¥500	¥350	¥210	¥710	¥3,000	¥3,250	0.9426	¥669	1.9135
3	¥1,600	¥750	¥500	¥350	¥210	¥710	¥2,500	¥2,750	0.9151	¥650	2.8286
4	¥1,600	¥750	¥500	¥350	¥210	¥710	¥2,000	¥2,250	0.8885	¥631	3.7171
5	¥1,600	¥750	¥500	¥350	¥210	¥710	¥1,500	¥1,750	0.8626	¥612	4.5797
6	¥1,600	¥750	¥500	¥350	¥210	¥710	¥1,000	¥1,250	0.8375	¥595	5.4172
7	¥1,600	¥750	¥500	¥350	¥210	¥710	¥500	¥750	0.8131	¥577	6.2303
8	¥1,600	¥750	¥500	¥350	¥210	¥710	¥0	¥250	0.7894	¥560	7.0197
平均	¥1,600	¥750	¥500	¥350	¥210	¥710	¥1,750	¥2,000	合計	¥4,984	

D 年	E 売上（千円）	F 営業費用（千円）	G 減価償却費（千円）	H 税引前利益（千円）	I 税引8後利益（千円）	J 正味営業現金流入額（千円）	K 投資残高（千円）	L 平均投資額（千円）	M 現価係数＝1／(1＋割引率)＾年数	N 正味営業現金流入額の現在価値（千円）	O 年金現価係数（＝現価係数の累積）
0	-	-	-	-	-	-	¥4,000	-	1.0000	-	-
1	¥1,600	¥750	¥500	=E3-F3-G3	=H3*(1-$B$8)	=G3+I3	=K2-G3	=(K2+K3)/2	=1/(1+$B$7)^D3	=IF(D3<=$B$6,J3*M3,"")	=1/(1+$B$7)^D3

図3-22　投資決定のための計算（投資経済計算）

	A	B				
13	ROI（＝利益/投資額）	42.0%	=I11*B6/K2	←	大きい程よい	
14	会計的利益率（＝平均純利益/平均投資額）	10.5%	=I11/L11	←	大きい程よい	
15	回収期間（＝初期投資額/平均正味営業現金流入額）	5.63年	=B2/J11	←	短い程よい	
16	正味現在価値（千円）（＝正味営業現金流入額の現在価値合計－投資額）	¥984	=N11-K2	←	＞0　であれば　投資してもよい	
17	内部利益率（＝正味営業現金流入額の現在価値合計が投資額に等しくなるような割引率）	8.53%		←	＞資本コスト率であれば投資してもよい	

図3-23　採算性の計算（左図のB列の計算式が右図）

　内部利益率は、正味営業現金流入額の現在価値合計が投資額に等しくなるような割引率です。これは「ゴールシーク」を用いて、正味現在価値＝0となるときの資本コスト率として求めることができます（数式入力セル：B16（正味現在価値）、目標値：0、変化させるセル：B7（資本コスト））。耐用年数終了時に、「年金現価係数＝回収期間」となる割引率と等しくなります。

　図3-23の計算結果では、回収期間が5.63年と少し長いですが、8年後の正味現在価値は＋984,000円、内部利益率は8.53％で資本コスト率3％を上回っていますので、採算性があり、投資すべきであると判断されます。

　次に耐用年数を5年とした場合には、正味現在価値は、-199,000円、内部利益率は1.24％で資本コスト率3％を下回っていますので、投資すべきではないと判断されます。

3.2.3　原価企画

　中期経営計画において、5カ年の利益計画を立てようとすると売上高や売上原価の推定値が必要になります。売上高は、プロダクト・ポートフォリオ分析などから事業ごとに市場を分析し、シェアを予測することで推定することが可能になりますが、そのとき重要になるのが価格と原価です。利益計画のためには、市場（競合他社）の動向と自社の実力を把握し、適正な価格を設定することが大切です。

　価格は、図3-24のように、需要と供給の関係で決まる価格、競合他社の類似製品の価格、自社の都合での希望価格などを考慮して決定していくことになります。

図3-24　価格の決め方

　この価格に対して、利益を得るための目標原価を決定しなければなりません。とくに新製品では利益計画のときに、この価格、目標原価をできるだけ精度よく設定しておくことが大切です。この活動を原価企画と呼びます。原価企画とは、「新製品開発段階における全社的な利益管理を意味し、顧客の要件を満たす品質を持った製品を企画し、中長期利益計画で必要とされる目標利益を所与の市場環境条件で達成するために新製品の目標原価を決定し、要求品質・納期を満たしなが

ら目標原価を製品の設計上で達成しようとする全社的活動である」と定義されています (門田、2008)。

　原価企画という言葉は、1963年にトヨタ自動車で初めて使われ普及したといわれています。多くの企業では1970年頃から原価企画を導入する試みに入りました。一般的な製造企業では、商品企画から生産準備業務までの段階で、製造原価の80％程度が決定されてしまうことから、より上流部門である開発設計部門、生産技術部門、さらに、新商品企画部門へとコストダウン活動の中心をシフトさせるというのが原価企画の基本的な考え方です。原価企画導入の中心となるのは、商品企画、開発、設計、生産技術部門と一部経理部門です。企画段階からのコストダウンは、一つの部門だけで処理できるものは少なく、関係部門の協力が不可欠となります。

　会社によっては、原価企画部門を専門においているところもあり、その主な業務内容は、①受注可否判断、設備投資可否判断、②原価目標の設定と計画書のまとめ、③開発部門、設計部門、購買部門、生産技術部門との調整、④原価見積り、⑤実際原価計算、⑥経営管理情報の提供などとなっています (橋本他、1995)。

① **中期経営計画**：全社的な中長期の利益計画が立案されます。各期ごとの目標利益を製品ごとに設定する必要があります。

② **個別新製品企画**：総合新製品計画をもとに商品企画部門が、市場調査などにより、どのような新製品を開発するべきか、モデルチェンジをどのようにするかについて具体的な企画を立案します。原価企画部門はこの段階において、各構想についての原価見積を行い、損益見込みについて検討を行います。

③ **個別新製品基本計画**：デザイン、機能別の構造や仕様など原価に影響を及ぼす主要因が決定され、目標原価が決定されます。

④ **製品設計と原価の作りこみ活動**：設計部門が、部品別目標原価を作りこむように「試作図」を作成します。実際に、試作図によって試作品が作られ、機能、性能評価が行われる一方、生産技術部門では、工程設計を行い、加工費の原価見積を行うとともに、購買部門では、素材や購入品の原価見積を実施します。

⑤ **生産移行計画**：正式な「量産図」が出図されると、生産技術部門では量産準備業務に入り、生産設備の準備状態のチェックとともに最終の原価見積が行われます。さらに材料歩留まり、工数などの諸標準値を設定し、工場に指示します。量産段階に移行して一定期間経過後 (通常3カ月後)、新製品の実際原価を測定して原価企画の実績評価を行うことになります。

目標原価は、一般に、材料費、変動加工費、開発費などを対象とし、下記の①〜③のような方法で決定されます。

① **積上げ法**：自社の技術レベルに立脚した設定方法

　　現状の実力値をもとに推定する見積原価（成行原価）がベース。
　　経験見積法、類似見積法、相関分析法

② **還元法**：マーケットに立脚した採算性重視の設定法

　　目標売価から適正利益を確保できる目標原価を設定。
　　目標原価＝目標売価×（1－目標利益率）
　　目標原価＝目標販売価格－目標営業利益

③ **理想原価法**：究極の原価である理想目標原価を追求する方法

　　相対比較（他社製品のベンチマーキング）
　　ユニット、部品の基本機能追求。
　　基本機能、補助機能、ロスの3つに分類し
　　目標原価＝基本機能＋補助機能×1/2　とおく

製品原価が各段階でどの程度決定づけられるか、調査結果をまとめると図3-25のようになります。業種別や生産形態別に見てもその割合はほぼ同じで、80％〜95％が開発、設計段階で決定されてしまうことがわかります。これも原価企画が重要であるということを示しています。

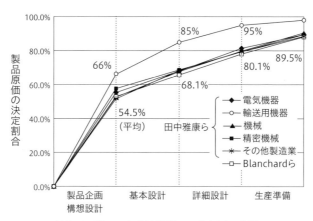

（（Blanchard他、1991）（田中雅康他、1996）をもとに整理）

図3-25　各段階における製品原価の決定割合

　ITを駆使した仮想生産環境では、ネットワーク上で製品や部品のデジタルモックアップを共有し、機能性、耐久性、生産性、マテハン性などを多くの部門で時空を問わず検討し、コストと品質の最適化を実現しようとするコンカレント・エンジニアリングを加速させるシステムの普及が進んでいます。「試作図」、「量産図」の検討は、3次元（3D）CADで実施されるようになり、3次元CADによるデータモデルは図面が持っていた冗長性を排除し、3Dプリンターで試作品が迅速に作られるなどデジタル技術の活用によって、原価企画での「摺り合わせ」の効率性、精度が高まっています。

　ドイツで生まれた「インダストリー4.0」では、工場内のすべての機器類をインターネットに接続して一括で管理しようという方法論が提唱され、これを「IoT（Internet of Things）」と呼ぶようになりました。IoTによって得られた情報を蓄積・加工・分析して指示を出し、データ提供を行うのが「CPS（Cyber Physical Systems）」です。施設、設備、部品、製品などを無線センサーや情報蓄積システムなどによって接続することによって、バーチャル世界（サイバースペース）とモノの世界をつなぎます。デジタルツイン（Digital Twin）は、各種センサーで集めたデータや機械の稼働状況などを集め、サイバー空間上に物理世界の状況・動作を示すデータモデルを指します。「インダストリー4.0」の中でさらに原価企画が活きてくるでしょう。

例題 3-10　Excelで原価企画のフローを書いてみましょう

　中期経営計画から製品設計、生産までのステップで原価企画に関わる様々な検討が行われています。この流れを部門（組織）との関連も含めてExcelシートに書いてみると自社の取り組みの整理になり、フローの改善案を見つけることにもつながります。図3-26は公表されている原価企画の体系をもとにExcelシートに作成した原価企画のフロー図です（門田、2008）。

　実際の原価企画活動は簡単にはいきません。原価目標値より原価見積値が高い場合が起こり、唯一つの方法だけで原価目標が達成できるわけではなく、いろいろな原価低減方法が併用されることになります。

　従来からVE（Value Engineering）は重要な方法といわれていますが、表3-4に示すようにDFMA（Design for Manufacturing and Assembly）やCE（Concurrent Engineering）、MD（Modular Design）なども使われています（長坂、2002）。

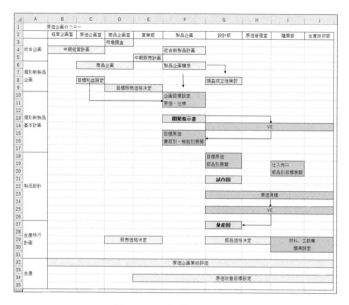

図 3-26 原価企画のフロー

表3-4 原価低減方法の活用度（関西設計管理研究会での調査より）

VE（Value Engineering）	19.3%
DR（Design Review）	16.0%
新技術	15.9%
新材料	10.4%
トレードオフによる方法	10.3%
DFMA（Design for Manufacturing and Assembly）	8.9%
新工法	6.9%
CE（Concurrent Engineering）	4.6%
MD（Modular Design）	2.9%
IE（Industrial Engineering）	2.7%
BM（Bech Marking）	2.1%

　製品企画部門、設計部門が、なんとか目標原価を作りこみ、試作図を作成します。試作図によって実際に試作品が作られ、機能、性能評価が行われます。

同時に、生産技術部門（生産準備や計画、管理を行います）では、工程設計を行い、加工費の原価見積を行うとともに、購買部門では、素材や購入品の原価見積を実施します。正式な量産用図面が出図されると、生産技術部門では量産準備業務に入ります。生産設備の準備状態のチェックとともに最終の原価見積を行います。さらに、生産技術部門では、歩留り、工数などの諸標準値を設定し、工場に指示します。すなわち、標準原価が設定されます。製造部門で量産が開始され、一定期間経過後、新製品の実際原価を測定し、実績評価を行うことになります。この標準原価計算については第5章で詳しく説明します。

3.2.4 BSC（バランスト・スコアカード）

バランスト・スコアカード（Balanced Scorecard、BSC）は、1992年にR. Kaplan（ハーバード・ビジネス・スクール教授）とD. Norton（コンサルタント会社社長）が提案した業績評価システムです。BSCでは、非財務指標を取り入れることができる点で、レピュテーション・マネジメントの評価も可能になっています。一方、戦略の策定と実行を支援する戦略マネジメントシステムとしても活用されています。

BSCは、図3-27のように、「財務」、「顧客」、「プロセス」、「学習成長」といった4つの視点で多角的に業績を評価する包括的フレームワークを提供しています。営業では顧客に関する評価指標があり、工場ではプロセス改善の指標がありますが、バランスト・スコアカードは、これらの部門指標を全社的に統合させる仕組みであるともいえます。

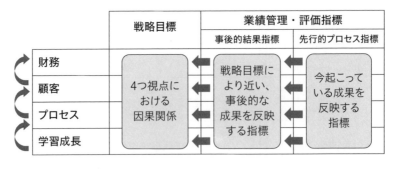

図3-27 バランスト・スコアカードの内容と役割

- **「財務」の視点：** 伝統的な業績評価指標を継承するものです。バランスト・スコアカードでは、財務の視点は統合指標として機能しています。「売上」、「営業利益」、「キャッシュ・フロー」等の会計数値は、結果として戦略の妥当性の判断基準となります。

- **「顧客」の視点：** 「顧客満足度」や「顧客ロイヤリティ」を定性的な指標として取り上げます。また、「苦情発生から解決までの期間」を指標の一つとしている例もあります。これらを良い方向に向かわせることは、結果として「財務」が良い方向に向かうことにつながります。

- **「プロセス」の視点：** 各部門内での管理のために使われる、「プロセスの効率性」に関する指標を取り上げます。まず「原価」が重要な指標になりますが、それ以外に「時間」、「品質」等の指標が使われます。内部プロセスの効率性を向上させることが、「顧客」の視点への貢献になります。

- **「学習成長」の視点：**

  従業員の学習成長に基づく革新や創造は、現代企業の経営戦略における中心課題になっています。「パラダイムや風土の改善」、「人材育成に対する取組」は、モチベーション向上に寄与し、職場が活性化します。「改善提案件数」、「新製品比率」等、学習成長や知識創造に関する整備の度合いを指標としてあげることができます。

このBSCに対して、戦略目標と因果関係を可視化するためのツールが戦略マップと呼ばれるものです。戦略マップでは、4つの視点ごとに戦略目標あるいは戦略テーマを記述して、戦略目標の間にある因果関係を線で結ぶことで作成されます。

例題 3-11　Excelで戦略マップを書いてみましょう

　図3-28に、石油会社エリクソンモービル社（モービル）の戦略マップをExcelで書いた例を示します。経営方針が具体化され、具体化されたテーマに指標と定量的な目標値を設定することで、改革の目指すところが明らかになったこと、改革の進捗状況の管理が可能になったこと、社員ひとりひとりの社員バランススコアカードも作成したことで全社員が目標を持って改革に取り組む風土が醸成されたこと等で成果が上がったことが報告されています（**伊藤、2001**）。

　戦略マップから作られるバランスト・スコアカードにおける業績指標は、因果関係がお互いに関連づけられ、設定された目標に向かって組織を方向付けるために使われなければ、成果を出すことが難しくなります。

　バランスト・スコアカードは、ビジョンを組織全体に伝達し、組織の知恵を集めて戦略を形成する役割を果たします。バランスト・スコアカードでは業績評価指標が埋め込まれ、それらを可視化することで戦略がうまく実践できてい

るかどうかを知ることができます。つまり、戦略マップに従い戦略を遂行するために必要とされる行動とその業績指標を表現したモデルがバランスト・スコアカードであるといえます。

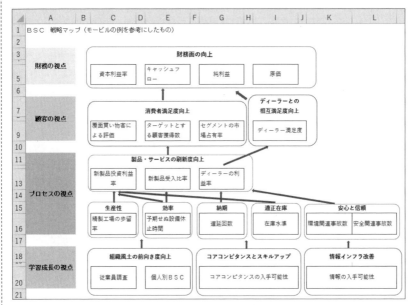

（伊藤嘉博、2001、「バランススコアカード理論と導入」、ダイヤモンド社、p.67をもとに作成）

図3-28　戦略マップの例

　このモデルによって、組織の行動は、透明性を持ち、コミュニケーションが容易になり、組織全体で戦略を考えることができるようになります。実際には、このような業績モデルは、一度で完結するわけではなく、仮説と検証の手続きを繰り返しながらより妥当性を持つように醸成されていきます。

　企業実態調査で得られたプロセス改革の成果について、バランスト・スコアカードのフレームワークを用いて紐解いた例を以下に示します（坂手他、2006）。

　図3-29はカテゴリカル回帰分析の結果です。相関が認められる場合は矢印で結び、重相関係数の値が示されています。

　この結果から、"学習成長視点の「社員の変革に対する意識向上」、「パラダイム・風土がよい方向」、「従業員満足度の向上」という3項目がよくなっている企業はプロセス視点の各項目もよくなっている"といえるかどうか見てみましょう。

　例えば、「パラダイム・風土がよい方向」に向かった企業は、重相関係数＝0.656
で「サイクルタイムの向上」が認められるということがわかります。

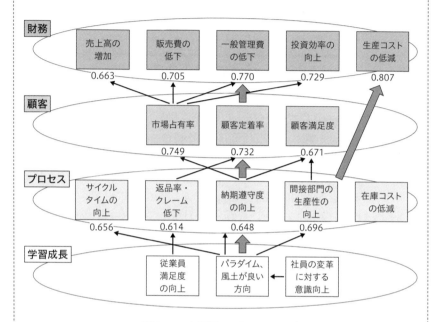

図3-29　各指標の因果関係マップ

　一方、これら3つの学習成長視点の項目とプロセス視点の「在庫量の低減」と
は相関が認められません。プロセス視点と顧客視点は因果関係があり、「納期遵
守度の向上」、「間接部門の生産性の向上」が実現されれば、「顧客満足度の向上」
が達成されることもわかります。「納期遵守度の向上」は、「市場占有率の向上」
に影響し、「返品率・クレーム低下」は「顧客定着率の向上」に影響することも
わかります。

　また、顧客視点と財務視点の因果関係も強い相関が認められ、「市場占有率向
上」が「売上高の増加」、「投資効率の向上」、「販売費の低下」、「一般管理費の低
下」に影響し（「販売費の低下」には、あわせて「顧客定着率」も影響する）する
ことがわかります。

　ただし、「生産コストの低減」は、顧客視点の各項目との因果関係が弱く、プ
ロセス視点の各項目（とりわけ、「間接部門の生産性の向上」）との関係が強いこ
とが示されています。各指標の成果が連鎖し、最終的に財務効果を及ぼす相互

関係が読みとれます。

　自社の状態をこのマップに当てはめて分析してみれば、どの項目を強化しなければならないか判別でき、戦略計画の方向性について決定できる可能性があります。

例題 3-12　Excelで BSC ダッシュボードを作成しましょう

　ダッシュボードとは複数の情報を1つにまとめ、一目でデータを把握できるようにする「データの可視化ツール」です。経済動向、企業の売上やマーケティング関連のデータを集め、表やグラフでわかりやすく表示するツールとして活用されています。様々なデータを集め可視化できることから、素早い意思決定に役立つといわれています。図3-29のBSCモデルの各指標の値をダッシュボードとして表示できるようにした例が図3-30です。業績指標で状態が悪くなっているものを色分け表示するなど、戦略の実行状況が可視化されるツールとして有効です。近年では、BI（ビジネス・インテリジェンス）ツールといわれるビッグデータ分析のためのシステムが活用されることも多くなっていますが、シンプルな分析にはExcelは十分な機能を果たします。

　図3-30では、「財務」、「顧客」、「プロセス」、「学習成長」といった4つの視点で用意された業績評価指標をそれぞれグラフ化しまとめて表示しています。これらによって経営状況を可視化することができます。年度ごとの変化、月ごとの変化を捉えて、それぞれの階層での評価指標が遅れて因果関係に現れてくることも把握できるようになっていきます。

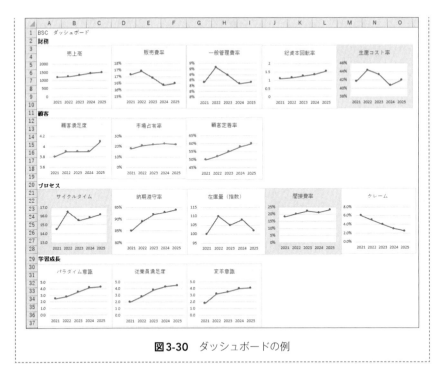

図3-30 ダッシュボードの例

次に、図3-29のような因果関係分析を行ってみましょう。ここではExcelの「回帰分析」機能を使い、重回帰分析を行います。

単回帰分析は、1つの目的変数 (y) を1つの説明変数 (x) で予測するのに対し、重回帰分析は1つの目的変数 (y) を複数の説明変数 (x_1、x_2、x_3、x_4……) で予測しようというものです。

Excelでは「ファイル」タブから「オプション」を選択、「アドイン」→「分析ツール-VBA」を選択し、「データ」タブ右端に「データ分析」と表示されたら、その中にある「回帰分析」を選択して、単回帰分析も重回帰分析も同じツールで実施することができます。

単回帰分析では、$y = ax + z$という式で予測式が表現されますが、重回帰分析では$y = ax_1 + bx_2 + cx_3 + dx_4 \cdots\cdots + z$という式になります。$z$は定数項です。この$a$、$b$、$c$……を回帰係数と呼びます。重相関係数は、目的変数の理論値と実測値との間の相関係数であり、決定係数は重相関係数の2乗です。0から1の間の値を取り、1に近いほど相関があるといえます。決定係数はExcelで「重決定R2」

と表示されていますが、これが0.7を超えてくるとモデルとして「使える」とされています。

P-値は「出てきた結果が偶然かどうか」を検討していて、小さいほど偶然性が低いと解釈することが可能です。有意水準 a を下回ると、この分析結果（相関係数など）は信頼できると判断されます。有意水準とは、P-値がいくらであれば帰無仮説（無に帰す（棄却する）ための仮説）を棄却してよいかを決める基準ということができます。有意水準 a の値としては、0.05 = 5〔％〕を用いるのが一般的ですが、そのとり方は調査・研究対象によっても違いがあり、社会科学などでは0.1（10％）を用いる場合もあり、厳密さが求められる自然科学では0.01（1％）などを用いる場合もあります。

図3-30のダッシュボードの元データ（図3-31（a））を使い、重回帰分析を実行した例が図3-31です。「回帰分析」（図3-31（b））をクリックするとウィザードが表われます（図3-31（c））ので、入力Y範囲（Y）にAA列のサイクルタイム、入力X範囲（X）にAF〜AH列をまとめてドラッグし入力します。「ラベル（L）」にチェックを入れて、「観測値グラフの作成（I）」にもチェックを入れて、「OK」ボタンを押すと新規シートが自動的に作成されて結果が表示されます（図3-31（d））。

この場合は、P-値が0.07で0.1よりは下回っていることがわかります。重相関係数 = 0.972688であり、相関があると判断できます。

このように、関係を調べたい目的変数と説明変数の組み合わせをすべて重回帰分析し、図3-30のダッシュボードのレイアウトに沿って整理した結果が図3-32です。これは、BSCにおける評価指標の因果関係分析であり、自社のデータがあれば戦略マップのチェックを行うことが可能になります。

(a) 図3-30ダッシュボードの元データ

	R	S	T	U	V	W	X	Y	Z	AA	AB	AC	AD	AE	AF	AG	AH
3	年度	売上高	販売費率	一般管理費率	総資本回転率	生産コスト率	顧客満足度	市場占有率	顧客定着率	サイクルタイム	納期遵守率	在庫量（指数）	間接費率	クレーム率	パラダイム意識	従業員満足度	変革意識
4	2021	1200	17%	8%	1.1	42%	3.8	18%	50%	14.5	85%	100	18%	6.0%	2.5	2.0	1.8
5	2022	1240	17%	9%	1.15	44%	3.9	21%	52%	16.5	89%	110	20%	5.0%	2.8	2.8	3.2
6	2023	1340	16%	9%	1.25	43%	3.9	22%	55%	15.5	92%	105	22%	4.0%	3.5	3.8	3.5
7	2024	1450	16%	8%	1.35	41%	3.9	23%	58%	15.8	93%	108	21%	3.0%	4.2	4.3	4.0
8	2025	1500	16%	8%	1.55	42%	4.1	22%	60%	16.2	94%	102	23%	2.5%	4.3	4.5	4.1

(b)「データ」タブ→「データ分析」

(c)(b)で「回帰分析」を選択→ウィザードの表示

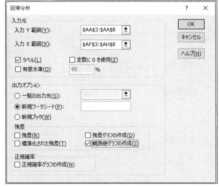

(d)(c)の後、新規ワークシートに結果表示

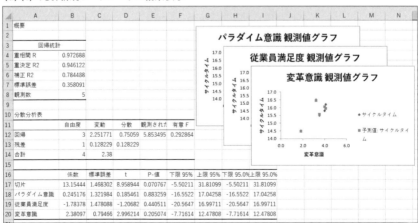

図3-31 Excelのアドインツール「データ分析」による重回帰分析

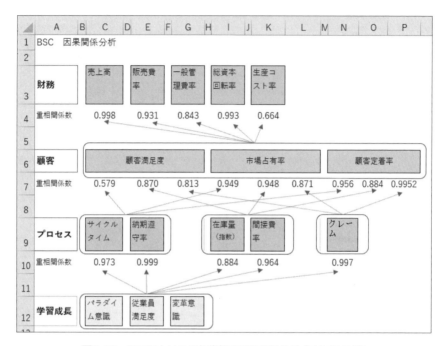

図3-32 BSCにおける評価指標の因果関係分析（図3-30の例）

3.2.5 ABC、ABMおよびABB（活動基準原価計算、マネジメントと予算管理）

近年、製品原価に占める間接費の比率が大きくなっています。つまり、中期経営計画において、様々な視点から製造間接費を低減するための努力が必要です。

例えば、製造業の間接部門の生産性向上策として、システム環境（情報システムなど）や人的環境（組織、風土など）の改善などがあり、また、間接部門の原価管理を精緻化しコスト低減を実現しようとする取り組みがあります。当然のことながら、間接業務の効率については、コスト、時間のみならず、生み出される付加価値の評価を含めて議論しなければなりません。

ABC（Activity Based Costing、活動基準原価計算）は、1980年代後半にハーバード大学のR. Kaplan と R. Cooperによって広められた、主に「間接費の正確な配賦」

を目的とした原価計算手法です。ABCには、すべての原価には発生の原因であるコスト・ドライバーがあり、そのコスト・ドライバーを把握できるという前提があります。ABCは、従来の伝統的な原価計算と違い、活動を基準に間接費を計算します。ABC における活動とは、「組織の中で資源を消費してアウトプットに変換する行為や業務」と定義されています (門田、2008)。

　活動の例として、購買部門の価格交渉、発注、検収、営業部門の顧客訪問、見積もり、納品等があげられます。従来は、原価計算のために利用できる情報が十分でなかったので、より簡便に、直接材料費や直接作業時間等、製品の操業度を基準として間接費を配賦する伝統的な原価計算が用いられました。これに対して、ITの発展やIoTの展開により、持続的かつ精緻なデータ収集や情報処理能力が企業に備わり、活動の状況 (活動時間や数量など) を自動計測できるようになったことでABC も現実的に運用できるようになりました。

　図3-33にABCモデルを示します。縦軸に原価割当視点 (Cost Assignment View) をとり、横軸にビジネス・プロセス視点 (Process View) をとって、その二軸の交わりに活動を置いています。これは、ABCを推進した米国の非営利団体CAM-Iが提唱するモデルです。このモデルの縦軸の原価割当視点は、活動単位にまでブレークダウンすることにより、間接費をより精度よく原価対象 (製品別のみならずプロセス別や顧客別など) に集計する原価計算方法を意味しています。

　ABCでは、まず、活動ごとに間接費をコスト・プールに集計します。それを活動ドライバー総数で割り算して、活動ドライバー・レート (活動1単位当たりのコスト) を求めます。それぞれの製品やプロセスが、各活動でどれだけの活動ドライバーを消費したかを把握して、活動ドライバー・レートと掛け合わせ、その合計を原価として求めます。活動当たりの単価を設定し、あとは活動量を計測すれば活動ごとの間接費が計算できるわけです。

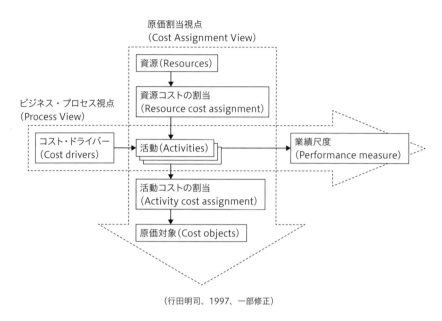

（行田明司、1997、一部修正）

図3-33　ABCモデル

例題 3-13　**ExcelでABCによる原価計算を理解しましょう**

　図3-34のような条件がわかっているとき、ABC（活動基準原価計算）によっ
て製品別の製造間接費を求めましょう。

	製品A	製品B
生産量	50,000個	24,000個

活動	活動コスト・ プール計	活動ドライバー 総消費量	製品Aの ドライバー消費量	製品Bの ドライバー消費量
生産管理（時間）	700,000円	7,000h	3,500h	3,500h
段取（回数）	1,160,000円	120回	50回	70回
工程内物流（重量）	700,000円	220kg	170kg	50kg
検査（回数）	440,000円	700回	600回	100回

図3-34　生産量、活動データ

製品Aと製品Bを生産しています。ABC（活動原価計算）に必要な活動に関わるデータは図3-34の通りです。

ABCの計算手続は二段階で構成されます。Excelシート、計算式は図3-35の通りです。

	A	B	C	D	E	F
1	ABC（活動基準原価計算）					
2						
3	直接作業時間	製品A	製品B			
4	生産量	50,000個	24,000個			
5						
6	活動	コストプール計	活動ドライバー総消費量	活動ドライバーレート	製品Aのドライバー消費量	製品Bのドライバー消費量
7	生産管理（時間）	¥700,000	7,000.0h	¥100	3,500.0h	3,500.0h
8	段取（回数）	¥1,160,000	120回	¥9,667	50回	70回
9	工程内物流（重量）	¥700,000	220.0kg	¥3,182	170.0kg	50.0kg
10	検査（回数）	¥440,000	700回	¥629	600回	100回
11	合計	¥3,000,000				
12						
13	活動	製品A	製品B	計		
14	生産管理（時間）	¥350,000	¥350,000	¥700,000		
15	段取（回数）	¥483,333	¥676,667	¥1,160,000		
16	工程内物流（重量）	¥540,909	¥159,091	¥700,000		
17	検査（回数）	¥377,143	¥62,857	¥440,000		
18	合計	¥1,751,385	¥1,248,615	¥3,000,000		
19	製品別製造間接費(円/個)	¥35.0	¥52.0			

	A	B	C	D	E	F
1	ABC（活動基準原価計算）					
2						
3	直接作業時間	製品A	製品B			
4	生産量	50,000個	24,000個			
5						
6	活動	コストプール計	活動ドライバー総消費量	活動ドライバーレート	製品Aのドライバー消費量	製品Bのドライバー消費量
7	生産管理（時間）	¥700,000	=F7+E7	=B7/C7	3,500.0h	3,500.0h
8	段取（回数）	¥1,160,000	=E8+F8	=B8/C8	50回	70回
9	工程内物流（重量）	¥700,000	=E9+F9	=B9/C9	170.0kg	50.0kg
10	検査（回数）	¥440,000	=E10+F10	=B10/C10	600回	100回
11	合計	=SUM(B7:B10)				
12						
13	活動	製品A	製品B	計		
14	生産管理（時間）	=$D7*E7	=$D7*F7	=SUM(B14:C14)		
15	段取（回数）	=$D8*E8	=$D8*F8	=SUM(B15:C15)		
16	工程内物流（重量）	=$D9*E9	=$D9*F9	=SUM(B16:C16)		
17	検査（回数）	=$D10*E10	=$D10*F10	=SUM(B17:C17)		
18	合計	=SUM(B14:B17)	=SUM(C14:C17)	=SUM(D14:D17)		
19	製品別製造間接費(円/個)	=B18/B4	=C18/C4			

図3-35 ExcelによるABCの計算例

　図3-34のように製造間接費を活動に割り当てた活動コスト・プールが用意されていますので、第一段階として、生産管理、段取、工程内物流、検査という4つの活動ごとに、活動コスト・プールを活動ドライバー総消費量で割り算して、図3-35のように活動ドライバー・レートを求めます。

　第二段階として、製品A、製品Bのそれぞれが、各活動でどれだけの活動ドライバーを消費したか（図3-34右端の2列で示すドライバー消費量、図3-35 E列F列）を把握して、活動ドライバー・レートと掛け合わせ、その合計を製品ごとの製造間接費として求めます。

　ABCには、より精度の高い原価計算を可能にする原価割当視点と原価管理を目的としたビジネス・プロセス視点を、活動別原価計算により統合することができるという特徴があります。つまり、ABCでは、二段階の計算過程で配賦基準として活動（アクティビティ）のコスト・ドライバーを認識できるというメリットがあります。コスト・ドライバーを認識すると、原価構造の理解が進み、それを改善できる可能性が広がるというわけです。

　管理者の注意を原価構造に喚起して、その改善につなげるというABCの特徴を生かしたABM（Activity Based Management）が発展しました。ABMは、プロセス視点から改善を導くことができます。ABMの概要は以下のようになります。

①**活動分析**：活動を分析し、改善すべき、あるいは省略すべき活動かどうかを確認することができます。

②**コスト・ドライバー分析**：各コスト・ドライバーが実際にそれぞれの活動のコストを発生させる要因であるかどうかを調べ、数値化します。

③**業績分析**：それぞれの活動が効率的に行われているかどうかを確認し、改善すべきプロセスを明確にします。

　さらに、ABCの基礎概念に基づくABB（Activity Based Budgeting）が活用されています。ABBは、活動ドライバーから活動コストを見積もり、資源ドライバーから資源コストを予測することに役立ちます。とくに間接費が多い企業での戦略計画において、ABBは有効です（上埜、2001）。

　中期経営計画での販売予測に基づき、各製品の生産量が決まると、それぞれの製品が消費する活動の種類と消費量が推定できます。例えば、ある製品が複数の種類の活動を消費するとすれば、n個の活動消費予算額を合計した当該製

品の（製品原価）予算が計上されます。

　ある製品の予算 =
　$\sum$(予算活動ドライバー消費量$_i$ × 予算活動ドライバー・レート$_i$)

　活動コスト・プールに対する各原価対象の需要量が決まると当該活動コスト・プールの予算が編成できます。ある活動コスト・プールが複数の資源を消費するとすれば、その複数すべての資源消費予算額の合計が当該活動コスト・プールの（活動原価）予算となります。

　活動コスト・プール予算 =
　$\sum$(予算資源ドライバー消費量$_i$ × 予算資源ドライバー・レート$_i$)

　資源コスト・プールに対する需要が決まると、資源コスト・プールごとに予算編成を行います。ある資源コスト・プールが複数の種類の活動に資源を供給しているとすれば、当該資源に対する各活動の需要量見積りに予算資源ドライバー・レートを掛け合わせたものが当該資源コスト・プールの（売上高）予算となります（上埜、2001）。

　資源コスト・プール予算 =
　$\sum$(活動 i の予算資源ドライバー消費量 × 予算資源ドライバー・レート$_i$)

例題 3-14　**ExcelでABBを理解しましょう**

　ある開発センターでの1年間の活動量、活動ごとの予算実績から各活動の予算ドライバー・レートを計算します（図3-36のB26 ～ B29）。新製品 β の開発にあたり、各活動のドライバー消費量（1時間当たり、または、1回当たりのコスト）を予測し、予算ドライバー・レート（新製品開発に要すると予測される時間または回数）と掛け合わせることで予算（図3-36のD33 ～ 36）を見積もります。

	A	B	C	D
22	ABB（活動基準予算管理）			
23				
24	開発センターでのドライバーレート			
25	活動	予算ドライバーレート	ドライバーの基準予算額	ドライバーの基準消費量
26	設計	¥9,000	¥108,000,000	12,000時間
27	試作	¥6,400	¥32,000,000	5,000時間
28	実験	¥5,500	¥33,000,000	6,000時間
29	資材調達	¥4,500	¥13,500,000	3,000回
30				
31	新製品βの開発予算			
32	活動	ドライバー消費量予測	予算ドライバーレート	予算額
33	設計	200時間	¥9,000	¥1,800,000
34	試作	70時間	¥6,400	¥448,000
35	実験	80時間	¥5,500	¥440,000
36	資材調達	60回	¥4,500	¥270,000
37	合計	–	–	¥2,958,000

図3-36　ABBの計算例

3.2.6　BPM（ビジネス・プロセス・マネジメント）

　BSC（バランスト・スコアカード）の戦略マップは、戦略計画を立てて、それを実現するために各層でどのような業績を上げるべきかについて図解したものです。戦略を確実に実施していくためには、そのためのプロセス設計、プロセス実施が重要です。

　ビジネス・プロセスとは、「顧客価値の創出に向けて、相互依存的な多様な活動群により構成され、プロセスのインプットとアウトプットが明確に識別できるもので、管理対象のレベルにより階層性を持つものである」と考えられています（門田、李、2005）。「管理連鎖」を実現するマネジメント・プロセスと「価値連鎖」を実現するビジネス・プロセスを対象とし、それらプロセス間の最適なバランスを図る、BPM（ビジネス・プロセス・マネジメント、Business Process Management）は戦略的計画会計の中で生かされます（李、小菅、長坂、2009）。

　BPMは、「従来の企業内外の壁を破り、情報や資源を共有し、業務をくくって連結・結合させて、その流れをプロセスとして捉え管理しようとするもの」であるといえます。BPMは、プロセスを確実に実行し改善していくことの支援のみならず、戦略の精織化や既存戦略を新しい戦略に置き換えることへの支援が期待

されています。また、プロセス評価に注目し、「誘導された戦略行動」構造的コンテクストおよび「自律的戦略行動」を誘発する戦略的コンテクストを実現する手法としてBPMは重要であるといえます。

　戦略計画のときに、戦略を実施するためのプロセスを設計、定義し、実施する前にフィードフォワード・コントロールを行うことができれば、目標とするコストで戦略実施の可能性が高くなるといえます。プロセス設計が精緻化されればABBでの予算策定精度も向上し、中期経営計画の実現性が高まります。そのためのBPM手法として、図3-37が考えられるでしょう。

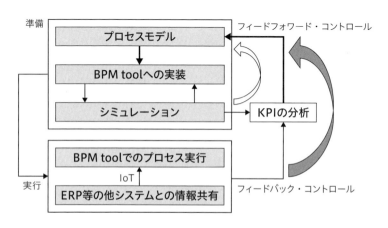

図3-37　戦略計画でのBPMソリューション

　つまり、プロセス・シミュレーションでの仮説検証とKPI（重要管理指標）の模擬計測を行います。例えば、需要予測をもとにプロセスの流れをシミュレーションで確認することができれば、この時点で、問題を発見し、プロセス改善、資源投入再配分等フィードフォワード・コントロールを行うことができます。フィードフォワード・コントロールは、実際の取り組みの前に結果を予測し、その予測値と基準値との差異を確認して投入予定量等を修正するものです。プロセスを実務で運用する前にシミュレーションで検討して、戦略計画に合致する最適（To be）プロセス・フローを構築します。その後に実務に移行し、さらに改善を重ねていくことでより短い時間でプロセスの最適化が実現できるというわけです。

　BPMソリューションとして、様々なアプリケーションが市販されています。これらのツールでは、稼働するITインフラからランタイム・データを取得し、

その測定値をスループット時間、納期順守率、プロセス・コストなどといったプロセス・レベルのKPIと照らし合わせることによって、定量分析を実行できます。データをエクスポートしてExcelでの分析も可能です。

その一方で、ビジネス・プロセスをオブジェクトとして自動でモデル化し、各モデルで扱われているデータの流れなどを視覚的に示すことによって、プロセス上に無駄がないかどうかを定量的に分析することができます。

例えば、シミュレーション機能を備えた代表的なBPMツールとしてARIS（Architecture of Integrated Information Systems）[1]があります。このツールでは、まず、BPMNでのプロセス記述を行い、プロセス・フローに従い駆動するアプリケーションからランタイム・データを取得することができます。

中期経営計画の中で新工場を建てて新しい生産ラインを投資する計画がある場合などでは、事前に工場内全体の工程、搬送を捉え、モノの流れ、人の動きを視覚的に確認することができれば、ボトルネックの発見、在庫圧縮などの改善に向けた対策をとることが容易になります。この目的で開発されたシミュレーションに、GD.findi（レクサー・リサーチ（株））があります。工場内のプロセス・シミュレーションから、最適なレイアウト、生産の実施順、設備の性能、在庫スペース、搬送ルートおよび搬送手段、作業者編成を視覚的に確認することができ、戦略計画の中で原価を検討することも可能です（**長坂他、2014**）。

図3-38にGD.findiの画面例を示します。左側に工場レイアウト、右側にプロセスとプロパティが表示されています。

GD.findiは、工場のフロアレイアウト、生産ライン、設備能力、通路計画などのフロアプランと製造手順や工程の諸条件の設定などプロセスデザインを切り離して定義することができます。このことでそれぞれの独立性が保たれ、フロアプラン（M個）×プロセスデザイン（N個）のケース（M対Nのシミュレーション）を組合せて比較することが、短時間に同時にできます。また、フロアプランとプロセスデザインが独立しているため、一度モデル化したプランの変更は、非常にシンプル、かつ柔軟に実施することができます（レクサー・リサーチ（株）提供資料より）。

---

[1]　1984年にサールランド大学情報システム研究所を母体として創設されたIDS Scheer AGが提供、その後、Software AG社がIDSを買収し、AVEを踏襲しながらTechnical BPM（BPMN連携）の適用手法を加えたPrimeという方法論へ進化している。

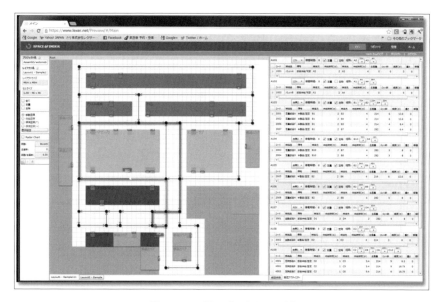

図3-38 工場レイアウト図の例

　GD.findiへの入力の基本は、プロセス（製造の順番）と、レイアウトの二つであり、どちらも、基本的な設定はマウス操作によって行うことができます。さらに、プロセスとレイアウトの編集機能が独立して設定できるため、それぞれの仮説を変更してその結果を検証する、「M対N型シミュレーション」が可能となり、仮説検証作業を大幅に効率化することができるとのことです。

　工程や物流設備を計画するときの基本はフロアプランです。敷地条件、製造設備、搬送装置、トラックバース、それらの組み合わせによって、何通りもの組み合わせが考えられます。つまりM個のフロアプランを扱う必要があります。

　一方で、製造の基本情報は、物作りの順序や部品の必要性を表すプロセスデザイン情報になります。これは、マーケットニーズに応じて多様な製品を生産するために、何通りものよく似たプロセスが存在します。つまり、N個のプロセスデザインを扱う必要があります。

　これらM×N個の組み合わせ条件を効率的に検証していくことは重要です。そのためにGD.findiは、フロアプランとプロセスデザイン、両者に別個の設計ツールを持ち、それらの組み合わせが効率的に検証できるようになっているわけです。

　図3-39に示すように、GD.findiによるシミュレーションにより、設備・作業者

の稼働率を予測した結果からExcelにデータをエクスポートし、マテリアルフロータイムコスト（MFTC）などを予測、原価見積を行うことができます。GD.findiでは、生産を想定する生産工場での当該製品の生産リードタイム、製造に利用する設備等の当該製品の稼働時間割合、工程間在庫量の時間推移を予測することができ、各製品に関わる設備稼働率がわかるので、製造原価の予測精度をあげて、工場計画へ反映することができるわけです。BPMソリューションとExcelの組み合わせも実務で有効です。

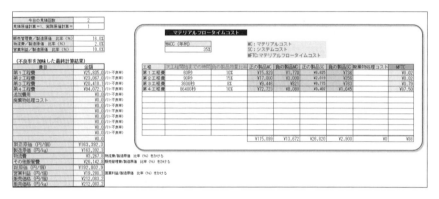

図3-39　GD.findiからの原価予測（例）

製造間接業務、管理業務は、今後、IoTによって効率化され、AI（人工知能）の導入が進めば、定型業務の多くで人手が削減されることが予想されます。

実際、RPA（Robotic Process Automation）の導入が進んでいます。RPAは、ホワイトカラーのデスクワークを、パソコンの中にあるソフトウェア型のロボットが代行・自動化する概念です。ある事例では、部材の注文処理について、次の（a）〜（d）の処理をRPAにより自動化できたとしています。（a）部材に関する注文情報を取りまとめる、（b）発注先メーカーのWeb型注文受付システムを開く、（c）システムに注文情報を登録する、（d）注文報告を担当者に回答する。RPA導入以前は、この注文情報の転記入力処理は、入力に長時間を要し、入力ミスも多発していました。RPAにより自動化したところ、これまで年間130時間を要していた作業が、30時間で完了できるようになり、入力ミスも激減したとのことです。中期経営計画の中で、間接業務の見直し、間接費の低減を進めることは、今後さらに重要になるといえます。

　また、BPM、IoTによってビジネス・プロセスが洗練化され、網羅的データ計測が可能になることで評価指標、重要管理指標（KPI）への反映が迅速に行えるようになります。ビジネス・アナリティクス活用サイクルとして、①狙いの明確化（結果の評価）、②データ収集、③解析、④洞察、⑤意思決定があるといわれています（**高橋、2014**）。

　これを製造業に展開すると次の5つの適用領域が考えられています。すなわち、①製造工程における品質管理を主テーマとする「製造品質」、②工場の製造設備の状態監視を主テーマとする「予防保全／保守最適化」、③市場に製品を投入した後の保証管理を主テーマとする「ワランティー解析」、④設備機器に取り付けられたセンサーと通信網を組み合わせた「遠隔診断／サービス依適化」、⑤分析力を重視した組織への変革を促す「ビジネスモデル変革」です。

　ビジネスモデルの変革はすなわち創発戦略の立案ということになります。これは、図3-1の戦略とマネジメント・コントロールの関係にある「戦略的コンテクスト①」または「戦略的コンテクスト②」への貢献であるといえます。

　図3-40にPDCAループとOODAループを図示しました。戦略のもと中期経営計画が決定された後、Plan（計画）→ Do（実行）→ Check（評価）→ Act（改善）の4段階を繰り返すことによって、業務を継続的に改善するというPDCAループをまわして、計画通り進んでいくことを統制していくことは管理会計の重要な役割です。これらは、とくに第4章の総合管理会計、第5章の現業統制会計によって実現されます。

　一方、OODAループは、米国のJohn Boydが発明した意思決定方法です。この方法により迅速に意思決定を下し、迅速に行動に移すことができるといわれています。そのステップとは、Observe・Orient・Decide・Actの4つです（**入江、2019**）。

　ボトムまで統制をはかり中期経営計画を確実に進めていくためには、PDCAループを活用することになりますが、その過程で中期経営計画を修正するような抜本的な業務改革、イノベーションを起こすためには、トップ、ミドルにおけるOODAループ活用が有効です。さらに、センスメイキング理論を組み合わせることで実効性が上がります。センスメイキングは、経営戦略がどこに向かっているかの「意味付け」を集約させることで組織行動力を上げることが目的です（**入山、2019**）。

　管理会計の枠組みでのデータ収集、観察、分析においてOODAループの

Orient力およびセンスメイキング力を発揮することができれば、中期経営計画が
その途中において新たな創発戦略を取り込み、イノベーションを誘発できる可能
性があります。BPMにおけるフィードバック・コントロールだけでなく、フィー
ドフォワード・コントロールでのOODAループの活用も有効であると考えられ
ます。

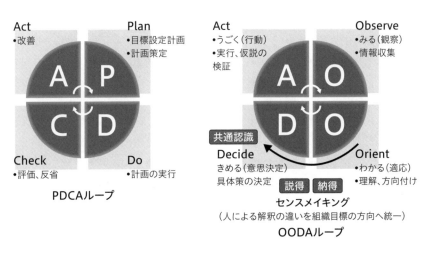

図3-40 PDCAループとOODAループ（センスメイキング理論）

参考文献

(1) Burgelman, R. A. ,"A model of the interaction of strategic behavior, corporate context, and the concept of strategy" Academy of Management Review, 8 (1983) pp.61-70.

(2) Chapman, C.S., Controlling Strategy: Management, Accounting and Performance Measurement. Oxford: Oxford University Press. (2005) 澤邉紀生・堀井悟志監訳、『戦略をコントロールする―管理会計の可能性』中央経済社 (2008)

(3) Davila, T., "The promise of management control systems for innovation and strategic change" In Chapman, C. S. (Ed.) , Controlling strategy: Management, accounting, and performance measurement, Oxford University Press (2005) pp.37-61.

(4) Fabrycky W.J.and Blanchard B.S., Life-Cycle Cost and Economic Analysis, Englewood Cliffs,N.J,Prentice-Hall (1991)

(5) Kaplan, R. S. and Norton, D. P., The Balanced Scorecard: Translating Strategy into Action, Harvard Business School Press (1996) (邦訳) 吉川武男、『バランス・スコアカード』生産性出版 (1997)

(6) Mintzberg, H., The Rise and Fall of Strategic Planning, Prentice Hall. (1994) 中村元一監訳、『戦略計画、創造的破壊の時代』産能大学出版部 (1997)

(7) Porter, M.E., Competitive Strategy, Free Press、New York (1980)

(8) Simmonds, K., Strategic Management Accounting, Management Accounting (UK) , CIMA (1981)

(9) Quinn, J.B., Strategies for change: Logical incrementalism、Homewood, Irwin (1980)

(10) 青島矢一・加藤俊彦、『競争戦略論』東京経済新報社 (2003)

(11) 淺田孝幸・伊藤嘉博編、『戦略管理会計』中央経済社 (2011)

(12) 李健泳・小菅正伸・長坂悦敬、『戦略的プロセス・マネジメント -理論と実践-』 税務経理協会 (2006)

(13) 行田明司、『ABC/ABM原価システム構築法』同文館 (1997)

(14) 伊藤克容、"戦略実行のマネジメントシステムとしての管理会計の再検討"『管理会計学』第14巻第2号 (2006) pp.29-40.

(15) 伊藤嘉博、『バランススコアカード理論と導入』ダイヤモンド社 (2001)

(16) 入江仁之、『OODAループ思考 [入門]』ダイヤモンド社 (2019)

(17) 上埜進、『管理会計―価値創出をめざして』税務経理協会 (2001)

(18) 黒澤壮史、"戦略形成プロセス研究におけるイシューセリング研究の意義"、『経営情報学論集 (山梨学院大学)』第19号 (2013) pp.81-88

(19) 坂手啓介・山口直也・長坂悦敬・李健泳、"日韓企業におけるプロセス・マネジメント －調査モデルと企業実態の実証分析－"『會計』第170巻,11月号,第5号（2006.11）pp.712-726

(20) 櫻井通晴、"インタンジブルとレピュテーション・マネジメント"、『管理会計学』、Vol.18、No.2（2010）pp.41-51

(21) 櫻井通晴、"日本の経営者のレピュテーションに関する認識－アンケート調査、ケース・スタディの結果をもとにして－"『メルコ管理会計研究』3（1）（2010）pp.3-16

(22) 白井　澄、『パソコン経営分析』山下出版（1995）

(23) 清水　孝、『経営競争力を強化する戦略管理会計』中央経済社（2000）

(24) 園田智昭、"戦略管理会計と非財務的尺度"『三田商学研究第』41巻6号（1999）pp.103-120.

(25) 高橋善隆、"ビッグデータ活用の神髄"、『DIAMONDハーバード・ビジネス・レビュー』、Web記事（2014）

(26) 田中雅康・小柴達美・藤田敏之・佐藤幸治、"日本の先進企業における原価企画の実態と動向の分析（第1回）（第2回）（第3回）（第4回）"『企業会計』第49巻第7,8,9,10号（1997）pp.89-96,88-96,152-159,89-96

(27) 辻正雄、『MBAアカウンティング ケーススタディ戦略管理会計』中央経済社（2010）

(28) 長坂悦敬他、『日本管理会計学会2013－2014年度産学共同研究グループ研究報告書』（2015）

(29) 長坂悦敬、"開発、設計におけるコストマネジメント－企業実際調査からの一考察－"『甲南経営研究』、第43巻第1号（2002.6）pp.83-116

(30) 西山　茂、『戦略管理会計』ダイヤモンド社（2009）

(31) 野中郁次郎、"知的機動力生かす経営を"、日本経済新聞、2013年8月15日第22面

(32) 橋本賢一・小川正樹、『技術者のための原価企画』日本能率協会マネジメントセンター（1995）

(33) 森田松太郎、『経営分析入門』日本経済新聞社（1993）

(34) 松村勝弘・松本敏史・篠田朝也、『財務諸表入門』ビーケーシー（2009）

(35) 門田安弘、『管理会計レクチャー』（基礎編）（上級編）、税務経理協会（2008）

(36) 門田安弘・李健泳、"プロセス・マネジメントの概念枠組みと管理会計"、『企業会計』、57（5）（2005）pp.18-25.

　本章では、1年間、半年間、各月など、短期における利益目標のための総合的管理に役立つ管理会計について取り上げます。

　中期経営計画は重要ですが、不確実性が高まっている現在においては、その意義も見直されています。最近、各社が公表する中期経営計画で、売上目標が示されないものが散見されるのは、このためでしょう。政治情勢の変化や想定外の自然災害、パンデミックなども頻発し、3年先を見通すことも難しくなっています。

　一方、三菱ケミカルホールディングス（MCHC）の中期経営計画にはMOS指標が組み込まれています。MOS指標はSustainability指標、Health指標、Comfort指標に分解され、財務的経営指標とともにMCHCグループの企業価値達成の目標値が示されていること（小林、2011）に特徴があります。つまり、非財務指標を明示的に経営計画に組み込んで、サステナブルな発展を指向している例であるといえます。

　また、トヨタ自動車（株）は、「トヨタウェイ（TOYOTA WAY）」を全社員に徹底して伝えています（ジェフリー、2004）。トヨタの企業理念を実践する上で、トヨタで働くすべての人々が共有すべき価値観や手法を示したものが「トヨタウェイ」です。明確な企業理念のもと、非財務指標も意識した中期経営計画の遂行において、短期的目標利益を達成することが求められます。

　中期経営計画のもとでの1年単位の短期的な計画策定とその実施は、企業活動の骨格をなすもので、トップマネジメントのみならず現業活動に管理責任を負っている現業管理者の活躍に大きく依存するものです。現業活動から生まれる創発戦略や外部環境変化を取り込んで中期経営計画の見直しも行われ、企業は成長を続けることができます。

　コマツでは「コマツウェイ」を経営層を含むグループのすべての社員が現場や職場で永続的に継承すべき基本的な価値観として掲げ、公表していますが、従来からの方針管理も徹底しています（新井、2012）。方針管理では図4-1に示すようにビジョン、経営戦略から中期経営計画が立案され、単年度計画が立てられます。それを日常管理活動の中で達成していくことになります。社長方針→本部長方針→工場長方針と方針がブレークダウンされ、評価指標が明確化されます。単年度計画の目標達成のためにはミドル・マネジメントが重要な役割を持つことがわかります。このような方針管理の徹底のために

も、総合管理会計の各手法が活用されます。

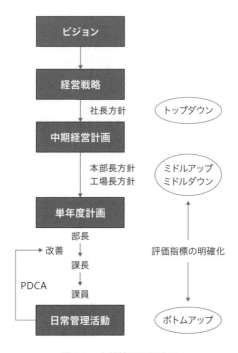

図4-1　方針管理の概念図

4.1　短期利益計画

　短期経営計画は中期経営計画の当該年度をもとに実行計画として立案されます。このとき単年度の中で考えられる不確実性にも対応できるようになっていることが必要です。

4.1.1　短期経営計画と目標利益

　短期経営計画は、単年度経営目標・方針、単年度事業計画、単年度利益計画などから構成されます。つまり、単年度の方針のもとで主要施策が表現され、事業

部、各部門別に業務計画が策定されます。単年度利益計画は目標利益、財務構成、資金繰りを表現した見積財務諸表として作られます。その中では、売上高、費用、利益、売上高利益率などの目標がはっきりと数値で示されます。

また、評価指標（管理指標）が明確に示されることになります。例えば、表4-1のようなものがあげられます。

表4-1 評価指標（管理指標）の例（門田、2008）

部門	評価指標（管理指標）
設計・開発	開発リードタイム、一人当たり設計件数
購買	購入資材コストダウン率、調達リードタイム
生産	生産数、仕掛日在庫日数、不良率
物流	物流費率、在庫回転率
販売	売上高、市場シェア、顧客定着率、新規顧客獲得数
全体	総資本利益率、目標利益達成率、一株あたりの純利益

表4-1にある総資本利益率の目標達成のためには、どうしなければならないか紐解いてみると次の式のようになります。

$$
\begin{aligned}
総資本利益率 &= \frac{利益}{総資本} \\
&= \frac{売上高 - 費用}{固定資産 + 流動資産} \\
&= \frac{利益}{売上高} \times \frac{売上高}{総資本} \\
&= 売上高利益率 \times 資本回転率
\end{aligned}
$$

つまり、総資本利益率を向上させるためには、①売上を増やす、②費用を削減する、③資産を抑制する、④資本回転率を増大させるという方法が考えられます。

例題4-1　Excelを用いて目標利益額を決定してみましょう

図4-2に目標利益を計算するためのExcelシート（右側には埋め込まれている数式を表示）を示します。まず、必要な利益処分項目を見積計上し（金額積上法）、

税率を考慮して目標利益を決定します。さらに、総資本、売上高（予想）を入力し、総資本利益率を計算することができます。売上高を予想するためには、①ABC分析、②Zチャート、③近似関数（TREND関数）などが有効です。

	A	B	C	D		B
3	必要な利益処分項目	(千円)				(千円)
4	配当金	240,000				240,000
5	利益準備金	40,000				40,000
6	危険補償額	140,000				140,000
7	拡張準備金	60,000				60,000
8	借入金返済等準備金	60,000				60,000
9	合計	540,000				=SUM(B4:B8)
10						
11	目標利益、目標総資本利益率					
12	総資本	10,800,000				10,800,000
13	売上高	16,000,000				16,000,000
14	目標税引後純利益	540000				=SUM(B4:B8)
15	法人税等引当金	540000	税率＝	50%		=B14/(1-D15)-B14
16	目標利益	1080000				=B14+B15
17						
18	売上高利益率（＝利益／売上高）	6.8%				=B16/B13
19	資本回転率 （＝売上高／総資本）	1.48				=B13/B12
20	総資本利益率（＝利益／総資本）	10.0%				=B16/B12

図4-2 目標利益額の決定

① ABC分析

売上高を予測するためは、全社的、あるいは事業別、製品別の売上推移の傾向を把握することが重要です。とくに製品の中には売上高が大きく全体の中で大きな割合を占めるものとそうではないものが存在し、それらを区別して売上高の推移を分析することは単年度計画において売上高を予測することに役立ちます。

ABC分析は、対象とするすべての製品について重要度別に、Aランク、Bランクおよび Cランクの3つに分類して管理しようとするものです。例えば、製品別の売上高を把握し、次のように A、B、Cにランク付けします。

- **Aランク：**上位0%から75%まで
- **Bランク：**上位75%から95%まで
- **Cランク：**上位95%から100%まで

　これによって、過去の累積売上構成比によってA、B、Cランクに分類された商品のうち、Aランクは「売れ筋商品」、Cランクは「死に筋商品」という区別が可能になります。

　ABC分析結果は大まかに標準タイプ、集中タイプ、分散タイプという3つのタイプに分けて考えることができます（図4-3）。自社の製品での売上高の分布が把握できれば、売上高の予測やコストダウンのための対象を抽出することに役立ちます。

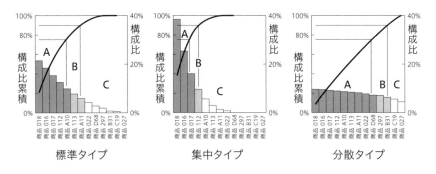

図4-3 ABC分析での3つのパターン（パレート図）

例題 4-2　　**Excelを用いてABC分析を行ってみましょう**

　図4-4に製品別売上高表があります。これに対して売上高構成比（すべての製品の売上高合計のうち何％を占めるか）、売上高構成比累積を計算してパレート図を作成します。

　Excelでは、「CTRL」キーを押しながら、製品名、売上高、売上高構成比累積とドラッグし、「挿入」タブですべてのグラフから「集合グラフ」を選択して、「系列名」「グラフの種類」「第2軸」を選択することで、図4-4のような集合グラフが表示できます。売上高の大きい製品順に「並び替え」を行うとパレート図になります。

　なお、最新バージョンのExcelでは、製品名、売上高をドラッグし、「グラフの挿入」を選択すると「おすすめグラフ」が表示されてその中の「パレート図」を選択すると自動的にパレート図ができあがるという機能があり便利です。

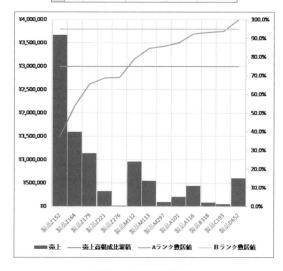

	A	B	C	D	E
1	ABC分析				
2	No.	製品名	売上高	売上高構成比	売上高構成比累積
3	1	製品Z152	¥3,672,000	37.5%	37.5%
4	2	製品Z164	¥1,597,500	16.3%	53.9%
5	3	製品Z179	¥1,138,475	11.6%	65.5%
6	4	製品Z221	¥331,800	3.4%	68.9%
7	5	製品Z276	¥19,250	0.2%	69.1%
8	6	製品M112	¥968,750	9.9%	79.0%
9	7	製品M113	¥551,300	5.6%	84.7%
10	8	製品M297	¥103,200	1.1%	85.7%
11	9	製品A101	¥205,000	2.1%	87.8%
12	10	製品A116	¥444,000	4.5%	92.4%
13	11	製品B318	¥83,700	0.9%	93.2%
14	12	製品C193	¥59,300	0.6%	93.8%
15	13	製品D652	¥604,750	6.2%	100.0%
16		合計	¥9,779,025	100.0%	－

図4-4　製品別売上高

　F列には、A、B、Cのランク表示が自動的に行えるようにIF関数が埋め込まれています。A列「No.」の昇順で並んでいたデータを、D列「売上構成比」の降順で並び替え、全体の売上高に貢献している製品から順に表示できるようにして、売上高を棒グラフで、売上高構成比を折れ線グラフで表示します。あわせて閾値の75％、95％も折れ線グラフで表示します。棒グラフの間隔は棒グラフの上で右クリック、「データ系列の書式（F）」で「要素の間隔（W）」を小さな値

に調整することで、見やすいグラフになります（図4-5）。

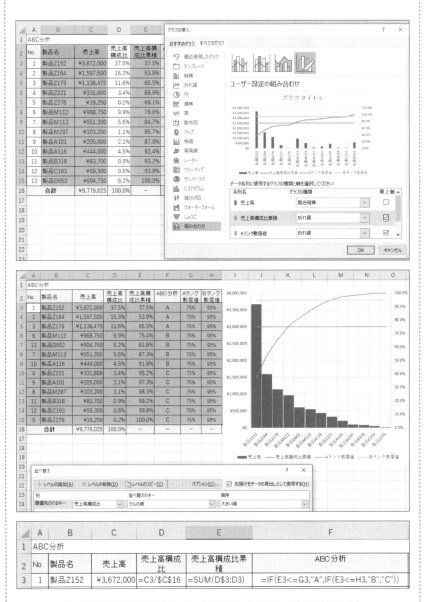

図4-5「集合グラフ」作り方、「並べ替え」の方法、「IF関数」の例

② Zチャート

全社的または事業別、製品別の売上推移の傾向を把握するために、Zチャート（Zグラフ）が用いられます。Zチャートでは、月別データ、月別データの累計（1月から当該月までの売上高合計）、月別データの移動売上高（移動年計、現在の月までの過去1年間の売上高合計）を折れ線グラフで表します。

例題 4-3　**Excelを用いてZチャート分析を行ってみましょう**

図4-6のように、まず、2年間における製品A、Bそれぞれについて各月の売上高を入力します。そのデータから直近の年度の月別データの累計を計算します。そして、月別データの累計にその月までの過去1年間の売上高合計を足して月別データの移動売上高を求めます。

	A	B	C	D	E
2	製品A				（千円）
3	月	2021年度	2022年度	売上高累計	移動売上高
4	1月	1,509	1,422	1,422	16,123
5	2月	1,270	1,194	2,616	16,047
6	3月	1,113	1,350	3,966	16,284
7	4月	1,346	1,269	5,235	16,207
8	5月	1,269	1,348	6,583	16,286
9	6月	1,021	1,149	7,732	16,414
10	7月	1,542	1,641	9,373	16,513
11	8月	1,419	1,521	10,894	16,615
12	9月	1,658	1,692	12,586	16,649
13	10月	1,334	1,278	13,864	16,593
14	11月	1,426	1,483	15,347	16,650
15	12月	1,303	1,392	16,739	16,739
16	合計	16,210	16,739		

	A	B	C	D	E
20	製品B				（千円）
21	月	2021年度	2022年度	売上高累計	移動売上高
22	1月	2,263	2,133	2,133	24,182
23	2月	1,905	1,791	3,924	24,068
24	3月	1,669	1,723	5,647	24,122
25	4月	2,019	2,011	7,658	24,114
26	5月	1,903	1,980	9,638	24,191
27	6月	1,531	1,779	11,417	24,439
28	7月	2,313	2,145	13,562	24,271
29	8月	2,128	2,073	15,635	24,216
30	9月	2,487	2,266	17,901	23,995
31	10月	2,001	1,854	19,755	23,848
32	11月	2,139	1,935	21,690	23,644
33	12月	1,954	1,750	23,440	23,440
34	合計	24,312	23,440		

	A	B	C	D	E
2	製品A				（千円）
3	月	2021年度	2022年度	売上高累計	移動売上高
4	1月	1,509	1,422	=C4	=SUM(B5:B15)+D4
5	2月	1,270	1,194	=D4+C5	=SUM(B6:B15)+D5
6	3月	1,113	1,350	=D5+C6	=SUM(B7:B15)+D6

図4-6　売上高の月別データ、月別データの累計、月別データの移動年計

図4-7に製品AおよびBのZチャートと各月売上高グラフを示します。Zチャートは、まさにグラフの形がZのように見ることからそのように呼ばれています。製品Aでは移動売上高が右上がりになっていますが、製品Bでは右下

がりになっています。Zチャートの形が右上がりの形は売上上昇傾向、右下がりの形は売上低下傾向、平行の形は売上横ばい傾向ということがわかります。毎月の売上高を単純に2年間重ねて折れ線グラフで表示しても傾向をつかむのは難しいですが、Zチャートでは傾向を把握することが容易です。

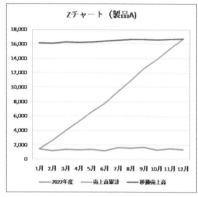

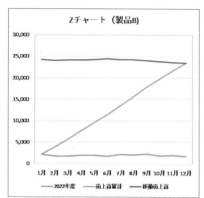

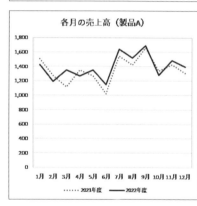

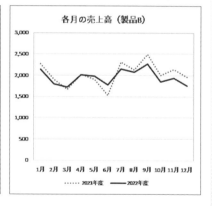

図4-7　Zチャート、各月の売上高グラフ

③ 近似関数（TREND関数）

　過去数年の売上高実績をもとにその傾向を近似直線で近似し、今後の売上高を予想するという方法があります。

　例えば、気温とアイスクリームの売上高を実績で記録し、x軸に気温、y軸にアイスクリームの売上高として散布図を作ります。各プロットと直線の距離が最

も近くなるように（直線と各プロットの距離の2乗和が最小になるように）近似直線を求め、$y = ax + b$という式が見つけられたら、xに気温を入れるとその気温に対する売上高yが求められるというわけです（第3章で説明した「データ分析」→「回帰分析」でも同様の近似式が求められます）。

例題 4-4　　**Excelを用いて近似直線を求め売上高の予測を行いましょう**

　図4-8に年度ごとの売上高を示します。このデータから次年度、次々年度の売上高を予測するために売上高 ＝ a × 年度 ＋ bという近似式を求めます。

　そのために、まず、散布図を描いて、そのプロットを右クリック、「近似曲線の追加（R）」を選択して、「近似曲線の書式設定」で「線形近似（L）」、「グラフに数式を表示する（E）」を選択します。すると「y=987.39x － 2E+06」という数式が現れます。2E+06という表示は、2×10^6という意味ですが、有効桁数が少なくこの場合は正確な予測計算ができません。そこで、数式をダブルクリックし、「表示形式」「カテゴリ（C）」で「数値」を選択、「少数点以下の桁数（D）」を3とすると「y=987.393x － 1963042.393」という表示に変わります。この式でxに2021を入れて計算すると「y=32478.86」と予測されます。

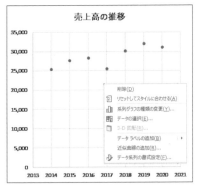

図4-8　年度ごとの売上高と散布図

　一方、図4-9のようにTREND関数を使って、既知のyのセル範囲、既知のxのセル範囲を指定し、予測値yを計算するための新しいxの値を指定することで、そのTREND関数をセットしたセルに予測値yの値が表示されます。TREND関数の代わりにFORECAST.LINEAR関数を使っても同じ結果が得られます。

図4-9　TREND関数

4.1.2　CVP分析

　短期利益計画を立てるときに、損益分岐点（break-even point）、利益、営業量（売上高、操業度）、費用（原価）に関する利益構造を十分理解しておく必要があります。売上高＝総原価C（Cost）となる営業量V（Volume）が損益分岐点です。損益分岐点＝固定費／（1－変動費／営業量）で求められます。変動費は、営業量V（または操業度など）の変動に応じて比例的に増減する費用で、具体的には、材料費、加工費、支払運賃などがあります。また、固定費は、営業量（または操業度など）の変動にかかわらず一定額発生する費用で、具体的には人件費、保険料、賃借料などがあります。損益分岐点を超えた営業量によって利益P（Profit）が生まれます。

　営業量または操業度を散布図グラフのx軸にとり、原価発生額をy軸にとって、実態をプロットすると、コスト・ビヘイビアを視覚的に見ることができます。営業量または操業度に対して原価発生額が直線式で近似できる（コスト・ビヘイビアが線形である）場合、変動費率が安定的に推移し、固定費額もほぼ一定となっていることが予想され、総原価を固定費と変動費に分解することが可能になります。これを固変分解と呼びます。固変分解ができれば、変動費だけを製品原価計算とする直接原価計算という手法を活用することも可能です。

　コスト・ビヘイビアを利用した採算性分析方法の一つとしてCVP分析（Cost-Volume-Profit Analysis）があります。これは、C：原価（総原価）、V：営業量（ま

たは、売上高、操業度）、P：利益の関係を分析するものです。

（1）固変分解

　総原価を固定費と変動費に分解して、営業量1単位に比例して増える変動費（変動費率）を知ることができれば、ある営業量に対する総原価を予測することが可能になります。そのためには、営業量に対する総原価の実績値を把握し、そのデータから原価関数を導きます。

　図4-10のように、営業量（操業度、売上高）などVをx軸にとり、総原価Cをy軸にとって、実際のデータをxy散布図としてプロットします。これでコスト・ビヘイビアが可視化されます。VとCが直線近似できると思われる営業量Vの一定の範囲に対して、総原価C＝変動費率a×営業量V＋固定費bという原価関数（$C = aV + b$）を求めることができます。変動費率aは近似直線の傾きであり、固定費bはy切片となります。

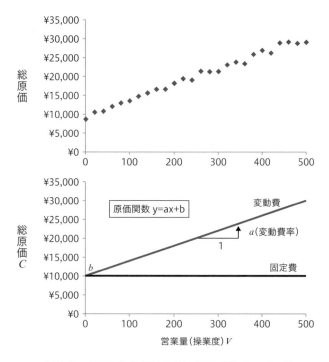

図4-10　総原価と営業量の関係（原価関数 $C = aV + b$）

このaとbを求めるには、売上予測と同様に散布図を描いて近似直線を求めるか、傾きaについてはLINEST関数（またはSLOPE関数）を、y切片bについてはINTERCEPT関数を用います。

例題 4-5 **Excelを用いて原価関数を求め固変分解を行いましょう**

図4-11右側には各月の生産量と総原価の実績表があります。これを使って、原価関数を推定し、変動費率（1個当たりの変動費）と固定費を求めた結果がa、bです。散布図に表し、近似直線を追加して、数式を表示したグラフが右側にあります。変動費率（a）はLINEST関数、固定費（y切片b）はINTERCEPT関数を使って値を求めています。

図4-11 原価関数の推定

例題 4-6	Excelを用いて前期、後期の営業量（販売数）Vと総原価C から固変分解を行いましょう

　図4-12は、ある前期、後期の営業量（販売数）Vと総原価Cを示しています。それぞれの増減額を求めることができ、変動費率a＝総原価の増減額$\varDelta C$／営業量（販売数）の増減額$\varDelta V$として変動費率を求めることができます。変動費率がわかれば、各期の変動費＝変動費率a×各期の営業量（販売数）V、固定費＝総原価－変動費で固定費を求めることができます。また、価格がわかれば、損益分岐点＝固定費／（価格－1個あたり変動費）という式で損益分岐点も計算できます。

▲	A	B	C	D
3		前期	後期	増減額⊿
4	営業量V(販売数)	3,000	4,000	1,000
5	総原価C（千円）	210,000	250,000	40,000
6				
7	変動費率a		価格（千円/個）	80
8	40		損益分岐点（個）	2,250
9				
10		前期	後期	
11	変動費（千円）	120,000	160,000	
12	固定費b（千円）	90,000	90,000	

▲	A	B	C	D
3		前期	後期	増減額⊿
4	営業量V(販売数)	3,000	4,000	=C4-B4
5	総原価C（千円）	210,000	250,000	=C5-B5
6				
7	変動費率a		価格（千円/個）	80
8	=D5/D4		損益分岐点（個）	=B12/(D7-A8)
9				
10		前期	後期	
11	変動費（千円）	=B4*A8	=A8*C4	
12	固定費b（千円）	=B5-B11	=C5-C11	

図4-12　固変分解

（2）CVP分析

　売上高が総原価よりも多ければ利益を確保することができます。原価C（総原価）、営業量V（または、売上高、操業度）、利益Pの関係を分析するのがCVP分析（Cost-Volume-Profit Analysis）です。そのとき使われるのが図4-13のような損益分岐図になります。損益分岐点を超えると利益が確保できますので、短期利益計画ではこの損益分岐点を超えられるようにすることが重要です。管理者は損益分岐点を意識してマネジメントにあたることになります。

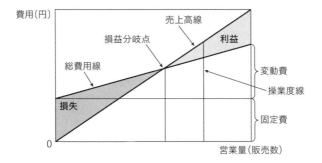

図4-13　損益分岐図（break-even chart）

　図4-12の例で、変動費率=40〔千円/個〕、価格=60〔千円/個〕、固定費=90,000〔千円〕として、損益分岐図を描いてみると図4-14のグラフaのようになります。このときの損益分岐点は4,500個です。価格が80〔千円/個〕であればグラフbのようになり、損益分岐点は2,250個と下がります。

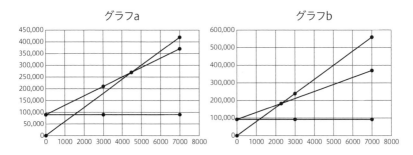

図4-14　CVP分析（図4-12の損益分岐図）

　損益分岐点を下げる（少ない販売量でも利益が出るようにする）には、①固定費を下げる、②変動費率を下げる、③価格を上げるという3つの方法が考えられます。

例題 4-7　**ExcelでCVP分析（過去3年間の実績をもとにした次年度の利益計画）を行いましょう**

　図4-15のような過去3年間における売上高と総原価の実績データがわかっているとして、CVP分析から次年度の利益計画を立てます。目標利益を達成する

ためには、売上高の目標、原価目標（固定費、変動費）をどのように設定すれば
よいでしょうか。次のような指標が表示されるようにして、意思決定を支援し
ましょう。

$$限界利益 = 売上高 - 変動費$$

$$限界利益率 = \frac{限界利益}{売上高}$$

$$損益分岐点売上高 = \frac{固定費}{限界利益率}$$

$$目標利益を達成する売上高 = 固定費 + \frac{目標利益}{限界利益率}$$

	A	B	C	E	F	G	I	J	K
1	短期利益計画のためのCVP分析								
2									（千円）
3		前々年度	実績		前年度	実績		今年度	実績
4	月	X(売上高)	Y(総原価)	月	X(売上高)	Y(総原価)	月	X(売上高)	Y(総原価)
5	1	60,576	56,172	1	61,130	56,876	1	64,200	56,820
6	2	73,792	61,354	2	76,410	62,886	2	78,134	64,880
7	3	73,490	81,116	3	74,310	80,448	3	77,432	80,770
8	4	84,320	76,026	4	86,622	74,850	4	92,554	77,662
9	5	71,032	73,056	5	73,390	73,944	5	75,202	73,512
10	6	70,206	76,466	6	71,236	78,660	6	75,314	73,432
11	7	85,008	85,462	7	87,774	88,220	7	90,214	85,584
12	8	97,990	99,722	8	99,352	100,948	8	101,848	99,374
13	9	96,452	86,272	9	100,120	84,698	9	94,640	83,666
14	10	94,360	83,498	10	95,116	88,460	10	98,516	82,570
15	11	97,938	94,042	11	100,474	94,138	11	102,280	91,588
16	12	122,168	94,940	12	123,244	95,074	12	123,904	93,310
17	合　計	1,027,332	968,126	合　計	1,049,178	979,202	合　計	1,074,238	963,168

図4-15　売上高と総原価の実績データ

① まず、過去3年間の変動費率と固定費を求めます。

　図4-16のように散布図で示し、変動費率（セルC19）を=SLOPE(C5:C16,
B5:B16)、固定費（セルC20）を=INTERCEPT(C5:C16,B5:B16)と
いうように、関数によって値を求めます。

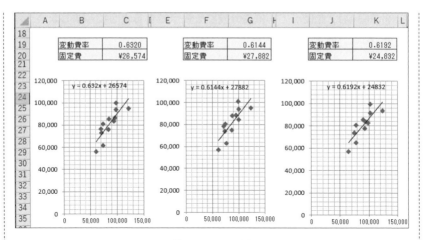

図4-16 散布図と変動費率と固定費

② 次に、図4-17を作成し、各値が計算できるように数式を入力します。

　ここで、目標利益を達成するためにはどのくらいの売上高を確保しなければ
ならないのかが推定できます。この例では、次年度の売上高を今年度に比べて
30,000〔千円〕伸ばせるとしたら営業利益の予想は122,493〔千円〕となることを
示しています。目標利益を150,000〔千円〕とするならば27,507〔千円〕未達とな
ります。さらに売上高を伸ばさないと目標利益に到達しないことがわかります。

	M	N	O	P	Q
2					（千円）
3	分析データ		実績		見込み
4		前々年度	前年度	今年度	次年度
5	売上高	1,027,332	1,049,178	1,074,238	1,104,238
6	変動費	649,243	644,619	665,188	683,765
7	限界利益	378,089	404,559	409,050	420,473
8	固定費	318,883	334,583	297,980	297,980
9	営業利益	59,206	69,976	111,070	122,493
10	目標利益	60,000	80,000	110,000	150,000
11	差異	-794	-10,024	1,070	-27,507
12	CVP分析				
13	限界利益率	36.80%	38.56%	38.08%	38.08%
14	損益分岐点売上高	866,459	867,703	782,548	782,548
15	損益分岐点比率	0.84	0.83	0.73	0.71
16	安全余裕率	0.16	0.17	0.27	0.29
17	目標利益を達成する売上高	1,029,489	1,075,174	1,071,428	1,178,475
18					
19			次年度増減目標（今年度比）		
20			売上（±千円）		30,000
21			変動費率（±%）		0%
22			固定費（±千円）		0

	P	Q
2		（千円）
3		見込み
4	今年度	次年度
5	=J17	=P5+Q20
6	=J17*K19	=Q5*(K19+Q21)
7	=P5-P6	=Q5-Q6
8	=K20*12	=(K20+Q22)*12
9	=P7-P8	=Q7-Q8
10	110,000	150,000
11	=P9-P10	=Q9-Q10
12		
13	=P7/P5	=Q7/Q5
14	=P8/P13	=Q8/Q13
15	=1-P15	=1-Q15
16	=(P8+P10)/P13	=(Q8+Q10)/Q13

図4-17 限界利益、限界利益率、損益分岐点売上高などの計算

③ ②の図4-17を使って、損益分岐図を表示できるようにしましょう（図
4-18）。

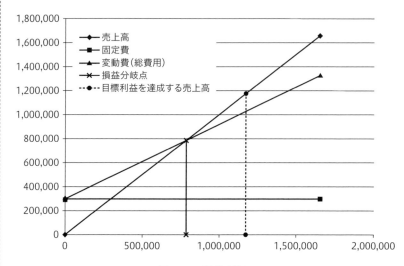

図4-18　損益分岐図

　このExcelシートを使って、様々な変化を想定して目標利益を確保するための売上高を計算してみましょう。経営環境変化として、材料費の高騰による変動費率のアップ（10%）が予想されるとしたら、損益分岐点はどうなるでしょうか。損益分岐点は、1,061,252〔千円〕となり、今年度と同じ程度の売上高では利益がほとんど出ないことがわかります（図4-19）。

　この材料費高騰の状態で、売上高を何とか今年度に比べプラス30,000〔千円〕とし、目標利益の150,000〔千円〕を達成するためには、固定費をどのくらいまで削減しなければならないでしょうか？ 次年度増減目標の固定費欄に、-5,000〔千円〕、-10,000〔千円〕と入力していくと営業利益が上がり、目標利益との差額が少なくなってくるのがわかります。ゴールシークを使って求めると-11,494〔千円〕となることがわかります。これはとても実現できないとなると売上高をさらに増やす手立てを考えなければならないということになります。固定費を削減できないとなると売上高は1,595,476〔千円〕確保しなければ目標利益の達成が困難です。実現可能な利益計画を立案するために、Excelでは、いろいろ条件を変えたシミュレーションが可能です。

	M	N	O	P	Q
2					（千円）
3	分析データ	実績			見込み
4		**前々年度**	**前年度**	**今年度**	**次年度**
5	売上高	**1,027,332**	**1,049,178**	**1,074,238**	1,104,238
6	変動費	649,243	644,619	665,188	794,189
7	貢献利益	378,089	404,559	409,050	310,049
8	固定費	318,883	334,583	297,980	297,980
9	営業利益	59,206	69,976	111,070	12,070
10	目標利益	60,000	80,000	110,000	150,000
11	差異	-794	-10,024	1,070	-137,930
12	CVP分析				
13	貢献利益率	36.80%	38.56%	38.08%	28.08%
14	損益分岐点売上高	866,459	867,703	782,548	1,061,252
15	損益分岐点比率	0.84	0.83	0.73	0.96
16	安全余裕率	0.16	0.17	0.27	0.04
17	目標利益を達成する売上高	1,029,489	1,075,174	1,071,428	**1,595,476**
18					
19				次年度増減目標(今年度比)	
20				売上(±千円)	30,000
21				変動費率（±%）	10%
22				固定費（±千円）	0

図4-19 目標利益を達成するための売上高、固定費、変動費率

4.1.3 限界利益分析と直接原価計算

短期経営計画では、複数案（代替案）の中から最も大きな利益が期待できる案が選択されることになります。この意思決定の際に、以下のような会計的評価が行われます。

固定費が代替案の選択に関係ない無関係原価であり、埋没原価（sunk cost）とみなされる場合、2つの代替案の検討では、その間に生じる「増分利益」が評価基準となります。

$$増分利益 = 増分収益 - 増分原価$$

現実的には、会計システムで計算可能であることを考慮し、増分利益は限界利益で、増分収益は売上高で、増分原価は変動費で扱うこととして、次のように代替案が評価されます。

①**売上高は一定、変動費が変化する場合：**増分利益＝増分原価

代替案として、原材料費の違いによって購入先を選択する場合、部品加工を自社内で行

うか社外に依頼するか選択する場合、変動費の差額が評価対象となります。

② 売上高が変化、変動費は一定である場合：増分利益＝増分収益

代替案として、販売政策、重点進出地域などを決定する場合、売上高の差額が評価対象となります。

③ 売上高が変化、変動費も変化する場合：増分利益＝増分収益－増分原価

一般には、代替案の決定はこの場合に該当することが多いといえます。製品ミックスの決定、低価格・大量販売でのシェア獲得戦略など、売上高も変動費も変化するので、それぞれの増分を計算して評価することになります。

（1）限界利益、貢献利益

既に例題4-7で計算例を示していますが、分析対象の採算性を判断する限界利益は次の算式により計算されます。

$$限界利益 ＝ 売上高 － 変動費$$

一方、「貢献利益」という言葉があります。この貢献利益とは限界利益とは同じものであるという考え方（固定費の回収にも貢献することから貢献利益ともいわれる）があり、一般にそのように捉えられていることが多いと思います。

また、貢献利益とは、次式により計算される利益であり、限界利益から直接固定費を差し引いたものであるという考え方があります。

$$貢献利益 ＝ 売上高 － 変動費 － 直接固定費$$

この場合、固定費が間接固定費と直接固定費で構成されると考えます。直接固定費とは、販売促進のための交通費や広告費、接待交際費など売上と直接的な関係のある経費で、「管理可能費」「個別固定費」と呼ばれたりもします。また、間接固定費とは事務業務に係る人件費や備品費、支払利息など売上との関連性が薄い経費で、「管理不能費」「共通固定費」と呼ばれる場合もあります。

一方、固定費を共通固定費と部門固定費で構成されるとし、貢献利益を次式で表す考え方もあります。

$$貢献利益 ＝ 売上高 － 変動費 － 部門固定費$$

　部門固定費とは、部門に直接紐づけられる固定費であって、その部門の事業を中止すれば発生しなくなる費用です。区分できない固定費や共通的な固定費を共通固定費としておきます。

　いずれにしても限界利益も貢献利益も、売上を上げるために要した直接的な費用を引いて、その製品やサービスを継続することによる利益を求めていますので、新規の製品やサービスを継続するべきか否かを判断する指標として活用できることがわかります。

(2) 直接原価計算

　直接原価計算は、製造原価を変動製造原価だけで表現するものです。固定費（固定販売費及び一般管理費を含む）は期間費用として取り扱われ、売上高から変動費を差し引いて求める貢献利益が営業量に比例します。つまり、貢献利益を検討しやすい原価計算方法であるといえます。

　短期利益計画で貢献利益（限界利益）を把握することはたいへん重要です。直接原価計算によってそれが可能になります。

例題 4-8　資料をもとに Excelで直接原価計算によって貢献利益、製品1個当たりの製造原価を求めましょう

　図4-20に設例と計算結果を示します。直接原価計算では固定製造間接費を含めないで製造原価を計算します。

	A	B	C	D	E	F
1	直接原価計算					
2	(資料) 期間あたりの費用、生産量					(参考)
3	直接材料費	¥2,500,000		費目	直接原価計算	(全部原価計算)
4	直接労務費	¥3,500,000		直接材料費	¥625	¥625
5	変動製造間接費	¥1,600,000		直接労務費	¥875	¥875
6	固定製造間接費	¥2,500,000		変動製造間接費	¥400	¥400
7	生産量	4,000		固定製造間接費	-	¥625
8				単位当たり製造原価	¥1,900	¥2,525
9	(資料) 販売価格、販売量					
10	製品価格	¥3,000		売上高	¥12,000,000	
11	販売量	4,000		貢献利益	¥4,400,000	
12				営業利益	¥1,900,000	

図4-20　直接原価計算

直接原価計算では次の手順で営業利益を計算します。

① 変動製造マージン（変動製造差益）＝売上高－変動製造原価（売上原価）

② 貢献利益＝変動製造マージン－直接固定費（変動製造間接費など）

③ 営業利益＝貢献利益－間接固定費（固定製造間接費など）

例題 4-9　Excelで直接原価計算による損益計算書を作成し、貢献利益を求めましょう

　勘定連絡図を描いて、損益計算書を作成し、営業利益が表示されるようにしたExcelシートの例を以下に示します。結果として、損益計算書が作成できます。Excelシートのセルの関係を追えば、製品勘定、損益勘定からどの金額が使われて集計されているかがわかります。

　図4-21の資料に基づき検討してみます。

	A	B	C	D	E	F	G	H	I
3	次の資料に基づき直接原価計算による損益計算書を作成し、貢献利益を求めましょう。								
4	(資料)		(単位：万円)					(単位：万円)	
5		直接材料変動費	3,600		製品				
6		直接労務変動費	3,600		期首有高	2,000	(固定費	320 を含む)	
7		製造間接変動費	2,000		期末有高	1,600	(固定費	200 を含む)	
8		製造間接固定費	1,800						
9		変動販管費	2,000		売上高	16,000			
10		固定販管費	1,600						
11									
12		仕掛品							
13		期首有高	1,600	(固定費	120 を含む)				
14		期末有高	3,200	(固定費	480 を含む)				

図4-21　資料

　直接原価計算の記帳の手順に従い勘定連絡図を描きます（図4-22）。勘定連絡図とは、勘定科目ごとにTフォームと呼ばれる表記方法で借方（中心線の左側）、貸方（中心線の右側）を記載し、勘定の流れをまとめた図のことをいいます。勘定連絡の流れで、「材料費・労務費・経費」→「仕掛品・製造間接費」→「製品」というように、「それぞれの費用がどのように処理されていくのか？」、「どこからどこへいくのか？」を理解できます。

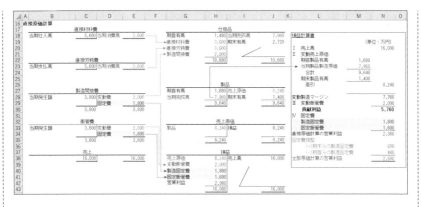

図4-22　直接原価計算による損益計算書

図4-22の勘定連絡図では、次のように記載されています。

① 直接材料費は変動費であると見なし、材料勘定から直接材料費勘定に振り替え記入します。

② 直接工賃金は変動費と見なし、賃金勘定から直接労務費勘定に振り替え記入します。

③ 製造間接費は、変動製造間接費と固定製造間接費に分け、変動製造間接費は仕掛品勘定に振り替え記入します。

④ 販管費（販売費及び一般管理費）勘定は月末に締め切り、変動販管費と固定販管費に分け、損益勘定に振り替え記入します。

⑤ 固定製造間接費は月末に締め切り、損益勘定に振り替え記入します。

損益計算書にあるように、売上高から変動売上原価を差し引くと変動製造マージンが計算されます。そこから変動販管費を差し引き貢献利益が計算されます。

原価は、その集計される範囲によって全部原価と部分原価とに区別することができます。全部原価とは、製品の製造に関連して生ずるすべての製造原価、またはこれに販売費および一般管理費を加えて集計したものをいうのに対し、部分原価とは、そのうち一部のみを集計したものをいいます。部分原価として集計される範囲や内容については、その計算目的によって様々なものが存在しますが、部分原価として最も重要な概念は、変動直接費および変動間接費のみを集計した直

接原価（変動原価）となり、部分原価計算で最も活用されるものが直接原価計算であるといえます。

　参考のために図4-21の資料に対して、全部原価計算による損益計算書を図4-23に示します。全部原価計算書では、固定費と変動費をすべて仕掛品勘定や製品勘定に反映します。

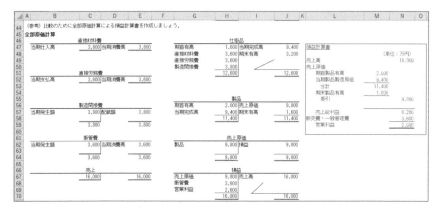

図4-23　全部原価計算による損益計算書

　直接原価計算における棚卸資産原価は変動製造原価だけで構成されます（固定製造原価を含む全部原価計算と異なります）。全部原価計算においては棚卸資産原価に固定製造原価を含むので、直接原価計算と全部原価計算を比較すると、その額だけ営業利益の金額に違いが発生します。

　　全部原価計算における営業利益 = 直接原価計算における営業利益
　　+ 期末棚卸原価に含まれる固定製造原価
　　− 期首棚卸原価に含まれる固定製造原価

ここで、

　　+ 期末棚卸原価に含まれる固定製造原価
　　−期首棚卸原価に含まれる固定製造原価

が固定費調整額と呼ばれるものです。

　直接原価計算では、変動費のみを仕掛品勘定や製品勘定に反映させるので、売上原価の値は全部原価計算と異なります。営業利益を計算するときに、売上高から製造間接固定費および固定販管費を差し引きます。このようにして求められた直接原価計算の営業利益は全部原価計算の営業利益と一致しません。

　これは、固定費調整額（期末棚卸原価に含まれる固定製造原価（＋）と期首棚卸原価に含まれる固定製造原価（－））によるものです。つまり、直接原価計算による利益と全部原価計算による利益の間に不一致が生じるのは、直接原価計算が製造固定費を製品原価から除いていることによります。

　仕掛品の期首有高と製品の期首有高に含まれている固定費を合わせた金額が期首棚卸原価に含まれる固定製造原価（－）になり、仕掛品の期末有高と製品の期末有高に含まれている固定費を合わせた金額が期末棚卸原価に含まれる固定製造原価（＋）となります。そして、全部原価計算における営業利益＝直接原価計算における営業利益＋期末棚卸原価に含まれる固定製造原価－期首棚卸原価に含まれる固定製造原価、となり、直接原価計算における営業利益に固定費調整額を加味すると全部原価計算の営業利益に一致します。

　制度会計は全部原価計算に基づき外部報告用の財務諸表を作成することを義務づけており、直接原価計算を採用している場合、会計期末に全部原価計算による利益に修正して公表財務諸表を作成しなければなりません。この修正手続きを固定費調整といいます。固定費調整において、全部原価計算を適用した場合に期末棚卸資産に含まれるはずの固定製造間接費を計算するわけです。

　全部原価計算では、生産した製品すべてが販売できずに残った場合、当期に発生した製造固定費の一部を期末棚卸資産（仕掛品在庫や製品在庫）の原価として次期以降に繰り延べることができます。これを使い、「受注できる量や在庫量に関係なく、ともかく生産量を増やすことで当期の固定費負担を軽減して、当期の営業利益を大きく見せる」ことを招いてしまう危険性があります。これを「全部原価計算の逆機能」といいます。

　これに対して、直接原価計算では、棚卸資産原価は変動製造原価のみです。すべての固定費をその期の期間原価とすることで、貢献利益から当期の固定費を差し引いて営業利益を算出しますので、全部原価計算にみられる逆機能は直接原価計算では発生しません。

4.1.4　ライフサイクル・コスティングと価格決定

　ライフサイクル・コスティング（LCC、Life-Cycle Costing）は、ある製品の企画、開発、設計段階から生産、販売、クレーム処理、廃棄または処分を経て、販売終了（この製品に関わる業務が終了）になるまでの全期間にわたるコスト（または採算）を計算し、価格決定に反映するとともに短期経営計画に織り込もうとする考え方です。

　ライフサイクル・コストは次の4つの段階にわけて考えることができます。

①**研究開発コスト**　：製品が生まれる前段階

②**生産・構築コスト**：製品が開発され、量産継続され、市場にでる段階

③**運用・支援コスト**：顧客によって使われる間のメンテナンスなどの保守維持

④**退役・廃棄コスト**：製品を廃棄する段階

　使用コスト・保守コストは顧客が負担する場合もあります。また廃棄のコストは、環境配慮から点からも負担額が大きくなる場合が増えています。

　生成サイクル（アイデア探求・企画、研究、開発、生産準備）、市場サイクル（市場参入、市場浸透、市場飽和、市場衰退）、アフターケアサイクル（保証、保守・整備・修繕、廃棄）という3つのサイクルで考える方法もあります（**岡野、2003**）。とくに原価企画ではライフサイクル・コストは重要です。

　ライフサイクル・コスティングの研究は、製品のライフサイクル原価を消費者や環境問題などとの関係において分析し、低減することをその目的として、米国では1960年代から国防総省で、英国では1970年代から商務省で始められたといわれています。1980年代からは民間企業でも顧客満足の視点からライフサイクル・コスティングが取り上げられ、現在では、環境問題や社会との共生という視点も加わって、短期利益計画の中で製品のライフサイクル・コストを考慮することは重要なこととなっています。

　製品のライフサイクルに関わる、企画、開発、設計、調達、製造、販売、メンテナンス、廃棄、リサイクルというようなビジネス・プロセスの連鎖はバリューチェーンとも呼ばれます。いわゆるSCM（サプライチェーン・マネジメント）は、このバリューチェーン全体を意識し、全体最適化を目指したものです。より上流の商品企画、開発、設計段階のコスト・マネジメントでSCMの最適化をも意識

しなければなりません。つまり、ライフサイクル・コスティングのためには自社内の組織間のみならず部品製造協力会社、資材調達先、物流会社、販売会社などとの連携が重要になります。

いくつかの視点からライフサイクル・コストを考えてみると次のようになります。

① マーケティング戦略から見たライフサイクル・コスト

製品を市場に投入した段階から（導入期）、成長期、成熟期、衰退期を経て市場から撤退するまでの期間をライフサイクルと定義し、当該期間に発生が見込まれるトータル・コストを考えます。つまり、個々の製品一単位ではなく、同一期間に生産される同種製品の全製造量に対する総製造原価とそれらの販売・流通などに関連して発生する諸費用、さらには開発費を対象にします。このライフサイクル・コストは、企画検討中の製品が十分な収益力を有するか否かを判断するために当該期間にもたらされると期待される総収益と比較されます。

② 生産者から見たライフサイクル・コスト

製品の企画から設計、生産そしてロジスティクスに至る経営プロセスで発生するすべてのコスト、すなわち研究開発費、製造原価および販売費を対象にします。従来、製品計画や価格決定のための原価計算はこの視点でのライフサイクル・コストを基礎としてきました（狭義のライフサイクル・コストともいわれます）。一方、この狭義のライフサイクル・コストに加え、製品の販売後に顧客が負担するメンテナンスや保全費用をも含めたコストの低減がマーケティング戦略で重要なテーマとなっています（広義のライフサイクル・コストといえます）。

③ 顧客から見たライフサイクル・コスト

製品の購入・使用・廃棄の各段階で顧客が負担するトータル・コストをも問題とします。つまり、購入後に発生する維持・保守および処分コストなどが含まれます。製品の基本的なスペックや性能に大きな差が見られなくなった昨今、維持費や保全費の大小が製品購入時における顧客の重要な決定要因の一つになっています（顧客が購入後に直接負担するコストと製品原価に含めるコストが含まれます）。電化製品では、電気代（ランニングコスト）が安価であるエアコン、冷蔵庫などは一般的に購入価格が高くなっています。使う頻度（時間）によってライフサイクル・コストが異なります。このライフサイクル・コストが知覚価値となって、顧客の購入判断の拠り所となる場合があります。知覚価値とは消費者が製品

に対して抱く品質や費用に対する総合的な価値判断のことを指します。

④ 社会からみたライフサイクル・コスト

　生産者、顧客からみたライフサイクル・コストの構成費目に加え、原材料の調達から製品の生産および流通段階、さらには製品の廃棄後に発生する費用があります。その多くは今まで地域社会が負担してきたさまざまな社会的コストも含まれます。これらの社会コストは環境コストとも呼ばれ、資源のリサイクル、省エネルギーの推進、産業廃棄物の処理などについての負担が社会、企業、顧客にも求められます。ペットボトルのリサイクルのための費用は、ペットボトルの重量にあわせて飲料原価に含まれています。

　製品のライフサイクルの各時点で考えられる費用をすべて洗い出し、「生涯総費用」が「生涯獲得収益」を上回らないようにコストコントロールすることが重要です。

　まず、製品ライフでの販売数量を予測し、その数量に比例して発生する変動費と、生産設備導入費や販売体制の整備費用（固定費）を推定します。加えて、「生産終了点」または「販売終了点」以降にかかるコストとして、「製造設備廃棄費用」「保守費」などを計上しなければなりません。一般的には、投資が先行し、収益化が遅行します。量産化して数年後にようやく累積損益がプラスになるというような不確実性を鑑み、長期経営計画、短期経営計画で不確実性を反映しておく必要があります。

　①機能設計・意匠デザイン・設備投資といった初期費用が大きくなる、②商品ライフサイクルが短くなり短期で生産終了となってしまう、③量産からのコストダウンの取り組み効果が薄い、④多品種少量生産を強いられるため間接費が高くなってしまうなどが指摘されている状況で、経営計画の中でのライフサイクル・コスティングは原価企画とともに重要になっています。

例題 4-10　Excelでライフサイクル・コスティングを行い、コストと収益の関係をグラフで可視化してみましょう

　図4-24に生産者から見た製品ライフサイクル・コスティングの計算例を示します（岡野、2003）。

　研究・開発、生産準備の段階では、収入はゼロであり、開発コストのみが発生します。市場に製品が投入され製品販売の売上や保守サービスでの収入が上

がり投資回収が進みます。市場が成熟し、製品のライフが終わると生産設備の廃棄費用などが発生します。図4-25のように、各年度の収入、支出、割引率を計算した現在価値による収支差額累計をグラフに表すと、8年後に黒字になる(2028年に「割引後累計」がプラスに転じる)ことがわかります。貨幣の時間価値を考慮するために計算上の利子率を設定し、現在価値から「(収入-支出)割引後」を求めています。

	A	B	C	D	E	F	G	H	I	J	K	L
2		計算上の利子率=		5%								
3	年度	2021	2022	2023	2024	2025	2026	2027	2028	2029	2030	合計
4	収入											
5	売上	0	0	0	188,000	198,000	174,000	154,000	178,000	0	0	892,000
6	保守収入	0	0	0	108,000	90,000	134,000	174,000	148,000	172,000	184,000	1,010,000
7	収入合計	0	0	0	296,000	288,000	308,000	328,000	326,000	172,000	184,000	1,902,000
8	支出											
9	投資	0	24,000	36,000	90,000	44,000	0	0	0	0	0	194,000
10	製造	0	0	0	24,000	80,000	70,000	66,000	62,000	0	0	302,000
11	開発	22,000	28,000	36,000	28,000	54,000	42,000	32,000	24,000	0	0	266,000
12	管理	30,000	30,000	30,000	46,000	46,000	46,000	46,000	46,000	36,000	36,000	392,000
13	営業・販売	0	0	0	40,000	24,000	62,000	24,000	36,000	0	0	186,000
14	保守	0	0	0	28,000	34,000	50,000	36,000	24,000	34,000	36,000	242,000
15	廃棄	0	0	0	0	0	0	0	0	24,000	24,000	48,000
16	支出合計	52,000	82,000	102,000	256,000	282,000	270,000	204,000	192,000	94,000	96,000	1,630,000
17	（収入-支出）名目	-52,000	-82,000	-102,000	40,000	6,000	38,000	124,000	134,000	78,000	88,000	272,000
18	名目累計	-52,000	-134,000	-236,000	-196,000	-190,000	-152,000	-28,000	106,000	184,000	272,000	272,000
19	（収入-支出）割引後	-52,000	-78,095	-92,517	34,554	4,936	29,774	92,531	95,231	52,793	56,726	143,933
20	割引後累計	-52,000	-130,095	-222,612	-188,059	-183,123	-153,349	-60,818	34,413	87,207	143,933	143,933

図4-24 製品ライフサイクル・コスティングの計算例

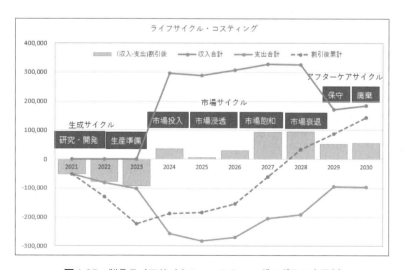

図4-25 製品ライフサイクル・コスティングのグラフ表示例

4.1.5 差額原価と収益分析 (内外製意思決定、プロダクト・ミックス)

短期利益計画の中で代替案の意思決定を行うための評価指標の一つに、差額原価 (differential cost) があります。これは、経営活動の変化や代替案の適用にともなって生じる原価総額、あるいは特定原価要素の増減分を指します。例えば、生産量や販売量など操業度の変化によって生じる原価の差額が差額原価です。

例題 4-11 **Excelを用いて差額原価を計算し、代替案の検討を行いましょう**

短期利益計画のために、年間販売量6,000個、販売価格10,000円、生産能力8,000個と予測し、原価と売上高、営業利益を見積もりました。

これに対し、次の代替案があります。

- **販売促進案**：広告費を100万円つぎこみ販売量を300個増やす
- **低価格案**：価格を500円下げて販売量を400個増やす

図4-26のように差額原価と差額営業利益を計算し、どちらの案を採用すべきか検討すると、販売促進案では差額営業利益が860,000円増える可能性があり、こちらを採択するべきであるという結論を得ることができます。

図4-26 差額原価、差額営業利益 (現状と代替案の比較1)

　ゴールシークを用いて計算すると、低価格案（価格を500円下げて多売する案）で差額営業利益が860,000円となるためには販売個数を678個増やす必要があることがわかります。この実現可能性と、広告費を注ぎこみ販売個数を300個増やす実現性とを比較するという考え方もできます。

- **低価格案：**価格を600円下げて販売量を800個増やす

という案はどうでしょうか。図4-27に結果を示します。差額営業利益が860,000円増える可能性があり、販売促進案よりも有利であることがわかります。Excelでは複数の代替案の検討を行うことが容易です。

	A	B	C	D	E	F	G	H	I
8		（現状）			（販売促進案）			（低価格案）	
9	販売価格	10,000	円/個	販売価格	10,000	円/個	販売価格	9,400	円/個
10	販売予測	6,000	個	販売予測	6,300	個	販売予測	6,800	個
11	生産能力	8,000	個	生産能力	8,000	個	生産能力	8,000	個
12									
13	変動費	3,800	円/個	変動費	3,800	円/個	変動費	3,800	円/個
14	固定費	9,000,000	円	固定費	9,000,000	円	固定費	9,000,000	円
15	広告費	0	円	広告費	1,000,000	円	広告費	0	円
16	総原価	31,800,000	円	総原価	33,940,000	円	総原価	34,840,000	円
17									
18	売上高	60,000,000	円	売上高	63,000,000	円	売上高	63,920,000	円
19	営業利益	28,200,000	円	営業利益	29,060,000	円	営業利益	29,080,000	円
20									
21				差額収益	3,000,000	円	差額収益	3,920,000	円
22				差額原価	2,140,000	円	差額原価	3,040,000	円
23				差額営業利益	860,000	円	差額営業利益	880,000	円
24									
25				棄却			採用		

図4-27　差額原価、差額営業利益（現状と代替案の比較2）

　各企業は必ずしも製品や部品すべてを自社で生産しているわけではありません。他社から部品を購入し、自社の製品に用いることもあります。自社で作れない部品は購買部門が品質と価格、納期などの供給能力、企業としての信頼性などを考慮し、どの会社から部門を購入するのか決めることになります。

　一方、自社でその部品を作ることができる場合、経済的合理性の視点から内製すべきか（自社で作る）、外製すべきか（他社に委託して作ってもらう）か、内外

製意思決定を行う必要があります。その意思決定のために差額原価を活用することができます。

例題 4-12　Excelを用いて差額原価を計算し、内外製の判断をしてみましょう

短期利益計画のために図4-28（A 〜 B列）のように部品製造の原価を見積もりました。これに対し次の代替案があります。差額原価を計算し、どちらの案を採用すべきか検討してみましょう。

- **自社内製**：自社で部品を製造する
- **外注**：他社から350,000円/個で部品を購入する

図4-28（D 〜 H列）に計算例を示します。外注する場合には、変動材料費、変動労務費、変動経費は発生しません。しかし、その場合でも自社での固定費は発生します。したがって、比較する差額原価は、自社で内製する場合の変動材料費、変動労務費、変動経費の合計（325,000円）と外製して購入する費用（350,000円）となり、外製の方が原価は25,000円大きくなることがわかります。内製の方が有利であると判断されます。

	A	B	C		D	E	F		G	H	I
8	見積原価				（自社内製）				（外注）		
9	外部買入部品費	0	円/個		外部買入部品費	0	円/個		外部買入部品費	350,000	円/個
10	変動材料費	225,000	円/個		変動材料費	225,000	円/個				
11	変動労務費	60,000	円/個		変動労務費	60,000	円/個				
12	変動経費	40,000	円/個		変動経費	40,000	円/個				
13	固定費	75,000	円/個		合計	325,000	円/個		合計	350,000	円/個
14	合計	400,000									
15									差額原価	25,000	円/個

図4-28　内製と外製の比較

プロダクト・ミックス（product mix）とは、企業あるいは事業単位によって生産・販売される諸製品の構成・組み合わせを指します。短期利益計画の中で利益を最大化するために、プロダクト・ミックスの効率化は重要です。とくに、生産でのプロダクト・ミックスでは、現生産能力の範囲内で限界利益を最大化するこ

とができる生産アイテム・数量の組み合わせと、製品別の収益貢献度を明らかにすることが必要です。そのためには限界利益（貢献利益）に注目して、利益が最大になるような生産計画、利益計画を検討することになります。

　一般に、最適プロダクト・ミックス問題とは、労働条件や原材料の調達などにこれ以上は供給できないというような制約がある場合に、所要作業時間や所要材料量が異なる複数の製品を生産するときに何をどれだけ生産すると利益が最大になるかという問題を解くものです。制約条件のもとで、最適プロダクト・ミックスを導くための方法として、線形計画法（リニア・プログラミング、linear programming）があります。

　利益が最大になる解を求めるような最大化問題とは、目的関数 z が (1) 式で示すようないくつかの計画係数 x_j と利益係数 c_j との一次式で表されていて、(2) 〜 (6) 式の制約条件のもとで、z を最大化する解（これを最適解といいます）を得ることです。以下の (1) 〜 (6) 式は、最大化問題を一般的な形で記述したものです。つまり、

$$z = \sum_{j=1}^{n} c_j x_j \qquad （この z を最大化するための x_j を求める）\cdots (1)$$

$$\sum_{j=1}^{n} a_{ij} x_j \le b_i,\ i = 1, \cdots, m_1 \qquad （制約条件1）\cdots (2)$$

$$\sum_{j=1}^{n} a_{ij} x_j = b_i,\ i = m_1 + 1, \cdots, m_2 \qquad （制約条件2）\cdots (3)$$

$$\sum_{j=1}^{n} a_{ij} x_j \ge b_i,\ i = m_2 + 1, \cdots, m \qquad （制約条件3）\cdots (4)$$

$$x_j \ge 0,\ j = 1, \cdots n \qquad （x_j が負ではない条件）\cdots (5)$$

$$b_i \ge 0,\ i = 1, \cdots m \qquad （(2)〜(4) の b_i が負ではない条件）\cdots (6)$$

　最小化問題の場合は、(1) 式の目的関数に -1 を掛けて、最大化問題と同じように扱うことができます。Excel には、「ソルバー」というツールがあり、これを用いて簡単にリニア・プログラミングを扱うことができます。

　Excel のソルバーには、テキサス州オースティンのテキサス大学の Leon Lasdon とクリーヴランド州立大学の Allan Waren が開発した GRG2（Generalized

Reduced Gradient) 非線形最適化コードが使用されています。また、線形問題と整数問題では、Frontline Systems, Inc. の John Watson と Dan Fylstra が実装した、束縛変数を用いたシンプレックス法と分枝限定法が使用されています。

Excel で、「ファイル」タブを押すと表示されるメニューの一番下にある「オプション」を選択し、さらに「アドイン」を選択します。「アクティブでないアプリケーションアドイン」の中に「ソルバーアドイン」が見つかるので選択し、「設定(G)」ボタンを押します。すると図4-29左のようなウィザードが現れますので、回帰分析で使った「分析ツール」とともに「ソルバーアドイン」にチェックマークを入れます。この後、「データ」タブをクリックするとリボン右端に「ソルバー」が表示されます(図4-29右)。

図4-29 Excelでの「ソルバー」、「分析ツール」の設定

例題 4-13	**Excelのソルバーを使って、プロダクト・ミックス問題を解いてみましょう**

製品A、B、Cを生産します。図4-30に示すように、販売価格、変動費、限界利益、共通固定費、各工程の作業者数、その作業者数から算出される許容最大作業時間(月当たり許容時間)、各工程で必要な作業時間という生産条件が決まっているとします。

	A	B	C	D	E
3	費目	製品A	製品B	製品C	
4	販売価格（1個当たり）	¥28,000	¥32,000	¥36,000	
5	変動費（1個当たり）	¥14,400	¥18,000	¥20,800	
6	限界利益	¥13,600	¥14,000	¥15,200	
7					
8	共通固定費	¥3,000,000			
9					
10	工程別作業者数	作業者数	月当たり許容時間		
11	第1工程	14人	2240.0 h		
12	第2工程	20人	3200.0 h		
13	第3工程	18人	2880.0 h		
14					
15	工程別作業時間（h/個）	製品A	製品B	製品C	生産数達成のための総時間
16	第1工程	1.1 h	2.1 h	1.2 h	1760.0 h
17	第2工程	1.9 h	0.9 h	2.1 h	1960.0 h
18	第3工程	1.2 h	2.1 h	2.2 h	2200.0 h

図4-30　製品A、B、Cの生産条件

　営業利益が最大となるように製品A、B、Cの生産数を求めましょう。ただし、生産した製品はすべて売れるものと仮定します。

　これは、下記の制約条件（各工程での必要作業時間が許容時間を超えないようにする）のもとで、目的関数$Z = 13600A + 14000B + 15200C$（各製品の限界利益と生産数を掛け算し、足し合わせたもの）を最大にする解（A、B、Cの数）を求める問題です。

　制約条件
$$1.1A + 2.1B + 1.2C \leq 2240 \cdots (1)$$
$$1.9A + 0.9B + 2.1C \leq 3200 \cdots (2)$$
$$1.2A + 2.1B + 2.2C \leq 2880 \cdots (3)$$
$$A \geq 0, B \geq 0, C \geq 0 \qquad \cdots (4)$$

　図4-31に、仮に製品A、B、Cをそれぞれ400個ずつ生産したら限界利益の合計、営業利益はどうなるか計算してみました。図4-32に図4-31の計算式、製品A、B、Cの生産個数、限界利益のバランスを把握するための横棒グラフを示します。

	A	B	C	D	E
20	項目	製品A	製品B	製品C	合計
21	販売数（＝生産数）	400個	400個	400個	1200個
22	売上高	¥11,200,000	¥12,800,000	¥14,400,000	¥38,400,000
23	変動費	¥5,760,000	¥7,200,000	¥8,320,000	¥21,280,000
24	限界利益	¥5,440,000	¥5,600,000	¥6,080,000	¥17,120,000
25	共通固定費	－	－	－	¥3,000,000
26	営業利益	－	－	－	¥14,120,000

図4-31　製品A、B、Cの限界利益、営業利益

	D	E
20	製品C	合計
21	400個	=SUM(B21:D21)
22	=D4*D21	=SUM(B22:D22)
23	=D5*D21	=SUM(B23:D23)
24	=D22-D23	=SUM(B24:D24)
25	－	=B8
26	－	=E24-E25

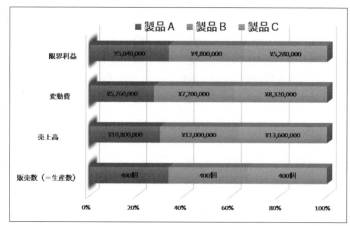

図4-32　計算式、グラフ

　「データ」→「ソルバー」を選択し、図4-33のようにパラメーター設定を行います。目的セルはE26の営業利益です。これが目標値として最大になるような販売数（＝生産数）を求めますので、変化させるセルはB21：D21です（ドラッグして3つのセルを指定します）。制約条件として、「追加（A）」ボタンを押して、各製品の販売数（＝生産数）はゼロ以上である（「セル参照（E）」にB21：D21をドラッグし、不等号記号（≧）を選択して、「制約条件（N）」にゼロ（0）を入力

します) と指定。さらに、生産数を達成するための総作業時間が許容範囲以内であるという条件 (「セル参照 (E)」でE16:E18をドラッグ指定し、不等号記号 (≦) を選択。「制約条件 (N)」にC11:C13をドラッグで指定) を追加します。

「解決 (S)」ボタンを押すと、図4-34のように結果が表示されます。「レポート」で解答を選択し、「OK」ボタンを押すと新しい「解答レポート」というシートが自動的に作成されて、図4-34の2番目のような内容を確認できます。元のExcelシートのセルB21:D21には最適解が表示されています。

製品Aは965個、製品Bは251個、製品Cは544個で、最大利益は21,892,088円となるという解が得られました。つまり、製品1個当たりの限界利益が高い製品ばかりを生産するのではなく、制約条件のもとで最適な生産数を組み合わせることで最大利益が得られることを示しています。

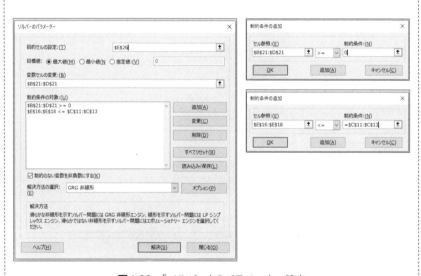

図4-33　「ソルバー」のパラメーター設定

A B	C	D	E	F	G
14 目的セル（最大値）					
15 　セル　　　　名前		計算前の値	最終値		
16 $E$26 － 合計		¥21,892,088	¥21,892,088		
17					
18					
19 変数セル					
20 　セル　　　　名前		計算前の値	最終値	整数	
21 $B$21 販売数（＝生産数）製品A		965個	965個 連続		
22 $C$21 販売数（＝生産数）製品B		251個	251個 連続		
23 $D$21 販売数（＝生産数）製品C		544個	544個 連続		

セル	名前	セルの値	数式	ステータス	条件との差
26 制約条件					
28 $E$16 第1工程 生産数達成のための総時間		2240.0 h	$E$16<=$C$11	満たす	0
29 $E$17 第2工程 生産数達成のための総時間		3200.0 h	$E$17<=$C$12	満たす	0
30 $E$18 第3工程 生産数達成のための総時間		2880.0 h	$E$18<=$C$13	満たす	0
31 $B$21 販売数（＝生産数）製品A		965個	$B$21>=0	部分的に満たす	965個
32 $C$21 販売数（＝生産数）製品B		251個	$C$21>=0	部分的に満たす	251個
33 $D$21 販売数（＝生産数）製品C		544個	$D$21>=0	部分的に満たす	544個

	A	B	C	D	E
20	項目	製品A	製品B	製品C	合計
21	販売数（＝生産数）	965個	251個	544個	1759個
22	売上高	¥27,011,024	¥8,024,597	¥19,567,154	¥54,602,775
23	変動費	¥13,891,384	¥4,513,836	¥11,305,467	¥29,710,686
24	限界利益	¥13,119,640	¥3,510,761	¥8,261,687	¥24,892,088
25	共通固定費	－	－	－	¥3,000,000
26	営業利益	－	－	－	¥21,892,088

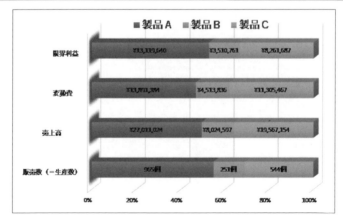

図4-34　ソルバーの結果表示

　製品A、B、Cの価格を、27,000円、30,000円、34,000円にそれぞれ値下げしなければならなくなったときは、どうでしょうか？ 同じようにソルバーで解答を得ると、製品Aを1568個、製品Bを245個のみを生産し、製品Cは作らないことで、最大利益19,700,800を得ることができることが表示されます。

　さすがに、製品Cをまったく作らないわけにいかないという場合、例えば製品Cは200個作り、製品A、Bをそれぞれ何個作ればよいかというような問題を同様に解くことができます。ソルバーでの変化させるセルをB21:C21にセットします。この場合は、製品Aを1346個、製品Bを247個、製品Cを200個という組合せで、利益が19,567,600円となります。

　製品の種類が増えても、同じようにExcelのソルバーを用いれば、最適解をみつけることが可能です。

4.2　予算管理

　総合管理では、短期利益計画の実現を目指して部門計画に対応する部門予算が編成され、さらに実行計画に対応した総合予算が編成されます。予算（budgets）とは、人、モノ、金などの経営資源の出入りを会計数値で予定したステートメントであるといわれています（上埜、2007）。つまり、総合予算とは実行計画の貨幣的表現であり、このような総合予算を編成するプロセスを予算編成と呼びます。

　短期計画を意識しながら、毎月、あるいは四半期ごとに企業活動の結果を貨幣的に測定した実績値と総合予算が比較されて、不利な状況になっていないかどうかをチェックしていくことになります。もし、不利な状況に陥っているとしたらその原因は何か分析し、改善していくことが必要です。このような予算をもとにして企業活動を統制するプロセスを予算統制と呼び、予算編成や予算統制をすべて含めたプロセスを予算管理と呼びます。

　原則としてすべての企業活動に対応して予算が編成されていなければなりません。総合予算の体系を例示したのが図4-35です。

　費目別に編成された予算が費目別予算で、職能部門別に編成された予算が部門別予算です。部門予算案を企業全体の視点から調整し集計したものが総合予算（master budgets）であり、それは基本的に見積損益計算書、見積貸借対照表、見積キャッシュ・フロー計算書から構成されます。部門予算は、部門活動の経営資

源の割り振り、活動管理、業績評価に用いられることになります。事業部制組織では、事業部内の部門予算案が統合されて事業部総合予算が編成され、それに本社各部門の予算案を加えて総合予算が編成されます。

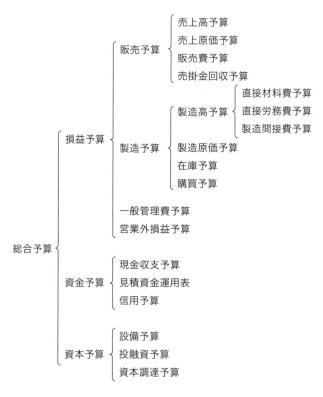

図4-35　総合予算の体系（例）（上總、2017）（上埜、2007）

4.2.1　責任会計と予算管理

　第2章で述べたように、一般に企業では、職能部門別組織を持っています。購買部、製造部、営業部などの直接部門（現業部門）と財務部、人事部、総務部、研究開発部などの間接部門（支援部門）というような職能部門別組織が構成され、各部門管理者がコントロールを担います。各部門は、費用に対して責任を負わされるコスト・センター、収益に対して責任を負わされる収益センター（レベニュー・

センター）、あるいは利益に対して責任を負わされる利益センター（プロフィット・センター）、投資決定権を与えられた投資センター（インベストメント・センター）というように責任を負わされることになります。このように分権性組織を機能させるために、原価（費用）、収益、利益などの目標値を部門や管理者といった責任中心点に示し、その中心点において実績を集計し、目標からの差異を分析して、結果を業績評価に反映する仕組みが「責任会計」と呼ばれるものです。

責任会計を支えるのが、責任予算であり、管理者に予算費目に関する編成権限や執行責任をどのように与えるのかが重要になります。一般企業では、予算委員会などの会議体で、予算編成方針、予算案、補正予算案などの審議や、実績および予算差異の分析などを行うことになります。

責任会計システムの構造を理解するために、図4-36にExcelで作成した職能部門別組織と実績、予算、予算差異の集計表、連関図を示しました（**上総、2017**）。Excelのセルに埋め込まれた数式を見れば、連関を把握することができます。

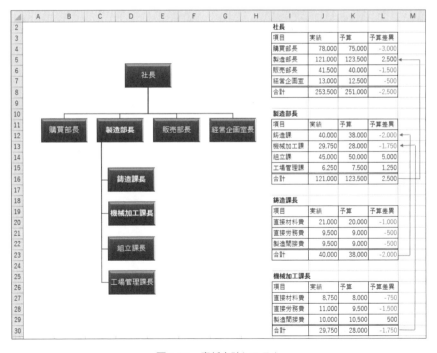

図4-36 責任会計システム

　これは、原価責任のみを対象として責任会計を示した例ですが、実際には、収益責任、利益責任、投資責任などの対する責任会計も展開されています。

4.2.2　予算編成と予算統制

　総合予算を編成する方法として、①経営トップや予算担当部門から一方的に実行部門の予算が伝えられる天下り型（トップダウン型）、②各部門が作成した予算原案を集計して予算担当部門が総合予算案を作成し経営トップが決定する積み上げ型（ボトムアップ型）、③全社的な予算編成方針があらかじめ各部門に伝達され、各部門がそれに基づいて予算案を作成、予算担当部門と調整しながら総合予算案を作成し経営トップが決定する折衷型（コンプロマイズ型）があります。

　予算編成方針は短期利益計画から発信されますが、部門予算編案を集約して総合予算を編成しようとして目標値とのズレがある場合は、経営トップと部門管理者の間で再検討が行われ、予算利益が短期利益計画を満足するまで繰り返して調整が行われます。

　4月から会計年度が始まる企業における予算編成スケジュールをExcelで作成した例を図4-37に示します。一般的には、適宜、予算編成会議、経営会議などが開催され、社長決定に至ります。

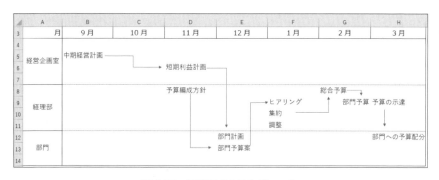

図4-37　予算編成のスケジュール

　Excelで新規のブックを作成する際、図4-38のようにテンプレートを選択して活用することができます。目的に一致したテンプレートを見つけることができれば、白紙のワークシートにレイアウトしていくよりも効率的です。

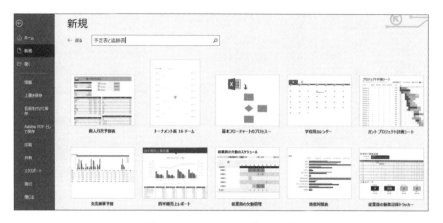

図4-38 Excelのテンプレート例

　総合予算が決定されたら、総合予算を管理基準とする「予算統制」が展開されることになります。決定された予算は部門管理者に伝達され、各部門ではその予算を意識して部門計画を実行していくように動機づけられます。

　部門管理者は部門予算で承認された金額を上限として予算を執行していきますが、一定以上の金額の予算執行については経営トップの承認が必要になります。執行された予算は集計され記録されます。そして、実績と予算との差異を比較し、差異がある場合は分析を行い、対策を検討します（予算差異分析）。予算の達成度も可視化され、部門管理活動の効率や効果の測定に役立てます。企業のうち80％程度は、これらの会計情報に基づいて対策、改善、修正活動を行うことが部門管理者の業績評価と連動されているという調査報告があります。

例題4-14　Excelで総合予算管理シートを作成してみましょう

　図4-39に総合予算（月次および各月までの累計損益計算書）の例を示します。上の図に各月の数値を入力します。すると累計（その月までの合計）は下の図のように自動的に作成されます。図4-40に実績を4月から9月まで入力した例を示します。これらに加えて前年度の実績表も用意します。これによって、前年度実績、今年度予算、今年度実績を比較することができるようになり、予算差異分析が可能になります。

	A	B	C	D	E	F	G	H	I	J	K	L	M
1	月次データ												
34	今年度予算	4月	5月	6月	7月	8月	9月	10月	11月	12月	1月	2月	3月
35	売上高	400,000	400,000	400,000	400,000	400,000	400,000	400,000	400,000	400,000	400,000	400,000	400,000
36	[売上原価]												
37	期首商品棚卸高	10,000	10,000	10,000	10,000	10,000	10,000	10,000	10,000	10,000	10,000	10,000	10,000
38	当期商品仕入高	150,000	150,000	150,000	150,000	150,000	150,000	150,000	150,000	150,000	150,000	150,000	150,000
39	合計	160,000	160,000	160,000	160,000	160,000	160,000	160,000	160,000	160,000	160,000	160,000	160,000
40	期末商品棚卸高	10,000	10,000	10,000	10,000	10,000	10,000	10,000	10,000	10,000	10,000	10,000	10,000
41	売上原価	150,000	150,000	150,000	150,000	150,000	150,000	150,000	150,000	150,000	150,000	150,000	150,000
42	売上総利益	250,000	250,000	250,000	250,000	250,000	250,000	250,000	250,000	250,000	250,000	250,000	250,000
43	[販売管理費]												
44	給料手当	137,500	137,500	137,500	137,500	137,500	137,500	137,500	137,500	137,500	137,500	137,500	137,500
45	法定福利費	7,025	5,325	5,350	7,125	5,375	5,175	9,800	5,250	5,325	8,625	5,250	5,250
46	福利厚生費	150	1,050	2,375	300	300	425	325	150	200	325	50	150
47	接待交際費	1,175	1,225	675	2,800	350	3,600	1,250	600	1,475	1,250	1,550	600
48	旅費交通費	1,375	1,525	1,625	1,450	1,400	1,875	1,700	2,375	1,650	1,850	1,700	2,375
49	通信費	1,500	1,275	1,825	1,675	2,125	2,125	0	1,450	1,800	1,625	1,350	1,450
50	地代家賃	1,000	1,000	1,000	1,000	1,000	1,000	2,025	425	1,000	1,000	1,000	425
51	水道光熱費	3,550	3,675	3,350	3,500	3,250	3,500	3,675	4,125	4,200	3,725	3,350	4,125
52	消耗品費	1,300	300	1,525	1,300	7,100	1,850	700	1,025	600	1,600	775	1,025
53	租税公課	750	750	750	750	750	750	750	750	750	750	750	750
54	支払手数料	2,250	11,250	2,250	2,250	2,250	2,250	2,250	2,250	2,250	2,250	2,250	2,250
55	減価償却費	1,350	1,350	1,350	1,350	1,350	1,350	1,350	1,350	1,350	1,350	1,350	1,350
56	販管費計	158,925	166,225	159,575	161,000	162,750	161,400	161,325	157,250	158,100	161,850	156,875	157,250
57	営業利益	91,075	83,775	90,425	89,000	87,250	88,600	88,675	92,750	91,900	88,150	93,125	92,750
58	[営業外収益]												
59	営業外収益	250	250	250	250	250	250	250	250	250	250	250	250
60	[営業外費用]												
61	営業外費用	8,450	8,025	7,725	7,525	7,450	7,325	7,100	7,000	6,850	6,775	6,700	6,350
62	経常利益	82,875	76,000	82,950	81,725	80,050	81,525	81,825	86,000	85,300	81,625	86,675	86,650

	O	P	Q	R	S	T	U	V	W	X	Y	Z	AA
1	累計データ												
34	今年度予算	4月	5月	6月	7月	8月	9月	10月	11月	12月	1月	2月	3月
35	売上高	400,000	800,000	1,200,000	1,600,000	2,000,000	2,400,000	2,800,000	3,200,000	3,600,000	4,000,000	4,400,000	4,800,000
36	[売上原価]												
37	期首商品棚卸高	10,000	20,000	30,000	40,000	50,000	60,000	70,000	80,000	90,000	100,000	110,000	120,000
38	当期商品仕入高	150,000	300,000	450,000	600,000	750,000	900,000	1,050,000	1,200,000	1,350,000	1,500,000	1,650,000	1,800,000
39	合計	160,000	320,000	480,000	640,000	800,000	960,000	1,120,000	1,280,000	1,440,000	1,600,000	1,760,000	1,920,000
40	期末商品棚卸高	10,000	20,000	30,000	40,000	50,000	60,000	70,000	80,000	90,000	100,000	110,000	120,000
41	売上原価	150,000	300,000	450,000	600,000	750,000	900,000	1,050,000	1,200,000	1,350,000	1,500,000	1,650,000	1,800,000
42	売上総利益	250,000	500,000	750,000	1,000,000	1,250,000	1,500,000	1,750,000	2,000,000	2,250,000	2,500,000	2,750,000	3,000,000
43	[販売管理費]												
44	給料手当	137,500	275,000	412,500	550,000	687,500	825,000	962,500	1,100,000	1,237,500	1,375,000	1,512,500	1,650,000
45	法定福利費	7,025	12,350	17,700	24,825	30,200	35,375	45,175	50,425	55,750	64,375	69,625	74,875
46	福利厚生費	150	1,200	3,575	3,875	4,175	4,600	4,925	5,075	5,275	5,600	5,650	5,800
47	接待交際費	1,175	2,400	3,075	5,875	6,225	9,825	11,075	11,675	13,150	14,400	15,950	16,550
48	旅費交通費	1,375	2,900	4,525	5,975	7,375	9,250	10,950	13,325	14,975	16,825	18,525	20,900
49	通信費	1,500	2,775	4,600	6,275	8,400	10,525	10,525	11,975	13,775	15,400	16,750	18,200
50	地代家賃	1,000	2,000	3,000	4,000	5,000	6,000	8,025	8,450	9,450	10,450	11,450	11,875
51	水道光熱費	3,550	7,225	10,575	14,075	17,325	20,825	24,500	28,625	32,825	36,550	39,900	44,025
52	消耗品費	1,300	1,600	3,125	4,425	11,525	13,375	14,075	15,100	15,700	17,300	18,075	19,100
53	租税公課	750	1,500	2,250	3,000	3,750	4,500	5,250	6,000	6,750	7,500	8,250	9,000
54	支払手数料	2,250	13,500	15,750	18,000	20,250	22,500	24,750	27,000	29,250	31,500	33,750	36,000
55	減価償却費	1,350	2,700	4,050	5,400	6,750	8,100	9,450	10,800	12,150	13,500	14,850	16,200
56	販管費計	158,925	325,150	484,725	645,725	808,475	969,875	1,131,200	1,288,450	1,446,550	1,608,400	1,765,275	1,922,525
57	営業利益	91,075	174,850	265,275	354,275	441,525	530,125	618,800	711,550	803,450	891,600	984,725	1,077,475
58	[営業外収益]												
59	営業外収益	250	500	750	1,000	1,250	1,500	1,750	2,000	2,250	2,500	2,750	3,000
60	[営業外費用]												
61	営業外費用	8,450	16,475	24,200	31,725	39,175	46,500	53,600	60,600	67,450	74,225	80,925	87,275
62	経常利益	82,875	158,875	241,825	323,550	403,600	485,125	566,950	652,950	738,250	819,875	906,550	993,200

図4-39 総合予算（月次および各月までの累計損益計算書）の例
（このExcelシートではA〜AA列の横並び表示）

	A	B	C	D	E	F	G	H	I	J	K	L	M
1	月次データ												
2		2021 年度											(千円)
3	今年度実績	4月	5月	6月	7月	8月	9月	10月	11月	12月	1月	2月	3月
4	売上高	413,868	403,280	376,366	429,231	450,247	375,221						
5	[売上原価]												
6	期首商品棚卸高	11,959	12,064	10,270	10,392	10,947	10,658						
7	当期商品仕入高	137,175	145,035	146,970	129,157	142,612	136,552						
8	合計	149,134	157,099	157,240	139,549	153,559	147,210	0	0	0	0	0	0
9	期末商品棚卸高	12,064	10,270	10,392	10,947	10,658	10,522						
10	売上原価	137,070	146,829	146,848	128,602	142,901	136,688	0	0	0	0	0	0
11	売上総利益	276,798	256,451	229,518	300,629	307,346	238,533	0	0	0	0	0	0
12	[販売管理費]												
13	給料手当	125,820	125,915	125,520	126,319	126,549	126,990						
14	法定福利費	11,417	7,562	7,612	12,399	10,668	11,773						
15	福利厚生費	1,839	337	279	4,813	3,134	3,256						
16	接待交際費	2,734	2,620	129	3,204	2,417	2,053						
17	旅費交通費	3,801	1,985	4,251	2,605	4,383	586						
18	通信費	482	1,457	4,799	3,023	3,047	2,886						
19	保険料	4,323	1,354	3,623	3,139	2,428	3,249						
20	水道光熱費	509	4,993	3,937	4,632	3,537	3,591						
21	消耗品費	1,562	2,725	2,259	3,479	1,653	2,856						
22	租税公課	688	2,202	3,810	1,172	2,486	3,163						
23	支払手数料	3,668	4,440	4,458	3,073	1,766	134						
24	減価償却費	1,357	1,357	1,357	1,357	1,357	1,357						
25	販管費 計	158,200	156,947	162,034	169,215	163,425	161,894	0	0	0	0	0	0
26	営業利益	118,598	99,504	67,484	131,414	143,921	76,639	0	0	0	0	0	0
27	[営業外収益]												
28	営業外収益	0	0	0	0	0	0						
29	[営業外費用]												
30	営業外費用	8,433	8,229	8,025	7,975	7,948	7,745						
31	経常利益	110,165	91,275	59,459	123,439	135,973	68,894	0	0	0	0	0	0

図4-40　実績表

　図4-41には、図4-39、図4-40から作成した予算管理表およびグラフを示します。実績値の折れ線グラフは実績値の入力されている月まで表示されています。このためには、`=IF(総合予算表!M4>0,総合予算表!AA4,NA())`というように図4-40の各月実績値が入力されているときはその数値を、そうでない場合はNA関数を使って**NA()**としてエラー表示（#N/A、Not Applicable）を返すようにしています。累計グラフでは、今年度予算を基準として、前年度実績、今年度実績、そして、予算比（＝実績／予算）の推移を視覚的に把握することができます。

　図4-42は、詳細に予算差異分析したい月（セルC3に分析したい月）を入力すると当該月での予算差異および当該月までの累計の予算差異分析を行うことができる表です。`=HLOOKUP($C$3,総合予算表!$A$66:$M$94,2,FALSE)`のようにHLOOKUP関数を使い、別シート（"総合予算表"）に入力されている表から当該月の数値を抽出し表示させます。

	A	B	C	D	E	F	G	H	I	J	K	L	M
26	"総合予算表"シートより												(千円)
27	月	4月	5月	6月	7月	8月	9月	10月	11月	12月	1月	2月	3月
28	売上高(今期)	413,868	817,148	1,193,514	1,622,745	2,072,992	2,448,213	#N/A	#N/A	#N/A	#N/A	#N/A	#N/A
29	売上高(予算)	400,000	800,000	1,200,000	1,600,000	2,000,000	2,400,000	2,800,000	3,200,000	3,600,000	4,000,000	4,400,000	4,800,000
30	売上高(前期)	421,962	842,132	1,221,772	1,634,154	2,056,213	2,443,306	2,839,768	3,216,583	3,619,254	4,037,201	4,438,774	4,857,342
31	予算比	103%	102%	99%	101%	104%	102%	#N/A	#N/A	#N/A	#N/A	#N/A	#N/A
32	売上総利益(今期)	276,798	533,249	762,767	1,063,396	1,370,742	1,609,275	#N/A	#N/A	#N/A	#N/A	#N/A	#N/A
33	売上総利益(予算)	250,000	500,000	750,000	1,000,000	1,250,000	1,500,000	1,750,000	2,000,000	2,250,000	2,500,000	2,750,000	3,000,000
34	売上総利益(前期)	273,983	557,116	798,301	1,072,182	1,356,019	1,604,157	1,861,425	2,100,785	2,365,325	2,645,250	2,909,282	3,190,516
35	予算比	111%	107%	102%	106%	110%	107%	#N/A	#N/A	#N/A	#N/A	#N/A	#N/A
36	営業利益(今期)	118,598	218,102	285,586	417,000	560,921	637,560	#N/A	#N/A	#N/A	#N/A	#N/A	#N/A
37	営業利益(予算)	91,075	174,850	265,275	354,275	441,525	530,125	618,800	711,550	803,450	891,600	984,725	1,077,475
38	営業利益(前期)	81,383	165,581	215,393	294,851	385,437	437,557	503,503	545,764	621,794	712,551	783,065	873,813
39	予算比	130%	125%	108%	118%	127%	120%	#N/A	#N/A	#N/A	#N/A	#N/A	#N/A
40	経常利益(今期)	110,165	201,440	260,899	384,338	520,311	589,205	#N/A	#N/A	#N/A	#N/A	#N/A	#N/A
41	経常利益(予算)	82,875	158,875	241,825	323,550	403,600	485,125	566,950	652,950	738,250	819,875	906,550	993,200
42	経常利益(前期)	74,729	153,764	196,545	270,691	355,200	401,645	461,762	498,525	567,406	651,918	717,243	802,287
43	予算比	133%	127%	108%	119%	129%	121%	#N/A	#N/A	#N/A	#N/A	#N/A	#N/A

	(千円)
2月	3月
#N/A	=IF(総合予算表!M4>0,総合予算表!AA4,NA())

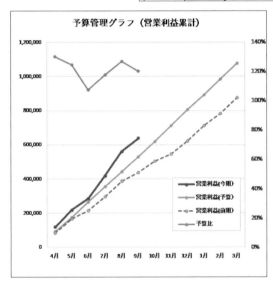

図4-41　予算管理表、グラフ（図4-39、図4-40をもとに作成）

	A	B	C	D	E	F	G	H	I	J	K
1	予算管理表		("総合予算表"シートを反映して計算します)								
2		2021 年度	何月のデータを表示するのか（セルC3）に数字を入力してください							(千円)	
3	部門		6 月度				6 月度累計				
4		前年実績	当月予算	当月実績	予算差異	予算比	前年実績	予算	実績	予算差額	予算比
5	売上高	379,640	400,000	376,366	-23,634	94.1%	1,221,772	1,200,000	1,193,514	-6,486	99.5%
6	売上原価	138,455	150,000	146,848	-3,152	97.9%	423,471	450,000	430,747	-19,253	95.7%
7	売上総利益	241,185	250,000	229,518	-20,482	91.8%	798,301	750,000	762,767	12,767	101.7%
8	給料手当	138,790	137,500	125,520	-11,980	91.3%	417,476	412,500	377,255	-35,245	91.5%
9	法定福利費	13,113	5,350	7,612	2,262	142.3%	38,473	17,700	26,591	8,891	150.2%
10	福利厚生費	2,467	2,375	279	-2,096	11.7%	10,564	3,575	2,455	-1,120	68.7%
11	接待交際費	3,667	675	129	-546	19.1%	11,875	3,075	5,483	2,408	178.3%
12	旅費交通費	4,162	1,625	4,251	2,626	261.6%	15,937	4,525	10,037	5,512	221.8%
13	通信費	967	1,825	4,799	2,974	263.0%	5,459	4,600	6,738	2,138	146.5%
14	保険料	6,661	1,000	3,623	2,623	362.3%	16,668	3,000	9,300	6,300	310.0%
15	水道光熱費	745	3,350	3,937	587	117.5%	4,306	10,575	9,439	-1,136	89.3%
16	消耗品費	3,603	1,525	2,259	734	148.1%	9,730	3,125	6,546	3,421	209.5%
17	租税公課	2,121	750	3,810	3,060	508.0%	7,786	2,250	6,700	4,450	297.8%
18	支払手数料	5,077	2,250	4,458	2,208	198.1%	14,634	15,750	12,566	-3,184	79.8%
19	減価償却費	10,000	1,350	1,357	7	100.5%	30,000	4,050	4,071	21	100.5%
20	販管費 計	191,373	159,575	162,034	2,459	101.5%	582,908	484,725	477,181	-7,544	98.4%
21	営業利益	49,812	90,425	67,484	-22,941	74.6%	215,393	265,275	285,586	20,311	107.7%
22	営業外収益	584	250	0	-250	0.0%	3,971	750	0	-750	0.0%
23	営業外費用	7,615	7,725	8,025	300	103.9%	22,819	24,200	24,687	487	102.0%
24	経常利益	42,781	82,950	59,459	-23,491	71.7%	196,545	241,825	260,899	19,074	107.9%

	G	H	I	J	K
3	6 月度累計				
4	前年実績	予算	実績	予算差額	予算比
5	=HLOOKUP($C$3,総合予算表!$O$66:$AA$94,2,FALSE)				
6	423,471	450,000	430,747	=I6-H6	=I6/H6

図4-42　予算差異分析

　予算編成時にこのようなExcelシートを使うと、あらかじめ目標とする予算値を入力し、実績値の欄に予測値を入れて、さまざまな状況変化を想定したシミュレーションから適正な予算値を見出すことが可能になります。

4.3　分権的組織管理

　大企業、中堅企業など比較的大きな組織では、権限を下位の管理者に委譲する組織形態によって意思決定を網羅的、迅速に行えるように環境を整備しています。これを分権制と呼びます。典型的な例として、職能部門別分権制の他に、企業内

の各事業部をあたかも独立企業のように扱う事業部制があります。事業部制では、事業部長が広範な権限を持ち、同時に利益責任を負うことになります。また、自己充足性と利益責任を一層強化したカンパニー制（社内分社制）を持つ企業もあります。分権化を進めると組織全体をどのようにまとめていくかという「統合」の問題が出ててきますが、どのような分権的組織構造とし、どのようにマネジメントしていくか、それらが企業競争力の基盤となっています。

4.3.1　事業部制組織の予算管理と業績評価

　事業部のもとで、短期利益目標、短期利益計画、予算編成、予算統制が行われます。事業部制では社長のみならず、事業部長も利益責任を負うことになり、事業部はすべてプロフィット・センターとして管理されることになります。企業全体が中期経営計画のもとで全体最適を図りながら経営を進めていこうとするとき、部分最適を図ろうとする事業部との緊密な調整が必要になります。この調整手段の一つが予算管理であるといえます。経営トップから予算編成方針が事業部長に示達され、事業部内では、事業部総合予算の編成のために、事業部長と職能部門管理者との間で、さらに加えて職能部門管理者同士で調整が行われます。事業部制組織では原則的に、事業部総合予算が短期目標利益を満足している状態では本社の経営トップが事業部の計画策定に介入することはありません。これが分権制を機能させるための権限移譲ということになります。つまり、経営トップは、事業部長に対して直接的な統制は行わず、予算管理を通じて間接的に統制を行っているともいえます。

　事業部では、事業部利益計画を達成するために、行動計画が実行されます。そして、一定期間を経過したのち、事業部の業績評価が行われることになります。各事業部の計画と実績の比較、そして、事業部間の相互比較が行われることで業績評価が実施され、管理者報酬が支払われることにつながります。業績評価項目としては、①収益性、②市場シェア、③生産性、④製品主導性、⑤人材開発、⑥従業員の態度、⑦社会的責任（コンプライアンス）、⑧長期目標と短期目標とのバランスなどがあげられています（**上総、2017**）。また、事業部の収益性だけでなく成長性を評価する企業、定量的な評価だけでなく定性的な評価を導入している企業もあります。

　一般に、①収益性に関係する事業部利益計算と業績評価について以下のように考えられています（**上総、2017**）。

（1）純利益

　事業部の売上高から事業部で固有に発生した費用と全社で必要となった費用の当該事業部への配賦額を差異引いた事業部の純利益が業績評価に使われる場合です。図4-43にExcelでの事業部利益計算の例を示します。

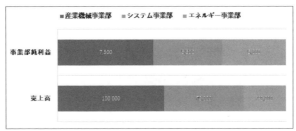

	A	B	C	D	E		E
3	純利益					(千円)	(千円)
4		会社全体	産業機械事業部	システム事業部	エネルギー事業部		エネルギー事業部
5	売上高	215,000	100,000	75,000	40,000		40,000
6	[事業部固有費]						
7	売上原価	114,500	52,500	42,000	20,000		20,000
8	事業部販売費	22,500	11,250	7,500	3,750		3,750
9	事業部管理費	15,000	8,750	5,000	1,250		1,250
10	[共通費配賦額]	45,000	20,000	15,000	10,000		10,000
11	事業部純利益	18,000	7,500	5,500	5,000		=E5-SUM(E7:E10)

図4-43　事業部利益の計算例

　事業部固有費は当該事業部で発生したすべての費用（原価）を、共通費配賦額は経営企画室、人事部、財務部など本社費の配賦額を表しています。この共通費の配賦は事業部の売上高や事業部人数を基準に配賦する方法がありますが、この配賦計算を正確に行うことは簡単ではありません。この事業部利益だけで事業部を評価すると、共通費配賦額は事業部長が管理できない、事業部長が事業部資産を有効に活用したかどうかもわからないという問題があり、次に述べる貢献利益や資本利益率の評価も必要となります。

（2）貢献利益

　当該事業部の費用（原価）を管理可能性の視点から分類し、直接原価計算を適用して、限界利益、貢献利益を評価対象とする場合です。図4-44にExcelでの事

業部貢献利益計算の例を示します。

	A	B	C	D	E		E
14	貢献利益				(千円)		(千円)
15		会社全体	産業機械事業部	システム事業部	エネルギー事業部		エネルギー事業部
16	売上高	215,000	100,000	75,000	40,000		40,000
17	変動費	71,000	30,000	26,000	15,000		15,000
18	限界利益	144,000	70,000	49,000	25,000		=E16-E17
19	[管理可能固定費]						
20	事業部製造費	28,500	12,500	12,000	4,000		4,000
21	事業部販売費	16,000	8,000	5,500	2,500		2,500
22	事業部管理費	7,800	6,000	1,000	800		800
23	管理可能利益	91,700	43,500	30,500	17,700		=E18-SUM(E20:E22)
24	[管理不能固定費]						
25	事業部製造費	15,000	10,000	4,000	1,000		1,000
26	事業部販売費	6,500	3,250	2,000	1,250		1,250
27	事業部管理費	7,200	2,750	4,000	450		450
28	貢献利益	63,000	27,500	20,500	15,000		=E23-SUM(E25:E27)
29	共通費	45,000					
30	全社純利益	18,000					

図4-44　事業部貢献利益の計算例

　ここで、事業部限界利益（売上高から変動費を引いたもの）から管理可能な事業部固定費を差し引いたものを事業部管理可能利益として考えることができます。さらに、事業部管理可能利益から事業部管理不能固定費を差し引いたものを事業部貢献利益として考えることができます（上總、2017）。Excelシートに埋め込まれた数式を見ると関係が理解できます。

（3）残余利益、資本利益率

　資本投下に対して、どの程度の利益を確保できたかという指標、資本利益率が業績評価指標として使われます。加えて、事業部長の長期投資を促すために、純

利益から投資コストを回収した残りの利益額（これを残余利益と呼びます）で評価が行われます。図4-45にExcelでの残余利益、資本利益率の計算例を示します。

	A	B	C	D	E		E
33	資本利益率（ROI）、残余利益		利子率 =	3%	（千円）		（千円）
34		会社全体	産業機械事業部	システム事業部	エネルギー事業部		エネルギー事業部
35	売上高	215,000	100,000	75,000	40,000		40,000
36	[事業部固有費]						
37	売上原価	114,500	52,500	42,000	20,000		20,000
38	事業部販売費	22,500	11,250	7,500	3,750		3,750
39	事業部管理費	15,000	8,750	5,000	1,250		1,250
40	[共通費配賦額]	45,000	20,000	15,000	10,000		10,000
41	事業部純利益	18,000	7,500	5,500	5,000		5,000
42	投資コスト	4,800	2400	1500	900		900
43	残余利益	13,200	5,100	4,000	4,100		=E41-E42
44	使用資本	160,000	80,000	50,000	30,000		30,000
45	資本利益率	11%	9%	11%	17%		=E41/E44

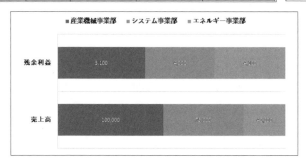

図4-45 残余利益、資本利益率の計算例

　残余利益を用いることで、投資コストを媒介として期間利益と投下資本を同じレベルで評価することが可能になります。図4-45、Excelシート42行目の投資コストは、使用資本×利子率で求められる資本コストを用いています。事業部長は、残余利益をできるだけ大きくするように動機づけられて長期投資を決定していくことになります。

　図4-46に事業部評価指標の比較を示します。会社全体に占める割合を比べると違いが出ています。純利益や貢献利益の評価ではシステム事業部はエネルギー事業部よりも評価が高くなりますが、残余利益を比べると逆の評価となります。事業部の発展を支援するために、このような管理会計による動機づけ機能が重要な役割を果たします。

	A	B	C	D	E
48		会社全体	産業機械事業部	システム事業部	エネルギー事業部
49	売上高	215,000	100,000	75,000	40,000
50		100%	47%	35%	19%
51	事業部純利益	18,000	7,500	5,500	5,000
52		100%	42%	31%	28%
53	貢献利益	63,000	27,500	20,500	15,000
54		100%	44%	33%	24%
55	残余利益	13,200	5,100	4,000	4,100
56		100%	39%	30%	31%
57	資本利益率	11%	9%	11%	17%

図4-46 事業部評価指標の比較例

4.3.2 内部振替価格と共通費の配賦

事業部制で活動が進められる中で、事業部間で財やサービスの取引が行われることがあります。これを内部振替取引と呼び、企業外部の市場への販売取引と区別して考えます。同じ会社の中ですが、事業部はプロフィット・センターとして、あたかも独立した別々の会社のように利益管理、予算統制、業績評価が行われます。そこで、事業部間の財やサービスの取引において「内部振替価格」と呼ばれる取引価格を設定し、その価格での取引を会計的に認識する仕組みが使われるわけです。これにより、各事業部の費用、収益を正確に把握することができます。

事業部間で取引される財やサービスを「中間製品」と呼ぶことができます。この中間製品を販売する事業部が「供給事業部」、購入する事業部が「受入事業部」です。これらは図4-47のような関係になります（門田、2008）。つまり、供給事業部の売上高（受入事業部へ引き渡した中間製品の数量×振替価格の合計）が受入事業部の購入原価となります。

供給事業部 —中間製品→ 受入事業部 —最終製品→ 外部製品市場
（内部振替価格）　　　　（製品価格）

図4-47 供給事業部、受入事業部、外部製品市場の関係

内部振替価格をどのように設定するか、その基準として①市場価格、②原価基準、③交渉価格基準などがあります。

事業部間で取引される財やサービスに外部市場が存在する場合は、①市場価格

を利用することができます。受入事業部は供給事業部から必要な中間製品（部品など）を購入することができますが、価格が低い、品質が高い、納期が早いなどを理由に外部企業（他社）から購入することもできるわけです。

　②原価基準を用いる場合は、中間製品の全部原価（あるいは総原価）（製品原価と販管費の総額）を基準とする方法と限界原価（固定費を含めず変動費のみ）を基準とする方法があります。全部原価に適正な内部利益を加えた額を振替価格に設定する方式を全部原価プラス利益基準と呼びます。また、限界利益に適正な内部利益を加えた額を振替価格に設定する方式を限界原価プラス利益基準と呼びます。

　③交渉価格基準は、供給事業部と受入事業部が協議して振替価格を決める方式であり、本社と当該事業部での情報交換、調整が繰り返されることになります。製品や対象市場ごとに設定されている製品別事業部制では、事業部間で振替価格の交渉を行うことは事業部制の本来のあり方からすれば妥当であると考えられます。一方、職能別事業部制（部品や素材を製造する事業部、最終製品組み立て事業部などと区別された場合）では、供給事業部が独自の判断で販売できる外部市場がない（または少ない）ので、その利益計画の作成を事業部だけで行うことは困難です。また受入事業部、供給事業部が互いの生産能力などもわからずに、振替価格を事業部間の交渉だけで行うと不合理なことになってしまう恐れがあります。そこで、本社が振替価格を決定するということが行われます。

　日本企業では、原価基準の企業が50％程度、市場価格基準の企業が30％程度、交渉価格基準の企業が20％という調査結果があります（**上總、2017**）。事業部利益の追求が部分最適に傾注することになれば意味がありません。全体最適になるような内部振替価格を設定することは重要です。

例題 4-15　　Excelで内部振替価格を検討しましょう

　システム事業部は、中間製品（制御ユニットA）を産業機械事業部に納入しています。産業機械事業部は制御ユニットAを組み込んだ最終製品（成形機β）を製造、販売しています。図4-48のように、制御ユニットA、成形機βの標準変動費、標準固定費、成形機βの販売価格が決まっていて、製造された中間製品はすべて最終製品に組み込まれ、製造された製品はすべて販売されると仮定します（**上埜、2007**）。

　全部原価プラス利益基準法、限界原価プラス利益基準法、交渉価格基準で振替価格を考えてみましょう。

　まず、全部原価プラス利益基準を用いた場合、図4-48のように内部利益率10%で内部振替価格660千円となり、システム事業部は60,000千円、産業機械事業部は340,000千円の営業利益となります。内部利益ゼロでは、システム事業部の営業利益はゼロとなり、モチベーションが上がりません。

	A	B	C	D	E
2	全部原価プラス利益基準				（千円）
3		内部利益率＝	0%	販売個数＝	1,000個
4	事業部	システム事業部		産業機械事業部	
5	製品	中間製品（制御ユニットA）		製品（成形機β）	
6	単位	1個当たり	1ヶ月当たり	1個当たり	1ヶ月当たり
7	売上高（外部）			1,800	1,800,000
8	売上高（内部）	600	600,000		
9	仕入（内部）			600	600,000
10	標準変動費	400	400,000	600	600,000
11	標準固定費	200	200,000	200	200,000
12	計	600	600,000	1,400	1,400,000
13	営業利益	0	0	400	400,000

	A	B	C	D	E
2	全部原価プラス利益基準				（千円）
3		内部利益率＝	10%	販売個数＝	1,000個
4	事業部	システム事業部		産業機械事業部	
5	製品	中間製品（制御ユニットA）		製品（成形機β）	
6	単位	1個当たり	1ヶ月当たり	1個当たり	1ヶ月当たり
7	売上高（外部）			1,800	1,800,000
8	売上高（内部）	660	660,000		
9	仕入（内部）			660	660,000
10	標準変動費	400	400,000	600	600,000
11	標準固定費	200	200,000	200	200,000
12	計	600	600,000	1,460	1,460,000
13	営業利益	60	60,000	340	340,000

図4-48　全部原価プラス利益基準法での内部振替価格

　次に、限界原価プラス利益基準法を用いた場合、図4-49のように内部利益率10%で内部振替価格440千円となり、システム事業部は40,000千円、産業機械事業部は760,000千円の営業利益となります。

	A	B	C	D	E
15	**限界原価プラス利益基準**				
16		内部利益率 =	0%		
17	事業部	システム事業部		産業機械事業部	
18	製品	中間製品（制御ユニットA）		製品（成形機β）	
19	単位	1個当たり	1ヶ月当たり	1個当たり	1ヶ月当たり
20	売上高（外部）			1,800	1,800,000
21	売上高（内部）	400	400,000		
22	仕入（内部）			400	400,000
23	標準変動費	400	400,000	600	600,000
24	計	400	400,000	1,000	1,000,000
25	営業利益	0	0	800	800,000

	A	B	C	D	E
15	**限界原価プラス利益基準**				
16		内部利益率 =	10%		
17	事業部	システム事業部		産業機械事業部	
18	製品	中間製品（制御ユニットA）		製品（成形機β）	
19	単位	1個当たり	1ヶ月当たり	1個当たり	1ヶ月当たり
20	売上高（外部）			1,800	1,800,000
21	売上高（内部）	440	440,000		
22	仕入（内部）			440	440,000
23	標準変動費	400	400,000	600	600,000
24	計	400	400,000	1,040	1,040,000
25	営業利益	40	40,000	760	760,000

図4-49 限界原価プラス利益基準法での内部振替価格

　図4-50に貢献利益（差額利益）を計算した結果を示します。全社で800,000千円となっていますが、これを標準変動費を基準にして2つの事業部に按分したらどうなるでしょうか。システム事業部：産業機械事業部＝400：600ですので、それぞれ320,000千円、480,000千円となります。

　本社も入った事業部間の交渉で、このような事業部貢献利益が実現できるように内部振替価格を決めましょうというルールとなれば、内部振替価格は、供給事業部であるシステム事業部に按分された事業部貢献利益が確保できるよう、事業部貢献利益を販売数で割り算し1個当たりの標準変動費に加えた金額（＝720千円）が内部振替価格となります（図4-51）。

　この内部振替価格での各事業部での営業利益は、図4-52に示すように320,000千円、480,000千円となり、図4-50での事業部貢献利益と一致します。システム事業部のモチベーションが高くなる内部振替価格であることがわかります。

	G	H	I
3	**貢献利益（差額利益）**		
4	単位	1個当たり	1ヶ月当たり
5	差額収益		
6	成形機βの売上高	1,800	1,800,000
7	差額原価		
8	システム事業部の変動費	400	400,000
9	産業機械事業部の変動費	600	600,000
10	計	1,000	1,000,000
11	貢献利益（差額利益）	800	800,000
12			
13		システム事業部	産業機械事業部
14	事業部貢献利益	320,000	480,000

図4-50　貢献利益（差額利益）の計算

	G	H	I
27	（振替価格の交渉案）		
28	最終製品販売での差額利益総額を各事業部での標準変動費を基		
29	準に分け合うことができる振替価格とする。		
30	振替価格	720	

30	振替価格	=H14/E3+B10

図4-51　内部振替価格の決定例

	A	B	C	D	E
27	**交渉価格基準**				
28	事業部	システム事業部		産業機械事業部	
29	製品	中間製品（制御ユニットA）		製品（成形機β）	
30	単位	1個当たり	1ヶ月当たり	1個当たり	1ヶ月当たり
31	売上高（外部）			1,800	1,800,000
32	売上高（内部）	720	720,000		
33	仕入（内部）			720	720,000
34	標準変動費	400	400,000	600	600,000
35	計	400	400,000	1,320	1,320,000
36	営業利益	320	320,000	480	480,000

図4-52　図4-51で決定された内部振替価格による計算

　事業部制では、図4-43〜図4-45で示したように共通費を事業部予算としてど
のように扱うかも重要な点です。本社のトップマネジメントの視点からいえば、
本社費などの共通費はすべて事業部に配賦して事業部利益を計算すべきである

という主張があります。これは、全部原価計算の立場で事業部の収益性を正確
に計算しようというものです。一方、事業部長の視点から、本社費の性質や配
賦基準によっては管理不能費が大きくなってしまうので、できるだけ配賦しな
い方がよいという主張があります。これは直接原価計算に基づく限界利益また
は貢献利益を考える立場といえます。共通費の配賦基準としては、①サービス
利用基準、②従業員数や投下資本など規模基準、③売上高、生産高、原価など
活動基準、④利益額など負担能力基準などがあります。売上高基準、原価基準
などが比較的多くの企業で使われているようです（**上總、2017**）。

参考文献

（1）新井秀明、"コマツの方針管理"、『品質』Vol.42、No.1（2012）pp.14-18

（2）上埜　進、『管理会計―価値創出をめざして 第3版』税務経理協会（2007）

（3）上總康行、『管理会計論 第2版』新世社（2017）

（4）小林善光、『地球と共存する経営』日本経済出版社（2011）

（5）ジェフリー・K　（著）、稲垣公夫（翻訳）、『ザ・トヨタウェイ（上・下）』日経BP社
（2004）

（6）門田安弘、『管理会計レクチャー』（基礎編）（上級編）、税務経理協会（2008）

　本章では、現場で行われているオペレーション、業務の管理、統制のための管理会計を取り上げます。

　現業部門では、部門ごとの計画の実現に向けて日常的な活動が行われますが、それをきちんと統制・管理することでPDCA（Plan Do Check Act）サイクルがまわり、短期利益計画、中期経営計画の実現につながっていきます。現業管理者の役割はきわめて大きいものがあり、現場スタッフの支援を受けて部門計画を月次計画、作業計画に展開し、多くの一般従業員、作業者の活動を日々統制していかなければなりません。第4章の図4-1の方針管理においても、この統制のときに評価指標を明確にしておくことが大切であることが示されています。これによって、第1章の図1-2にある「動機づけ機能」を果たすことができるようになります。

　一般には、作業計画に基づいて作業指示が行われ、現業活動が進みます。その進捗状況、結果が測定されて、計画との差異を分析し、差異が生じている場合には修正行動がとられることになります。具体的には、部門予算は月次予算に細分化され、月次予算は作業標準（標準原価、物量標準などを含む）に展開され、活動実績と作業標準の差異分析が行われ、作業標準の見直しや月次予算の修正が実施されます。

　製造業などでは、設備投資→雇用→購買→生産→販売→代金回収というプロセスで現業活動が展開されますが、それぞれの現業管理者がプロセスを統制する役目を担っています。つまり、設備管理、人事管理、購買管理、生産管理、販売管理、財務管理という現業管理によって企業活動が成り立っているわけです。この現業管理で評価指標によって動機付けし統制していく管理会計の役割は大きいといえます。

　現場力の強さが日本企業の特徴にもなっています。それを支える5S活動、TQC（Total Quality Control、統合的品質管理活動）、小集団活動などは、現業統制の枠組みを拡張し、一般従業員からも改善提案、行動修正を行う動機付けを与えられる仕組みであり、多くの企業で実際に活用されています。

　5Sとは、整理、整頓、清掃、清潔、躾の頭文字をとったものです。整理とは必要なものと不要なものを区別して不要なものを捨てること、整頓とは必要なものの置き場を決めて誰にでもわかるように表示をすること、清掃とは職場の床や設備などの汚れやゴミ

がないように掃除すること、清潔とは衛生に気をつけて品位ある行動をとること、躾とは整理、整頓、清掃、清潔を習慣化して継続していくことであるといわれています。会計的指標だけでなく、このような非財務的指標による現業統制は結果的に財務指標に大きな貢献をもたらします。

　TQCは、営業・設計・技術・製造・資材・財務・人事など全部門にわたり、管理職や担当者までの全員が、密接な連携のもとに製品の品質管理を効果的に実施していく活動といわれています。品質向上を評価指標におくことで全社の現業統制が有効に機能することにつながっています。ここで5SやTQCを品質原価（品質コスト）管理と捉えれば、これらはまさに管理会計を担う活動であるといえるわけです。

5.1　購買管理会計

　典型的な企業経営形態として、商品を仕入れて販売する「商業経営」と、材料を仕入れて加工し、製品を製造して販売する「工業経営」があります。いずれの経営でも、商品、原材料、部品を購入しなければ経営は成り立ちません。また、商店での販売や工場での生産では設備を導入し、消耗品を購入する必要があります。連絡や情報発信のためには情報機器も必要です。一般に、商業経営で販売のために商品を購入することを「仕入」と呼ぶのに対して、生産のために資材を購入することを「購買」と呼び、区別します。

　多くの企業では、購買部門（または「資材部門」「調達部門」「プロキュアメント部門」という名称も使われます）が資材購入、外注加工、在庫管理、保管、輸送（物流）などの購買活動を担当します。必要な資材の品質を確保し、必要な数量を適切な価格で納期を守って購入されることで生産が可能になります。

　購買部門はコスト・センターとして位置付けられますが、購買（調達）が適切に行われることが会社全体の利益の創出に大きな役割を果たします。

5.1.1　購買管理と購買予算管理

　購買部門では、購入する資材の品質、数量、価格、時期、購入先、購入条件などを適切に検討しなければなりません。購買（調達）方針に基づき、購買（調達）計画が立案され、その購買（調達）計画と実績を比較しながら購買（調達）業務を

適切に進めていくことが購買（調達）管理と呼ばれるものです。ここでは、資材購入、外注加工、在庫管理などに関する項目が含まれます。

　購買管理は物品の購入を検討し実際に発注するまでの一連のプロセスを管理することであるとする一方、調達管理は製品の生産を管理することであり、自社が立てた生産計画を適切に行うために行われるものであるとして区別する考え方もあります。

　資材は、直接資材と間接資材に分けて考えることができます。直接資材とは製造に直接関わる資材のことで、原材料や部品などが該当します。生産計画にそって必要なときに必要な資材を適切なタイミングで供給することが重要になります。間接資材とは製造には直接関わりはないものの業務遂行に欠かせない資材のことで、従業員が使用する工具や作業服、メモ用紙やクリアファイルなどが該当します。間接資材は定期的なタイミングで各部署から集まった依頼をもとに発注します。

　ジャストインタイム（JIT）生産システムは、製造過程において、各工程に必要な物を、必要なときに、必要な量だけ供給する仕組みのことをいいますが、その目的の一つは在庫を徹底的に減らして購買費用を削減することにあります。生産計画と購買計画のつながりがとても重要になります。

　製造では生産計画があり、そのスケジュールに沿って生産が進みます。生産計画は商品のQCDE（品質、コスト、納期、環境）を維持するために重要な役割を持ち、計画通りに進めることが利益創出につながります。購買（調達）計画とは、この生産計画に従って資材購入（調達）のためのスケジュールを立てることです。工場では、生産に必要な資材が一気に集まっても保管場所の確保など余分な業務が発生するので、必要な資材が必要なタイミングで納入されるように購買（調達）計画を立てることが重要になります。また、様々なリスクも想定し、複数の調達計画を立てておくことも必要です。

　資材購入では仕入先に対して注文書を作成し発行します。EDI（Electronic Data Interchange、電子的データ交換）では、伝票に法的効力を与える「電子署名」を使用して、購買依頼や他の購買伝票を処理します。すなわち、「見積り依頼」「見積り回答」「発注」「注文請負」「検収」等の業務を複数の社外取引先とインターネットを介して、電子データにて送受信する購買システムが活用されています。

　会社にとって最適な仕入先を開拓し選定すること、仕入先との良好な関係を維持することも購買部門の重要な業務です。とくに購入資材の原価低減を進めてい

くためには改善していく力のある仕入先との取引が必要になり、世界レベルで常に最適な仕入先を考え開拓・選定することが大切になります。仕入先の生産能力や経営状況を把握し、仕入先から提示された資材の見積価格を評価し、必要に応じて価格交渉することも購買部門の重要な業務です。通常、調達する資材の種類、数量、期間に応じて価格交渉し、購入価格を下げる努力がなされます。

　コマツの調達本部の事例を次に紹介します（講演などの公開情報より）。コマツは製品の部品の約75％をサプライヤー（協力企業）から調達しており、調達・購買業務は製品の競争力向上・利益創出に影響を及ぼす役務であるという認識が浸透しています。調達本部は約20にのぼる各工場などの「調達部」から構成され、約500人規模が調達業務に従事しているとのことです。

　製造原価内訳として、社外調達品が約65％、コンポーネント社内調達品が約20％、社内加工費が約10％といわれ、製造原価における調達品の占める割合が大きいという特徴があります。また、約半分はグローバル調達で、国内では「みどり会」と呼ばれる重点的な仕入先企業（約70社）や外注企業（約100社）のグループを構成し、月1回の連絡会を実施、長期安定調達を目指した活動を行っているとのことです。

　生産管理システムと連動した購買計画のもとで、PCS（調達管理システム）、GCM（グローバルコスト比較システム）、サプライチェーン・リスクマネジメントシステム（協力会社のサプライチェーンを可視化し、有事の問題把握とともに平時にはリスクヘッジ、調達戦略の切り口にする）などの情報システムが稼働し、新たなシステムへの更新も随時行われています。IT活用によって、グローバルコスト比較、部品進捗やトレーサビリティ・データの管理も可能になっています。グローバル販生オペレーションセンタ（全世界の生産・販売・在庫の「見える化」を推進、2011年4月大阪工場内に設立）では、全世界の需要予測、生産・販売計画の立案、在庫管理等を推進、そして、部品販生オペレーションセンタ（2015年7月小山工場内に設立）では全世界の部品オペレーションを「見える化」し、関係部門調整により問題解決する機能を持たせています。

　調達においてのREACH規則（化学品の登録、評価、認可及び制限に関する規則）への対応も全社的に行っているとのことです。支払査定、支払信託、手形レス支払などがERP（Enterprise Resources Planning、統合基幹業務システム）のもとで行われていて、フィンテック（FinTech）の活用も含め、調達管理はこれからも改善が進められていきます。

例題 5-1　Excelで部品調達計画表を作成してみましょう

　製品ごとの部品表（図5-1）と生産計画（図5-2）から部品調達計画表（図5-3）を作成します。部品表（図5-1）には、各製品に必要な部品数量が入力されます。各月の各製品の生産計画が図5-2のように決まると、製品に必要な部品数を足し合わせて部品調達計画表（図5-3）ができあがります。実際には、欠品にならないように安全係数を考慮しながら調達を行うことになります。

　一般に、生産計画は、半年前に予測が出て、1週間前に内示があり、4日前に確定するというようなサイクルで動いています。そのため、調達計画は調達リードタイムを考慮しながら必要な部品や原材料が必要な数量、必要なときに納入されるように調整していかなければなりません。

①部品表								
部品 ＼ 製品	A0011	A0025	A0033	B1006	B1022	B1059	C2018	C2025
モーターX012	1個			1個				
モーターX023		1個			1個		2個	
モーターX105			1個			1個		2個
基板BA045	1個			1個				
基板BB320		1個			1個			
基板DD908			1個			1個		
基板DE088							1個	
基板FG715								1個
ファン001	3個	3個	3個					
ファン002				2個	2個	2個		
ファン011							2個	2個
ハーネスレッド	3個	3個	3個	2個	2個	2個	3個	3個
ハーネスグリーン	1個	2個	2個	3個	3個	3個	3個	3個
ハーネスブルー	1個	1個	1個	2個	2個	3個	3個	3個
ダイヤルZZ01	3個			3個			3個	
ダイヤルXX01		3個	3個		3個	3個		3個
パネルK01	1個	1個	1個					
パネルK02				1個	1個	1個	1個	1個
ケースLL	1個	1個	1個					
ケースMM				1個	1個	1個	1個	1個

図5-1　部品表

	K	L	M	N	O	P	Q	R
2	②生産計画							
3	製品番号	4月	5月	6月	7月	8月	9月	合計
4	A0011	28個	30個	30個	30個	30個	10個	158個
5	A0025	20個	20個	20個	20個	20個	15個	115個
6	A0033	12個	15個	15個	15個	15個	10個	82個
7	B1006	35個	40個	40個	40個	40個	25個	220個
8	B1022	40個	40個	40個	40個	40個	25個	225個
9	B1059	21個	20個	20個	20個	20個	15個	116個
10	C2018	11個	15個	15個	15個	15個	10個	81個
11	C2025	15個	15個	15個	15個	15個	10個	85個

図5-2 生産計画

	K	L	M	N	O	P	Q	R
13	③部品調達計画							
14	部品番号	4月	5月	6月	7月	8月	9月	合計
15	モーターX012	63個	70個	70個	70個	70個	35個	378個
16	モーターX023	82個	90個	90個	90個	90個	60個	502個
17	モーターX105	63個	65個	65個	65個	65個	45個	368個
18	基板BA045	63個	70個	70個	70個	70個	35個	378個
19	基板BB320	60個	60個	60個	60個	60個	40個	340個
20	基板DD908	33個	35個	35個	35個	35個	25個	198個
21	基板DE088	11個	15個	15個	15個	15個	10個	81個
22	基板FG715	15個	15個	15個	15個	15個	10個	85個
23	ファン001	180個	195個	195個	195個	195個	105個	1,065個
24	ファン002	192個	200個	200個	200個	200個	130個	1,122個
25	ファン011	52個	60個	60個	60個	60個	40個	332個
26	ハーネスレッド	450個	485個	485個	485個	485個	295個	2,685個
27	ハーネスグリーン	458個	490個	490個	490個	490個	315個	2,733個
28	ハーネスブルー	351個	375個	375個	375個	375個	240個	2,091個
29	ダイヤルZZ01	222個	255個	255個	255個	255個	135個	1,377個
30	ダイヤルXX01	324個	330個	330個	330個	330個	225個	1,869個
31	パネルK01	60個	65個	65個	65個	65個	35個	355個
32	パネルK02	122個	130個	130個	130個	130個	85個	727個
33	ケースLL	60個	65個	65個	65個	65個	35個	355個
34	ケースMM	122個	130個	130個	130個	130個	85個	727個

	K	L	M	N	O	P	Q	R	S
13	③部品調達計画								
14	部品番号	4月	5月	6月	7月	8月	9月	合計	
15	モーターX012	=$B4*L$4+$C4*L$5+$D4*L$6+$E4*L$7+$F4*L$8+$G4*L$9+$H4*L$10+$I4*L$11							

図5-3 部品調達計画

　企業を取り巻くリスクは様々あり、巨大地震・津波、水害、新型インフルエンザ（パンデミック、pandemic）などは近年も次々に起こっています。さらに、火山爆発、ネットワーク攻撃、テロなどのリスクにも注意しなければならない状況です。

　これに対して、BCP（business continuity plan、事業継続計画）の策定は企業にとってたいへん重要になっています。これは、企業が災害や事故などの予期せぬ出来事の発生により、限られた経営資源で最低限の事業活動を継続、ないし目標復旧時間以内に再開できるようにするために、事前に策定される行動計画です。その立案と管理は以下のように進められます。

① ビジネスインパクト分析で自社の業務プロセスが抱えるリスクと影響（損害）を洗い出す。

② 優先的に復旧すべき業務とそれに必要な設備やシステムを明らかにし、目標復旧時間の設定や復旧手順を計画する。

③ 包括的な事業継続管理（BCM）において、BCPは定期的に見直す。

　BCPは、まさに顧客への供給責任を果たすためのもので、ビジネス取引の入口条件になっているともいえます。もしコストダウンのみに視点をおき、生産計画で、設備の代替性や余剰能力の削減、生産拠点の集約化を進めるとともに、調達計画でJIT（ジャスト・イン・タイム）への対応、在庫レス、サプライヤー、物流の集中化を進めていくと、BCPには対応できなくなる可能性があります。今後も持続発展可能な（サステナブルな）企業であるためにBCPのもとでの購買管理が必要です。

　自動車や電機メーカーでは、図5-4の集中調達ピラミッド型を改善し（2011年東日本震災の前から）、リスク回避のため図5-4の分散調達ピラミッド型になるように1次取引先の複数化を進めてきたといわれています。1次サプライヤー、2次サプライヤー、3次サプライヤーと進むにつれて、すそ野が広がる「ピラミッド型」の調達網の地域分散でのリスク回避を目指してきたわけです。

　しかし、高機能部材が供給できる企業が国内では限られるため、現実には3次サプライヤー（調達先）の中で、ある部品は1社（キーサプライヤー）に集中するという「ダイヤモンド型」（図5-4）になっていたことに気づいていませんでした。東日本震災では、そのキーサプライヤーの1社が被害を受け、1次サプライヤー

は分散していたにもかかわらず、どのピラミッドサプライチェーンからも部品の
調達ができなくなる事態が発生してしまいました。

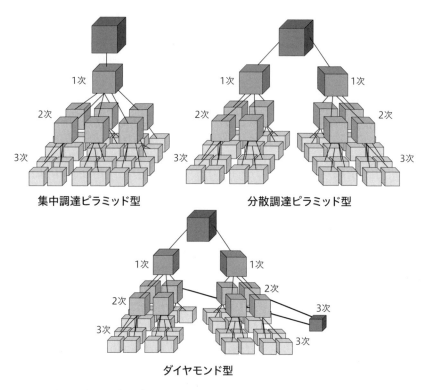

図5-4　部品調達サプライチェーンの構造（1次、2次、3次部品メーカー）

　他にも、リチウムイオン電池用のバインダ（接着剤）で世界シェア70％を確保
した中堅企業が被災し、リチウムイオン電池は携帯電話からパソコン、電動工具、
電気自動車まで幅広く使用されていたため、多くのメーカーで生産が滞るという
ことが起こりました。

　いくら1次サプライヤーや2次サプライヤーの段階でリスク分散を図ろうとし
ても、ダイヤモンドの先端にあるキーサプライヤーの生産ラインがストップすれ
ば、調達システム全体に危機が伝播することになるわけです。図5-5にキーサプ
ライヤー選定について調達量と部品特性からマトリックスで検討する方法を示し
ます（浅野・吉田・奥田、2008）。末端のサプライチェーンまでトレースして、リス

クを考慮した購買方針、購買計画を立案することが望まれます。

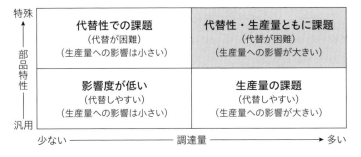

図5-5　キーサプライヤーの選定（浅野、吉田、奥田、2008）

　2020年1月あたりから新型コロナウイルス感染症の報道があり、1919年のスペイン風邪と同じような世界規模での感染拡大が起こりました。現在は、1919年の頃とは比較にならないグローバル化社会の中で、各企業はグローバルサプライチェーンに組み込まれて活動をしています。企業から見れば、低コストで効率良く製品を調達できるよう、全世界に広範囲なサプライチェーンを構築してきたわけですが、その見直しが必要になったわけです。

　例えば、自動車メーカーのゼネラルモーターズ（GM）は、自動車の生産に必要な10万点の部品を全世界の約5,500カ所から調達しているとのことです。GMに直接製品を納入する、いわゆる一次サプライヤーがどのような場所に生産拠点を構え、物流網がどうなっているのか把握するのは可能です。しかし、図5-4にあるように、1次サプライヤーに部品などを提供する2次サプライヤー以下になるとすべての状況を把握するのは簡単ではありません。全世界で新型コロナウイルスの感染が拡大するというようなパンデミックの場合、各地で物流の混乱や工場の操業停止といった事態がどのように発生し、具体的にどのサプライヤーがどのような影響を受けるのかを把握することは極めて困難であるといえます。

　したがって、パンデミックを想定すれば、サプライヤーを可能な限り製造拠点の近隣に集約するという方法が考えられます。一方で、今度は集約した当該地域が自然災害を受けたときなどの影響が大きくなるという欠点があり、1カ所への集約はリスクがあります。BCPの精緻化とともに、複雑になりすぎたサプライチェーンは見直しが必要であると考えられます。

5.1.2 協力企業との関係構築

必要な物を、必要なときに、必要なだけ適切に生産されるジャストインタイム（JIT）生産システムは、工程間の仕掛在庫を最小に抑えることを狙っています。工程間在庫を最小にする究極の形とは、完全受注生産を指します。図5-6にプッシュ方式とプル方式の比較を示しますが、JIT生産システムは、まさにこのプル方式ということができます。プッシュ方式では、見込みで生産計画が立てられ、生産した製品はともかくも販売網にのせられます。需要が十分でない場合は売れずに大量在庫になり、需要が旺盛な場合には欠品が出ます。ところが、プル方式では、受注したものだけ生産するので、在庫も欠品も出ないというわけです。

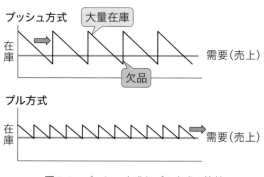

図5-6 プッシュ方式とプル方式の比較

実際には、生産プロセスだけでなく、受注から出荷までの間に数多くの工程が存在し、それが結果としてリードタイムの長時間化をもたらします。長いリードタイム（顧客を待たせること）はそのまま販売の機会損失につながるので、ある程度の見込み生産が発生することも起こります。つまり、在庫があれば、顧客はすぐに製品を手にとることができるので、売れ筋の製品などは適正な在庫を見込み生産で確保しておくことが行われます。しかし、見込み生産の量が多いことは、資金の投資から回収までの期間が長くなり、キャッシュ・フローを見た場合も損失が大きいといえます。また、販売不振による商品の切り替えが発生した場合、多量の仕掛在庫損失が発生することもあります。

資材の購入、外注加工などは、このような生産プロセスとシンクロナイズし、適切に納入が行われなければならず、仕入先、協力会社との情報共有・調整・連

携が重要になります。

　図5-7に購買部門と協力企業（仕入先企業、外注加工企業等）の関係を示します。かなり以前は、親会社（大企業）と下請企業（中小企業）の関係のごとく、発注企業が大きな力を持ち下請企業を利用しようとするのに対して、下請企業は反発しながらも仕事をもらいいわれたことだけをやるというような"交渉・取引"の関係（バタフライ型）が当たり前でした。ところが、現在では、どの産業でも発注企業の部品調達、外注加工の依存度は大幅に上がり、協力企業からコア部品が供給されなければ最終製品の製造ができない、また、そのコア部品によって最終製品の性能が発揮されているというビジネスに一緒に取り組む"パートナーシップ"の関係（ダイヤモンド型）になっています。ここで、発注企業と受注企業の企業間でどこまで情報共有できるかがポイントとなります。

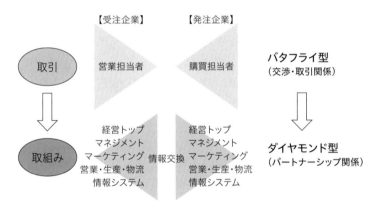

図5-7　購買部門と協力企業（仕入先企業、外注加工企業等）の関係

　内製化すべきか、アウトソーシングすべきか、生産工程の一部を外注加工に出すべきか、全体最適を目指すサプライチェーン・マネジメントはますます重要になっています。EDIの進化とともに生産・在庫情報の開示、調達のオープン化も進んでいます。

　従来から外注企業との購入単価契約においては、競争入札方式、指値方式、協定価格方式、実際原価方式などが活用されてきました（**上總、2017**）。

① 競争入札方式

発注企業が複数の企業に同一の見積条件を提示し、見積書を提出した企業の中で、原則として最も低い価格を提示した企業に発注する。

② 指値方式

発注企業はあらかじめ発注価格を決定しておき、受注企業に対して指値（希望価格を伝える）をする。

③ 協定価格方式

発注企業はあらかじめ受注企業を指定しておき、発注企業が希望する予定価格と受注企業が提示する見積価格を照合して、協議・調整して決定する。

④ 実際原価方式

実際にかかった原価を購入価格とする。とくに試作品の加工、組立などで用いられる。

一般に、見積条件の中には、①仕様、品質要件、②1回の発注回数、年間発注数量、③発注方式（断続的発注、継続発注）、④納期、納入方法、⑤発注予算、⑥支払い方法、⑦発注事務手続（窓口、連絡先を含む）、⑧付記事項、等が含まれています。

見積書が提出された後、見積価格の妥当性について査定する必要があります。これには、経験値（重量当たり等）、前例比較（同種の前例価格を参照）、見積算定（仕様書などから材料費、工数などを見積る）、科学的算定（単価構成要素を分析して見積もる）などの方法があります（上總、2017）。

トヨタ自動車は協力会社が会員となっている「協豊会」を構成し、グローバルでオープンなパートナーシップに基づいた活動を展開しています。協豊会は、1943年に発足し、その後、関東協豊会・東海協豊会・関西協豊会に分かれて活動をしていましたが、1999年に一元化されて現在の協豊会となり、200社以上の会員会社が参加しています。2020年度方針は、トヨタ自動車のグローバル調達方針を踏まえ、"新型コロナウイルス感染症"拡大においてトヨタ自動車と会員会社が困り事を共有し協力して問題解決を図る、大変革期を生き抜くためトヨタ自動車と"想い・考え"を一致させ、更なる競争力強化を目指す（①リアルな世界で、モノづくりの力を徹底的に磨き上げる、②トヨタ自動車と共に「未来のモビリティ社会」の具現化に向け、スピード感をもって自ら変化する、③トヨタ自動車と会員会社との「本音のコミュニケーション」を通じて、更なる関係強化を図る）と掲げられました。

購買、調達に関わり、協力会社との関係構築、継続は企業の生命線となっています。

5.1.3　在庫管理

　在庫（inventory）とは、生産や販売などのために複数個保有されている物品（商品、中間製品、材料など）のことをいいます。プル方式で、ジャストインタイム（JIT）生産と同期して購買（調達）が行われたら資材の在庫はゼロになるはずですが、実際には、リードタイムを考え、あるいは、需要変動やリスクを考え、生産の中断がないように一定量の資材在庫を確保することが行われています。

　原材料や部品の在庫を減らすことは製品原価の低減のためにたいへん重要です。在庫が多すぎると調達費用や在庫維持費用が大きくなり、過剰在庫費用も発生します。調達費用とは、1回の調達ごとにかかる費用で、購買の場合の資材の発注費用や、生産の場合の工場での製造準備（段取り）費用などが該当します。

　在庫維持費用には、在庫を保管するためにかかる費用や損耗や価値低下などによって生じる損失、借入金を在庫に投下している場合の金利、在庫に掛ける火災保険や盗難保険の損害保険料などが含まれます。過剰在庫費用とは、商品に対する需要がなくなってしまったとき、依然として在庫があるときに生じる損失あるいは費用をいいます。調達費用、在庫維持費用、過剰在庫費用をすべて足し合わせた費用を在庫費用といい、在庫が多くなるほど在庫費用は大きくなります。

　一方、在庫が少なすぎれば在庫切れ費用が発生します。必要な原材料が不足したために生産が滞った場合や、生産が中断してしまい顧客の要求に応えられない場合、損失（これを機会費用といいます）が発生してしまいます。顧客の信用低下も損失であると考えなければなりません。これらの在庫切れ費用は、在庫が少ないほど大きくなります。

　在庫問題では、将来の需要が確定しているかどうか（不確実性）、また、発注にあたり以前の発注が影響を与えるかどうか（独立性）によって扱いが異なります。将来の需要が確定していて、独立した発注が可能な場合は、発注時期や発注量を明確に決定できます。しかし、実際にはそのような場合は少ないでしょう。将来の需要が不確定な場合には、需要の確率分布を考えて在庫問題の最適解を探すことになります。以前の発注による商品の在庫が残っている場合には、今回はその分を考慮して（差し引いて）発注量を決めなければなりません。つまり、発注が独立でない場合には、在庫量の推移を考慮して発注量を決定しなければなりません。

（1）確定的な需要のもとで発注が独立でない場合の最適発注量

　毎月決まった量を生産するために、原材料について毎回決まった量を発注する

場合を考えます。原材料の年間使用量は1,200であり、600ずつ2回に分けて発注する場合や400ずつ3回に分けて発注する場合、さらには毎月100ずつ発注する場合などが考えられます。このようなとき、横軸に時間をとり縦軸に在庫量をとったグラフを描くと、図5-8のように刃の揃ったノコギリのような形になります。ここで、毎回の発注量をQとすれば、年間を通して平均的にQ/2の在庫が存在することになります。また、左図と右図を比較すると、発注量Qを小さくするとそれに比例して平均在庫量は小さくなり、発注回数は逆比例して多くなることがわかります。

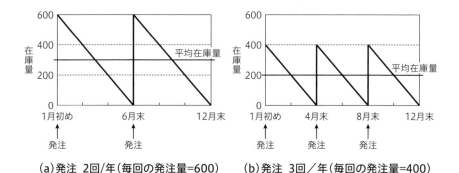

(a) 発注　2回/年（毎回の発注量=600）　　(b) 発注　3回／年（毎回の発注量=400）

図5-8　在庫量の動き

例題 5-2　**Excelで年間の発注回数の違いで在庫量の推移が異なることを確かめてみましょう**

　図5-9で、年間で2回発注する場合と3回発注する場合で在庫量が毎月どのように変化するか、表とグラフに表しました。セルC2の年間発注量の数値を入力すると各月の在庫量が表示されます（発注点でのグラフの点線は補助線として、「挿入」→「図形」→「線」を使って描いたものです）。

　在庫に関する総費用を最小にする発注量を経済的発注量（Economic Order Quantity、EOQ）といいます。この経済的発注量は、次のEOQ公式によって求めることができます。

$$経済的発注量 = \sqrt{\frac{2 \times 1年間の需要量 \times 1回あたりの発注費用}{1個あたりの年間在庫維持費用}}$$

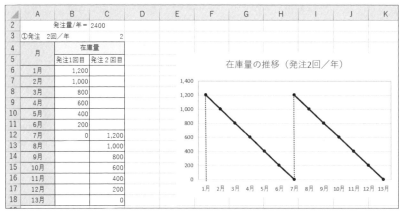

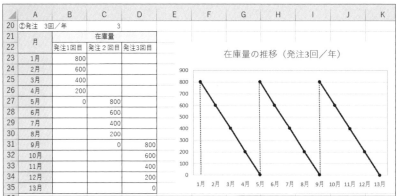

図5-9 在庫量の推移

　EOQ公式は以下のように証明することができます。次のように記号をつけて考えましょう。

　Q：1回当たりの発注量［個］
　D：1年間の需要量［個／年］
　C：1個当たりの年間在庫維持費用［円／（個・年）］
　H：1回の発注費用［円／回］

　1回当たりの発注量を Q とすれば、平均在庫量は $Q/2$ であるので、1年間の在庫費用は $CQ/2$ となります。また、1年間の需要量は D なので、発注回数は

$D ／ Q$ になり、発注費用は $HD ／ Q$ となります。したがって、年間在庫総費用 Z は、次式で表されます。

$$在庫総費用の式：Z = \frac{CQ}{2} + \frac{HD}{Q}$$

Z を最小にする Q を求めるには、Z を微分して0とする方法もありますが、図5-11のグラフからも「発注費用＝在庫保管費用」のときであることがわかります。すなわち、

$$\frac{CQ}{2} = \frac{HD}{Q}$$

のとき Z が最小となり、求める経済的発注量は次式になります。

$$経済的発注量の式：Q = \sqrt{\frac{2HD}{C}}$$

なお、経済的発注量の Q を在庫総費用の式に代入して、経済的発注量のときの在庫総費用を次式で求めることができます。

$$Z = \sqrt{2HDC}$$

例えば、D=1200個、H=200円/回、C=5円/（個・年）とすると、

$$経済的発注量\ Q = \sqrt{\frac{2 \times 1200 \times 200}{5}} = 309.8386\cdots$$

となり、発注回数＝1200／Q = 3.8729…≒4回と求めることができます。

| 例題 5-3 | Excelで平準生産の資材在庫費用を計算し、最適発注量を求めてみましょう |

毎月、同じ量の製品を作っている工場があり、その生産のための原材料を購入しなければなりません。次の条件で、さまざまな発注回数における年間総費用を計算し、最適な発注回数と発注量を求めてみましょう。

- **年間必要量**：2,400個
- **発注費用**：3,000円/回
- **在庫費用**：20円/（個・年）

Excelで図5-10のような在庫費用計算表を作成することができます。この表では、発注回数を入力すれば1回当たりの発注費用、年間在庫費用、両者を足し合わせた総費用が計算されます。これをグラフに表すと図5-11のようになります。この表とグラフから、発注回数が3回のとき（発注量が800のとき）、総費用が17,000円と最も少なくなることがわかります。

	A	B	C	D	E
2			年間必要量		2,400
3			1回あたりの発注費用		¥3,000
4			1個あたりの年間在庫費用		¥20
5					
6	発注回数	1回の発注量	発注費用	在庫費用	総費用
7	30	80	¥90,000	¥800	¥90,800
8	25	96	¥75,000	¥960	¥75,960
9	20	120	¥60,000	¥1,200	¥61,200
10	15	160	¥45,000	¥1,600	¥46,600
11	10	240	¥30,000	¥2,400	¥32,400
12	5	480	¥15,000	¥4,800	¥19,800
13	4	600	¥12,000	¥6,000	¥18,000
14	3	800	¥9,000	¥8,000	¥17,000
15	2	1200	¥6,000	¥12,000	¥18,000
16	1	2,400	¥3,000	¥24,000	¥27,000

図5-10 在庫費用計算表

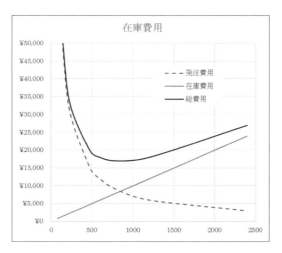

図5-11 1回当たり発注量と総費用のグラフ

図5-12にExcelでEOQ公式によって最適発注量を計算した例を示します。`=SQRT()`は平方根を求める関数、`=INT()`は、小数点以下を切り捨てて整数値を返す関数です。INT関数の中で0.5を足しているのは小数点以下を四捨五入するためです。最適発注量は849となり、発注回数は3という答えになっています。

	A	B	C	D	E
19	経済的発注量 =	$\sqrt{\dfrac{2 \times 1\text{年間の需要量} \times 1\text{回あたりの発注費用}}{1\text{個あたりの年間在庫 維持費用}}}$			
20					
21		1回の発注量=	849		
22		発注回数 =	3		

1回の発注量= =SQRT(2*E2*E3/E4)
発注回数= =INT(E2/C21+0.5)

図5-12 EOQ公式による最適発注量

(2) 需要が不確定で発注決定が独立していない場合の最適発注量

一般に、発注してから資材が入荷するまでに要する時間を、調達時間またはリードタイムと呼びます。需要（生産計画）が不確定な上に、リードタイムを考えた発注を行わなければならない場合は少なくありません。つまり、リードタイムの間に在庫切れになってしまわないように、どのタイミングでどれだけ発注するかについて決定しなければなりません。

この決定方法に、定量発注システム（発注点方式）と定期発注システムの2つがあります。

例題 5-4 **Excelで定量発注システム（発注点方式）と定期発注システムについて理解しましょう**

ある工場で製品の生産のために必要な部品の調達を行うにあたり、次のような費用、リードタイムがかかります。

- **在庫費用（1個を1年間在庫する費用）**：20円
- **発注費用（1回の発注にかかる費用）**：2,000円
- **発注してから部品入荷するまでのリードタイム**：6日間

次の2つの条件①、②を前提とした場合のそれぞれについて最適発注量を考えましょう。

条件①：年間総需要量は確定していて27,000個で、リードタイムにおける需要の確率分布が図5-13のようにわかっている（予測できる）とします。確率分布を近似した多項式を求めておくと需要量に対する発生確率がすぐに計算できます。生産実績データが未だない場合は、類似製品などから年間総需要量や需要の確率分布を予測する必要があります。

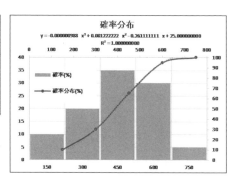

	G	H	I
3	リードタイムの間の需要量確率		
4	需要量	確率(%)	確率分布(%)
5	150	10	10
6	300	20	30
7	450	35	65
8	600	30	95
9	750	5	100

図5-13 リードタイム（6日間）における需要量と確率

条件②：需要の実績データが図5-14のようにわかっているとします（これは、1カ月、あるいは、数日の実績から年間総需要量を予測する方法です）。

	A	B
3	実績データ	
4	月日	需要量
5	6月1日	50
6	6月2日	20
7	6月3日	60
8	6月4日	40
9	6月5日	70
10	6月6日	110
11	6月7日	90
12	6月8日	30
13	6月9日	50
14	6月10日	60

	A	B
15	6月11日	80
16	6月12日	120
17	6月13日	70
18	6月14日	60
19	6月15日	70
20	6月16日	80
21	6月17日	30
22	6月18日	50
23	6月19日	60
24	6月20日	80

	A	B
25	6月21日	100
26	6月22日	90
27	6月23日	60
28	6月24日	80
29	6月25日	90
30	6月26日	100
31	6月27日	90
32	6月28日	80
33	6月29日	130
34	6月30日	120

図5-14　1カ月間の需要データ（実績）

（a）定量発注システム（発注点方式）

　定量発注システムは、在庫が一定水準まで減ったときに一定量を発注する方式です。発注する基準となる在庫水準を発注点と呼びます。在庫切れを起こさない範囲で在庫量が最小になるようにリードタイムを考慮して発注点を決めなければなりません。年間需要量からEOQ公式を適用して、最適発注量を求めることができます。発注点については、一般的には、次式のように安全余裕を考えて決定します。

$$発注点 = リードタイム中の平均需要 + 安全余裕$$

条件①：年間総需要量とリードタイムにおける需要の確率分布がわかっている

　年間総需要量は確定していて27,000ですので、EOQ公式を適用して次のように最適発注量を求めます。

$$最適発注量 = \sqrt{\frac{2 \times 27000 \times 2000}{20}} = 2323.79 \fallingdotseq 2324$$

　また、年間需要量が27,000ですので、リードタイム中（6日間）の平均需要量は、

$$27000 \div 365 \times 6 \fallingdotseq 444$$

となります。もし、発注点を444個とすると、在庫が444個になったときに発注することになるので、それから入荷するまでの6日間（リードタイム中）に445個以上の需要があれば在庫切れになってしまいます。在庫切れになる確率は、リードタイム中に需要が445個以上になる確率であり（図5-13において需要量が444個以下になる確率が多項式から63.5%となるので）、36.5%となります。

この在庫切れになる確率をもっと低くしたい場合には、発注点を上げる必要があります。例えば、在庫切れ率が5%以下になるようにしたければ、発注点は600個ということになります（図5-13で確率分布95%の需要量が600個となっているので）。

条件②：需要の実績データがわかっている

実績データ（図5-14）をもとに、需要の確率分布について正規分布（またはポアソン分布など）を仮定します。単位期間（1日間）の需要の標準偏差がわかれば、それをもとに安全余裕（安全在庫）を計算できます（次式）。安全係数は在庫切れ率をどの程度見込むかによって異なります。

$$安全余裕 = 安全係数 \times \sqrt{リードタイム} \times 単位期間の需要の標準偏差$$

そこで、次のような手順で、数日間の需要データから発注点を求めます。Excelを用いて、まず、図5-15のような計算シートを作成します。B5:B34のセル範囲に毎日の需要実績データが入力された場合、1日間の需要平均は=AVERAGE (B5:B34)、標準偏差は=STDEV(B5:B34)とそれぞれ関数を用いて求めることができます。

また、安全係数は=NORMSINV(1-在庫切れ率)で求めることができます。

	A	B	C	D	E
1	発注点法				
2					
3	実績データ			条件	
4	月日	需要量		在庫費用（円／個・年）	20
5	6月1日	50		発注費用（円／回）	2,000
6	6月2日	20		仕入価格（円）	1,200
7	6月3日	60		リードタイム（日）	6
8	6月4日	40		在庫切れ率	5.00%
9	6月5日	70			
10	6月6日	110		年間需要量（個）＝	27010
11	6月7日	90		（1日の需要量平均×365）	
12	6月8日	30			
13	6月9日	50		在庫切れ率	安全係数
14	6月10日	60		0.01%	3.71902
15	6月11日	80		1.00%	2.32635
16	6月12日	120		3.00%	1.88079
17	6月13日	70		5.00%	1.64485
18	6月14日	60		10.00%	1.28155
19	6月15日	70		15.00%	1.03643
20	6月16日	80		20.00%	0.84162

=NORMSINV(1-D20)

	D	E	F	G	H	I	J
22	予測結果						
23	1日の需要量平均	74.00	=AVERAGE(B5:B34)				
24	標準偏差	27.492946	=STDEV(B5:B34)				
25							
26	年間総需要量予測（＝1日あたりの平均需要量×365）			27,010	=E23*365		
27	最適発注量（EOQ公式より）			2,324	=SQRT(2*G26*E5/E4)		
28	発注回数（＝年間需要量予測／最適発注量）			12	=INT(G26/G27+0.5)		
29	安全余裕（＝安全係数×リードタイムの平方根×標準偏差）			111	=(NORMSINV(1-E8)*SQRT(E7)*E24)		
30	発注点（＝平均需要＋安全余裕）			555	=E23*E7+G29		
31							
32	正規分布で確率累計が（1-在庫切れ率）になる需要量（品切れが起こる需要量）						
33	需要量	確率分布	逆関数				
34	25	0.03637	24.67	=NORMINV(E34,$E$23,$E$24)			
35	37	0.08918	37.00				
36	74	0.50000	74.00				
37	111	0.91082	111.00				
38	148	0.99644	148.00				
39		0.95	119.22				

図5-15　発注点の計算シート

Excelでは、=NORM.DIST(値，平均，標準偏差，関数形式)で正規分布での場合の「値」となる確率を求めることができます。つまり、平均値である74個を「値」に設定し、=NORM.DIST(74，平均，標準偏差，TRUE)と入力すると、0.5（50%の確率）という答えが返ります。逆関数、=NORMINV(確率，平均，標準偏差)を用いると、その正規分布で「確率」となる「値」を求め

ることができます。つまり、`=NORMINV(0.5, 平均, 標準偏差)` = 74個（平均値）となるわけです。`=NORMINV(0.95, 平均, 標準偏差)`を使うと正規分布で確率累計が95%になる需要量（在庫切れが起こる需要量）=119.22個を求めることができます。安全係数は在庫切れが起こる需要量と平均需要量との差を標準偏差で除して求めることもできるので、(119.22-74)/27.4929=1.645となり、`=NORMSINV(1-0.95)`=1.645と同じ値になります。

この例では、最終的に下記のような解が見つかります（在庫切れ率が5%以下）。

$$年間総需要量予測 = 1 日当たりの平均量 \times 365 = 74 \times 365 = 27010$$

$$EOQ公式より \quad 最適発注量 = \sqrt{\frac{2 \times 27010 \times 2000}{20}} = 2324$$

$$安全余裕 = 安全係数 \times \sqrt{リードタイム} \times 標準偏差$$

$$= 1.645 \times \sqrt{6} \times 27.4929 \fallingdotseq 111$$

$$発注点 = 平均需要 + 安全余裕 = 74 \times 6 + 111 = 555$$

発注点と安全余裕の関係、さらには需要の確率分布（正規分布）と在庫の推移を示したのが図5-16（需要は正規分布を仮定しています）です。発注点からリードタイム（注文してから部品が納入されるまで）の間に需要が平均値よりも増えた場合に在庫切れになってしまいます。

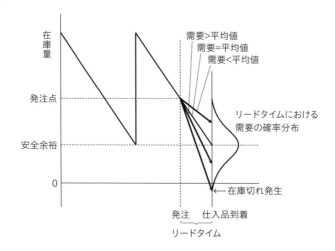

図5-16　発注点における需要の確率分布と安全余裕

図5-17では在庫切れを起こさない確率が20%、5%、0.01％で、安全余裕は57、111、250と異なることを示しています。需要変動を見ながら安全余裕の設定を変えていく必要があります。

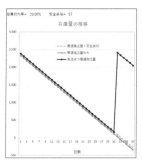 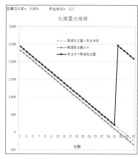 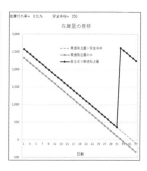

図5-17　在庫切れの確率が20%、5%、0.01％の場合の在庫推移

(b) 定期発注システム

定期発注システムは、発注時点を定期的に固定し、発注時点ごとに存在している在庫量と基準となる在庫量（在庫基準量）との差だけを発注するという方式です。発注間隔は、1週間、1カ月、3カ月などと一定になり、変動する需要に合わせて発注することができます。この方式では、発注間隔と在庫基準量の決め方がポイントになります。

発注間隔の決定には次式がよく用いられています。

$$
発注間隔 = \frac{年間日数}{年間発注回数} = 年間日数 \times \frac{経済的発注量}{年間総需要量}
$$

$$
基準在庫量 = 発注間隔における平均需要量 + リードタイム中の平均需要量 + 安全余裕
$$

また、発注量は次の式で求められます。

$$
発注量 = 基準発注量 - 在庫残 - 発注残
$$

例題5-4を定期発注システムで考えます。

条件①：年間総需要量とリードタイムにおける需要の確率分布がわかっている

まず、発注間隔を求めると次のように31日となります。

発注間隔 = $365 \times 2324 \div 27000 \fallingdotseq 31$

在庫切れ率が5%以下になるようにしたければ、リードタイムの6日間における安全余裕を含む在庫は、図5-13から600個ということになります。したがって、発注間隔の31日間の平均需要量に600個を足したものが基準在庫量となります。この場合、31日ごとに発注を繰り返すことになり、

一日の平均需要量 = $27000 \div 365 = 73.973 \cdots$
基準在庫量 = $31 \times 73.973 + 600 \fallingdotseq 2893$

となります。

条件②：需要の実績データがわかっている

発注間隔は、次式から31日となります。

発注間隔 = $365 \times 2324 \div 27000 \fallingdotseq 31$

ここで、需要が図5-14の実績データをもとにした正規分布に従うと仮定した場合、在庫切れ率が5%以下になる安全余裕は、既に説明したように次式で計算できます。

安全余裕 = 安全係数 $\times \sqrt{\text{リードタイム}} \times$ 標準偏差
$= 1.645 \times \sqrt{6} \times 27.4929 \fallingdotseq 110.8$

したがって、

基準在庫量 = $(31 + 6) \times 73.97 + 111 = 2848$

となります。

(c) 定量発注法と定期発注法の比較

　定量発注システム（発注点方式）と定期発注システムには、それぞれ長所、短所があります。定量発注システムは、手間がかからず、在庫量も少なくなりますが、生産や会計期間の区切りと一致しないという問題があります。定期発注システムは、売れ筋情報が的確に把握され、期間計画と一致した発注が可能になりますが、手間がかかり在庫が多めになります。

例題 5-5　**例題5-4において、定量発注システム（発注点方式）と定期発注システムでどのような違いが現れるか比較してみましょう**

　乱数を用いて近似的な解を求めることができるモンテカルロ・シミュレーションを用いて、両者を比較してみましょう。

　モンテカルロ・シミュレーションでは、正規乱数を発生させて、需要の値を擬似的に作成します。まず、需要実績データから基準とする平均値μ、分散σ^2を決定します。さらに、正規乱数（平均μ、分散σ^2の正規分布$N(\mu, \sigma^2)$）に従う乱数を生成します。

　Excelでは、関数=ROUND( )を用いて、一様乱数を生成します。次に、$N(0, 1^2)$に従う正規乱数をボックス・ミューラー（Box-Muller）法によって生成します。すなわち、2つの一様乱数U_1、U_2から、

$$Z_1 = \sqrt{-2\ln(U_1)}\cos(2\pi U_2), Z_2 = \sqrt{-2\ln(U_1)}\sin(2\pi U_2)$$

により2個の独立な標準正規乱数を生成します。さらに、標準正規乱数をμ、σとなるように変換して、$N(\mu, \sigma^2)$の乱数を生成します。つまり、$x = \sigma \times Z + \mu$を求めます。ここでは、関数=ROUND(x, 小数点以下の桁数)を使い、整数になるように四捨五入しています。生成した$N(\mu, \sigma^2)$乱数の平均値と標準偏差を求め、基準としたもとの値と比較したり、ヒストグラムに表示したりして、乱数の状態を確認しておきましょう。

　求めた$N(\mu, \sigma^2)$の正規乱数を毎日の需要量として、定量発注法と定期発注法の在庫推移を求めます。Excelでは、例えば、図5-18のようなワークシートが作成できます（多田他、2003）。「シミュレーション」ボタンには「マクロ」が登録されていてこのボタンを押すたびに乱数が発生するようになっています。

モンテカルロシミュレーション								
製品需要量	基準とする値	乱数から得られた			定量発注法（発注点法）	定期発注法		
平均μ（1日あたり）	74	74.428571		発注量	2324	2848	シミュレーション	
標準偏差σ	2.821619829	2.7957694		発注点	555	-		
				リードタイム	6	6		
				発注間隔	-	31		

[0,1]の一様乱数	N(0,1)の正規乱数	N(μ,σ²)	日数	乱数から求めた製品需要量	発注点法の部品在庫	リードタイムflag	生産で使用した部品数	部品在庫切れ	定期発注法の部品在庫	リードタイムflag（発注	生産で使用した部品数	部品在庫切れ
0.903893375	-0.43483159	73	初期値	-	2324				2848		-	
0.540827658	-0.11405803	74	1	73	2251	0	73	0	2775	0	73	0
0.06124243	1.280051135	78	2	74	2177	0	74	0	2701	0	74	0
0.841092468	-1.9867811	68	3	78	2099	0	78	0	2623	0	78	0
0.49629117	-0.67963104	72	4	68	2031	0	68	0	2555	0	68	0
0.347334008	0.969168005	77	5	72	1959	0	72	0	2483	0	72	0
0.114994563	-1.11235426	71	6	77	1882	0	77	0	2406	0	77	0
0.660189052	-1.75738694	69	7	71	1811	0	71	0	2335	0	71	0
0.678433904	0.755737016	76	8	69	1742	0	69	0	2266	0	69	0
0.085871677	0.452546133	75	9	76	1666	0	76	0	2190	0	76	0
0.56080875	-0.67321288	72	10	75	1591	0	75	0	2115	0	75	0
0.357642514	0.838769989	76	11	72	1519	0	72	0	2043	0	72	0
0.641846884	0.123938256	74	12	76	1443	0	76	0	1967	0	76	0
0.771008025	-0.9335103	71	13	74	1369	0	74	0	1893	0	74	0
0.662685466	-0.31709291	73	14	71	1298	0	71	0	1822	0	71	0
0.306833178	0.849918648	76	15	73	1225	0	73	0	1749	0	73	0

製品需要量	基準とする値	乱数から得られた値
平均μ（1日あたり）	74	=AVERAGE(F10:F79)
標準偏差σ	2.821620	=STDEVP(F10:F79)
[0,1]の一様乱数	N(0,1)の正規乱数	N(μ,σ²)
=RAND()	=SQRT(-2*LN(A9))*COS(2*3.14159*A10)	=ROUND($B$4*B9+$B$3,0)
=RAND()	=SQRT(-2*LN(A9))*SIN(2*3.14159*A10)	=ROUND($B$4*B10+$B$3,0)

図5-18　定量発注システムと定期発注システムの比較

　得られた在庫量の推移をグラフで表すとともに、在庫管理の状態を把握するための評価パラメータとして総需要、生産数、在庫切れ数、一日当たりの平均在庫数を図5-19のように表示します。

　図5-18では、例題5-4の「条件②：需要の実績データがわかっている場合」において、定量発注システムでは、発注量＝2324、発注点＝555、定期発注システムでは、発注間隔＝31日間、基準在庫量＝2848を採用しています。

　定量発注システムでは、在庫量が555を下回ったとき、発注量2324からその時の在庫量を差し引いた数量が発注され、リードタイムである6日後に納品されます。

　定期発注システムでは、31日間隔で基準在庫量2848からその時点の在庫量を差し引いた数量が発注され6日後に納品されます。

　図5-19は、120日間のシミュレーションを行った例です。

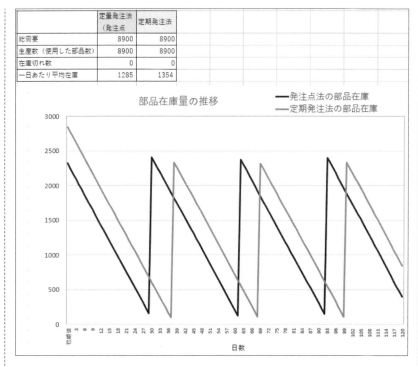

	定量発注法 （発注点）	定期発注法
総需要	8900	8900
生産数（使用した部品数）	8900	8900
在庫切れ数	0	0
一日あたり平均在庫	1285	1354

図5-19　在庫の推移グラフと評価パラメータ

　何回か繰り返し、評価パラメータについて考察することができます。この場合は、定量発注法の方が在庫が少ないことがわかります。

5.2 生産管理会計

　工業経営において、原材料や半製品を加工し、それらを組み立てて最終製品が生産され、市場に販売されます。この生産ではQCDE（Quality＝品質、Cost＝コスト、Delivery＝納期、Environment＝環境）の達成が重要な管理項目となり、そのために生産管理が必要となります。

　製造企業のことをものづくり企業と呼ぶことがあります。「ものづくり」とい

う言葉は日本の伝統技術、独自に開発した様々な生産技術の上に現代の製造業があるという認識で使われることが多いようです。1980年代以降、日本の製造業の一部は3Kといわれ、集約型単純労働の製造作業の拠点を中国など他国に移す企業が多く現れました。しかし、1990年代後半から日本の製造業がより高度で精神性の高い技術活動であることを意識する風潮となり、1999年3月19日に「ものづくり基盤技術振興基本法」が公布されました。そして、Society 5.0の時代に向け、様々な「ものづくり」改革が進められています。

図5-20は、循環型産業構造を示しています。自然財→生産財→消費財→還元財という循環の中で、製造業はプロセス系とアセンブリ系に分けて考えることができます。SCM（サプライチェーン・マネジメント）、RLM（リバース・ロジスティクス・マネジメント）において財の行来があり、今後も環境負荷軽減への取り組みは不可欠です。

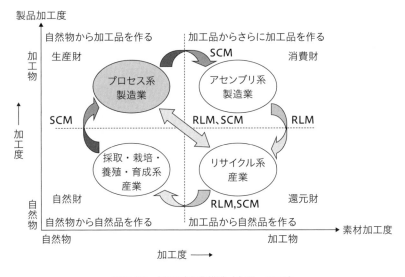

図5-20　循環型産業構造（中野、2006）

現在は、表5-1に示すように、変種変量生産に対応するために工場での生産ラインには同一生産ラインでもいろいろな製品を生産できるようにする混流生産や一人または少人数で最初から最後までの工程を担当するセル生産、ロボットを使うダイナミックセル生産なども活用されています。

表5-1　製造業の変化

	従来	現在
市場	作れば売れる大量消費の市場	何が売れるかわからない不確実な市場
生産思想	少品種大量生産	変種変量生産
設備思想	生産能力重視	需要（需要量・製品種類）変化の対応重視
生産形態	ライン生産	セル生産、ダイナミックセル生産
納期対応	在庫を持つことで対応	リードタイム短縮で対応
在庫に対する考え方	在庫は資産	在庫はリスク
生産計画	設備の稼働率を上げることを目的とした計画	需要変動に対応できる柔軟な生産計画

実際の生産管理は以下のようなことを念頭に展開されます。

① 得意先の要求する製品を決められた納期までに提供する（納期厳守）。

② 所定の品質水準の維持を図る。

③ 材料、仕掛品、製品などの手持ち在庫を必要限度まで削減する。

④ 人や機械設備を最大限に活用する（故障が起きないように保全メンテナンスを行い、手待ちなどがないように効率化を図る）。

⑤ 正確な製品原価（加工原価）の計算を行い、目標原価を達成する。

⑥ 得意先に対して迅速な対応を行い、材料・製品などに関する生産技術情報の提供など情報共有を図る。

⑦ 不良品が発生した場合の迅速な対応と品質異常の減少を図る。

⑧ 産業廃棄物、作業環境、騒音、ダスト、噴煙など工場周辺への影響などを含め、環境負荷軽減を図る。

⑨ 事務作業効率の向上を図る。

生産管理を実務で実行するために図5-21に示すような生産管理システムが用いられます。生産管理システムは、所定の製品を所定の期日までに最も経済的に完成させるために必要な、組織、制度、手続き、管理技術を統合した生産管理の

ための情報システムです。受注・発注管理、作業指示、生産日報処理、売上処理、資材仕入処理、原材料在庫、製品作業表管理などのサブシステムが一体となって1つの生産管理システムを構成しています。生産管理システムによって、受注ごとに納品状況や関連する工程の進捗や原材料在庫状況などが簡単にわかり、工程の進捗や人・機械の負荷状況もわかることで、顧客の問い合わせに対して迅速に回答することも可能になります。

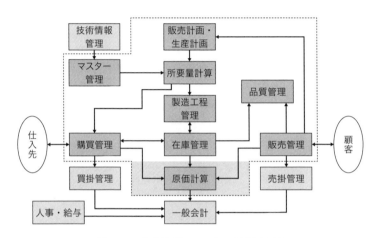

図5-21 生産管理システムの例（点線内）

5.2.1 生産管理と原価管理

生産統制では、QCDEを意識して、時間、品質、原価、環境負荷を管理手段として生産管理が展開されます。図5-21にあるように、生産管理の中には、工程管理、品質管理、在庫管理、原価管理が含まれて、それらが互いに連携して機能することになります。

年次生産計画から月次の生産計画が策定され、日次の生産計画が設定されます。各生産工程において、作業時間、作業者数、原材料・部品数量などが把握され、いつ、どの作業者がどのような作業を行うかが決定されます。作業指示書が発行され、作業が開始されると作業進捗状況の把握が行われます。材料手配、仕掛品、検査状況も含め、計画との差異が発生している場合には、原因を探り、対策を講じることになります。差異発生の原因は、設備故障・不具合、歩留低下、不良品

の増加、従業員の不足など多岐にわたる可能性があり、日程計画の組み直しも含めて対応していくことになります。これらを工程管理と呼びます。

Excelで、「新規」→「オンライン・テンプレートの検索」で「ガントチャート」と入力すると様々なテンプレートが表示されます。図5-22に工程管理表の例を示します。タスクと必要日程がガントチャートで描かれ、各タスクの開始日、進捗状況〔％〕が表示されます。

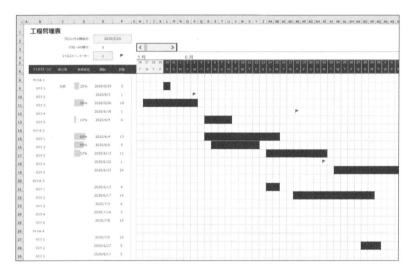

図5-22 Excelによる工程管理表（ガントチャート）の例

品質管理は、品質水準の維持のための活動です。例えば、中間製品の品質が、管理図における平均値 μ、上限管理限界線（UCL、Upper Control Limit）、下限管理限界線（LCL、Lower Control Limit）と比べてどのような状態であるかを抜き取り検査または全数検査して調べることになります。

SPC（Statistical Process Control、統計的工程管理）は図5-23に示すように、プロセスを管理状態に維持するため、その状態を経時的に観察し、統計的にデータの異常な動きがないかどうか常にチェックすることで、不良発生の予兆を発見しようとするものです。UCLとLCLの管理幅の範囲にあっても、徐々にUCLに近づいていく傾向が見られるとか、単調減少傾向があるとか、何らかの必然性に基づいた誤差が計測されるとき、異常値になる何らかの原因が発生している可能性があります。

　また、図5-23のように工程内で管理図を用いた管理を行うとともに、図5-24に示すように工程間でのつながりを見て管理（工程連鎖における管理）していくことも重要になっています。つまり、工程内ではそれぞれ管理限界を越えていないものの工程内での「ゆらぎ」が連鎖していくことによる不良発生も捉えていくことが必要です。これには、材料、部品、中間製品の品質、製造条件などのトレーサビリティ・システムが必要になります。

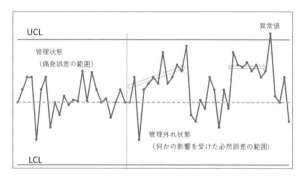

図5-23　SPCによる品質管理

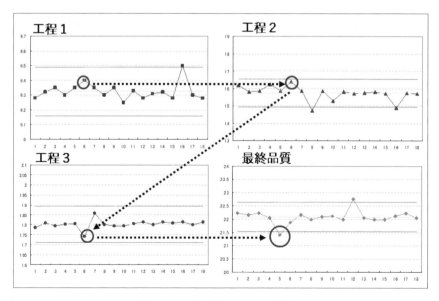

図5-24　工程連鎖における品質管理

　設備や人の作業が目標とする製造条件通りになっているかを表す指標として工程能力 (*Cp*) があり、この管理も行われます。標準偏差を σ とし、品質 (重量、寸法など) が正規分布するとしたら図5-25のような品質分布となります。ここで、$Cp = (USL - LSL)/6\sigma$ という式で工程能力が求められます。あるいは、データのバラツキを考慮した場合、*Cp* のズレを補正した (＝平均値が規格幅の中心値からどれだけ外れているかを考慮した) 工程能力 *Cpk* で評価されます。平均値を μ とすると、*Cpk* は $(USL - \mu)/3\sigma$、$(\mu - LSL)/3\sigma$ の2つ値のうち、小さい方の値を採用します。

　$Cp < 0.67$ では工程能力が「非常に不足」、$0.67 \leqq Cp < 1.00$ では「不足」、$1.00 \leqq Cp < 1.33$ では「まずまず」、$1.33 \leqq Cp < 1.67$ では「十分」、$1.67 \leqq Cp$ では「十分すぎる」というような判断が行われます。不足している場合は、①分子を大きくする (条件値の幅を大きくする)、②分母を小さくする (標準偏差を小さくする) というように改善が行われます。*Cpk* の判断も同じように行われます。

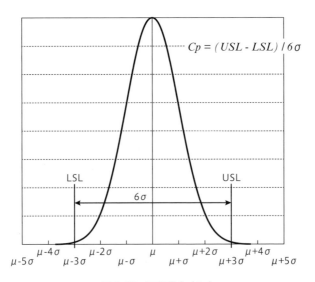

図5-25　工程能力 (Cp)

　このように工程管理、品質管理は、主に時間、数量、品質など直接生産活動を管理していきます。一方、生産管理の目的の一つである原価管理は製造原価を管理していきます。つまり、貨幣価値として計測される製造原価を見ながら目標に

達するように、原価の発生原因となる生産活動を間接的に管理することになります。逆にいえば、生産活動がうまくいっているかどうかを製造原価で評価するということになります。

　原価管理は、原価計画と原価統制に区分されます。原価統制は、現有の生産設備で原価低減を行って原価目標を達成しようとするもので、原価計画は、生産設備の新規導入や改良などによって大幅な原価低減を計画しようとするものです。

　原価管理では、この原価で製造できるはずであるという標準原価、または、この原価にするべきであるという目標原価と実際に発生した原価（実際原価）を比較して、どこに問題があるのか分析し、対応を進めていきます。どの部門で原価をどの程度下げれば標準原価（または目標原価）に近づくかを具体的に判断するため、細かく原価を知ることが重要です。常に正確な実際原価を知り、標準原価（目標標準）とのズレを認識して、効率的な生産に至るように行動を起こすこと、これが原価管理です。

　原価管理より広い概念としてコストマネジメントがあります。これは、戦略策定、中期経営計画の策定時に関係する原価企画、ライフサイクル・コストマネジメント（戦略的プランニング志向）やABC/ABM（戦略的コントロール志向）、そして、総合管理会計に関係する予算管理やCVP分析（管理的プランニング志向）、そして、現業統制会計における原価管理（管理的コントロール志向）を含むものであると考えることができます。

　1993年日本会計研究学会では、インテグレーテッド・コストマネジメントとして、環境変化に対して、新技術の研究・開発から新製品ないしモデルチェンジ品の企画、設計、製造、販売促進、物流、ユーザーの運用、保守、処分に至るまでの全プロセスにおいて国際的な視野のもとで、製品、ソフトおよびサービスの原価管理を企業目的の達成に向けて統合的に遂行することと定義しました。コストマネジメントは、製造プロセスにだけでなく、商品企画、構想設計、基本設計、詳細設計、検証、試作、検査など各プロセスにもすべて含めて適用され、その中に原価管理を位置付けることができます（図5-26）。

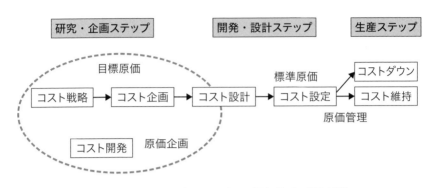

図5-26　コストマネジメントの概要（原価管理の位置付け）

　図5-27のサイクルに従い、製造部門において生産が始まれば実際原価を標準原価に近づけるべくコストダウン活動を続けるか、実際原価が標準原価に達しているときは原価維持を行います。しかし、実際にはスケジュール通りにうまく進むことは少なく、途中で各種問題に直面したときの解決手段が必要になります。原価目標が未達の場合、企業内の各組織において柔軟に問題解決できる創造力が必要であり、その創造力を増殖させるための仕掛けも必要になります。

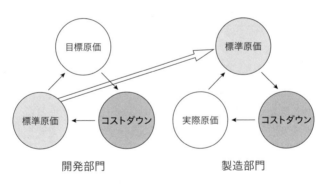

図5-27　コストマネジメントのサイクル

　製造が完了した後に求めるのが実際原価であり、実際の消費量をもとに計算されます。

　　実際原価＝実際消費量×実際消費価格

　一方、製造を行う前に求めるのが予定原価です。未来原価ともいわれ、事前に見積もられた、あるいは計画された予定消費量を基礎に計算されます。

　　予定原価 = 予定消費量 × 予定消費価格

　予定原価には、見積原価と標準原価があります。標準原価は、科学的、統計的な方法を使ってあらかじめ設定された標準消費量と標準消費価格を掛け合わせて計算されるものです。また、見積原価は、過去の実績値から消費量を見積もり、見積消費価格に掛け合わせて計算されます。

　　標準原価 = 標準消費量 × 標準消費価格
　　見積原価 = 見積消費量 × 見積消費価格

5.2.2　標準原価計算による原価統制

　原価管理を実現するために標準原価計算が利用されます。標準原価計算では、製品1単位当たりの目標となる原価（これを原価標準といいます）をあらかじめ設定し、これに実際の生産量を乗じて標準原価を計算します。
　標準原価とは、製造段階で「科学的手法で設定した達成目標となるべき規範原価」と定義されています。一方、製品の企画・設計の段階（原価企画段階）で、市場動向などから考えた予定販売価格から許容原価を求め、その許容原価と標準原価見積の計画原価（見積標準原価）を使用して、目標原価が計算されます。

　　従来の価格決定：　　実際原価　　＋利益　　＝販売価格
　　原価企画の価格決定：予定販売価格＋目標利益＝許容原価
　　許容原価および見積標準原価　→　目標原価　→　標準原価の決定

　標準原価計算は、以下の手順で行われます。

①原価標準の設定

②標準原価の計算

③実際原価（実績）の計算

④原価差異の計算

⑤原価差異の原因分析と差異原因の究明

⑥報告および改善策の検討・実施

この6つのステップで進めていきます。

① 原価標準の設定

原価標準とは、製品1単位当たりの目標となる原価のことで、標準原価カード（図5-30に例示）に記入されます。原価標準は、どのくらい厳しく設定するかによって、次の3つに分類することができます。

(a) 理想的標準原価：（厳しい設定）

技術的に達成可能な最大操業度のもとにおいて、最高の効率を実現したときの達成できる最低の原価を指します。減損、仕損、遊休時間などに対する余裕率をまったく許容しない理想的な状態での標準原価です。

(b) 現実的標準原価：（やや厳しい設定）

良好な効率を実現することで達成することが可能である標準原価です。通常生じると認められる程度の減損、仕損、遊休時間などの余裕率を含みます。

(c) 正常標準原価：（通常の設定）

今までの経営活動において比較的長期にわたって達成されてきた実際の数値を統計的に平準化した上で、将来の予想を考慮して決定される標準原価です。今まで実現してきたものを微調整するものであり、原価維持を目的とした場合に用いられます。

図5-30の標準原価カードには、直接材料費、直接労務費、製造間接費の標準原価、製品1単位当たりの標準原価が示されています。

直接材料費の標準消費量、つまり、無駄なく効率的に製品を製造できれば、製品1単位を生産するのに材料は4.5kg必要であり、標準となる材料の価格は1kg当たり510円となっています。

直接労務費の標準作業時間、つまり、決められた方法と設備によって平均的な熟練作業者が平均的な速さで作業を行うときに製品1単位を生産するのに必要な時間は、3時間であり、標準となる賃率は950円／時間です。

標準的な製造間接費は製品1個当たり1,650円であり、合わせて、製品1単位当たりの標準原価は6,795円となります。

標準原価は、原価管理、予算編成、棚卸資産価額および売上原価の計算のため等に使用されるので、現実的標準原価または正常標準原価のいずれか実際の状況に合わせたものであることが重要です。機械設備や生産方式などの生産の基本的な条件、ならびに材料価格や賃率などに大きな変化がある場合には、標準原価を変更する必要があります。しかし、ごく短期間に標準原価の改訂を頻繁に繰り返すことは、かえって混乱を招いてしまいます。そこで、一般には、四半期、または、半年ごとに標準原価の改訂が行われているようです。

② 標準原価の計算

直接材料費、直接労務費、および製造間接費の標準原価は、次式のように原価標準に当月（当期）の生産実績を掛け合わせて計算します。

標準直接材料費 = 製品1単位当たりの標準直接材料費 × 当月投入数量
標準直接労務費 =
　　　製品1単位当たりの標準直接労務費 × 当月加工完成品換算量
標準製造間接費 =
　　　製品1単位当たりの標準製造間接費 × 当月加工完成品換算量

ここで、当月（当期）の生産実績として、直接材料費と加工費とで異なる数量を用います。

直接材料費の場合（工程の始点ですべて投入されるので）

当月生産実績 = 当月投入数量
　　　　　　 = 完成品数量 + 月末仕掛品数量 − 月初仕掛品数量

加工費（直接労務費と製造間接費）の場合

当月生産実績 = 当月加工完成品換算量
　　　　　　 = 完成品数量 + 月末仕掛品完成品換算量 − 月初仕掛品完成品換算量

③ 実際原価（実績）の計算

　直接材料費、直接労務費、および製造間接費の実際原価を次式から計算します。

　　実際直接材料費 ＝ 実際材料価格 × 実際材料消費量
　　実際直接労務費 ＝ 実際賃率 × 実際直接作業時間
　　実際製造間接費 ＝ 間接材料費、間接労務費および間接経費の実際発生額

④ 原価差異の計算

　直接材料費差異、直接労務費差異、および製造間接費差異を標準原価と実際原価との差額から次のように計算します。

　　直接材料費差異 ＝ 標準直接材料費 − 実際直接材料費
　　直接労務費差異 ＝ 標準直接労務費 − 実際直接労務費
　　製造間接費差異 ＝ 標準製造間接費 − 実際製造間接費

　これらの差異がマイナスになるか、プラスになるかを判定し、次のステップでその差異が発生した原因を分析します。

　　差異＜0の場合：実際原価が標準原価よりも大きい。**不利差異（借方差異）**となります。
　　差異＞0の場合：実際原価が標準原価よりも小さい。**有利差異（貸方差異）**となります。

⑤ 原価差異の原因別分析と差異原因の究明

　直接材料費、直接労務費、製造間接費別に差異原因が分析されます。

(a) 直接材料費差異の分析

　直接材料費差異は、図5-28に示されているように価格差異と数量差異の2つに分けて、次式で計算される結果に基づき分析することができます。

　　直接材料費差異 ＝ 標準直接材料費 − 実際直接材料費
　　　　　　　　　 ＝ 価格差異 ＋ 数量差異
　　価格差異 ＝ (標準価格 − 実際価格) × 実際消費量

$$数量差異 = 標準価格 \times (標準消費量 - 実際消費量)$$

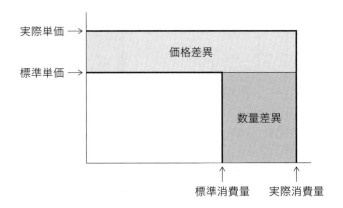

図5-28　直接材料費差異の原因別分析

　価格差異は、市場価格の変動、材料の緊急仕入、不適切な購買先、不適切な購買方法などによって発生します。数量差異は、使用すべき材料の間違い、設備の整備不良、作業者のミスによる仕損の発生、製品仕様または製造方法の変更などによって発生します。差異が出た場合に、それらの原因を確かめ、対策をとることが重要です。

(b) 直接労務費差異の分析

　直接労務費差異は、図5-29に示されているように賃率差異と作業時間差異の2つに分けて、次式から計算される結果に基づき分析することができます。

$$直接労務費差異 = 標準直接労務費 - 実際直接労務費$$
$$= 賃率差異 + 作業時間差異$$
$$賃率差異 = (標準賃率 - 実際賃率) \times 実際直接作業時間$$
$$作業時間差異 = 標準賃率 \times (標準直接作業時間 - 実際直接作業時間)$$

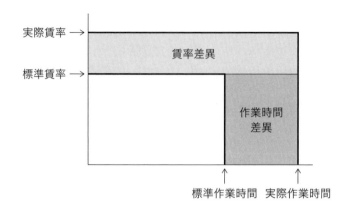

図5-29　直接労務費差異の原因別分析

　賃率差異は、ベースアップ、直接工の賃率構成の変化、不適切な人員配置、緊急作業などによって起こることがあります。また、作業時間差異は、不適切な人員配置、管理者の不適切な処置、作業者の訓練不足、作業者の努力不足などによって起こることがあります。

(c) 製造間接費差異の分析

　製造間接費差異は、さらに原因別に予算差異、操業度差異、および能率差異の3つに分けて分析することができます（3分法による差異分析といいます）。

$$製造間接費差異 = 標準製造間接費 - 実際製造間接費$$
$$= 予算差異 + 操業度差異 + 能率差異$$

　予算差異は、実際操業度に対する予算額と実際発生額との差額で、次式から計算できます。この値から製造間接費の発生額が適切かどうかを判断することができます。予算差異の発生原因としては、間接費目の価格変化、間接費の浪費または節約、機械設備の保全不良などによる修繕費の予算超過などがあげられます。

$$予算差異 = 実際操業度に対する予算額 - 製造間接費実際発生額$$
ここで、
$$実際操業度に対する予算額 = 固定費予算額 + 実際操業度 \times 変動費率$$

　変動費率は、基準操業度における配賦基準数値（例えば、直接作業時間）の単位当たり変動費額を指します。

　操業度差異は、実際操業度と基準操業度との違いから発生する差異で、次式から計算できます。この値から生産設備の利用状況を知ることができます。操業度差異の発生原因としては、好況または不況による生産量の変化、保全不良による機械設備の故障、現場監督者の管理不良、生産計画の失敗による不働時間の発生などがあげられます。

$$操業度差異 = (実際操業度 - 基準操業度) \times 固定費率$$

　能率差異は、標準操業度と実際操業度を比較して作業能率の良否を測定する差異で、次式で計算されます。その発生原因としては、作業時間差異と同じように不適切な人員配置、管理者の不適切な処置、作業者の訓練不足、作業者の努力不足などが考えられます。

$$能率差異 = (標準操業度 - 実際操業度) \times 標準配賦率$$

$$ここで、固定費率 = \frac{固定費予算額}{基準操業度}、標準配賦率 = 変動費率 + 固定費率$$

　標準操業度は、実際生産量に製品単位当たりの標準配賦基準数値（例えば、標準直接作業時間）を掛けた値です。

⑥報告および改善策の検討・実施

　差異の原因が分析され、企業内で報告されるとともに、対策について検討されます。購買方法、作業方法、設備などの改善策が協議され、コストダウン活動が展開されます。あらかじめ設定された原価目標に対して、それを達成しているかどうかを計測し、原価差異が小さければそのまま生産活動を続け、原価差異が大きければ、ただちに原因を究明し、改善策を検討して、その実施に入ります。

例題 5-6	Excelで標準原価カードと生産実績データをもとに標準原価を計算し、差異分析を行ってみましょう

　図5-30の標準原価カードと生産実績データを入力すると図5-31のように標準原価、実際原価、原価差異が計算され、結果がグラフ表示されます。

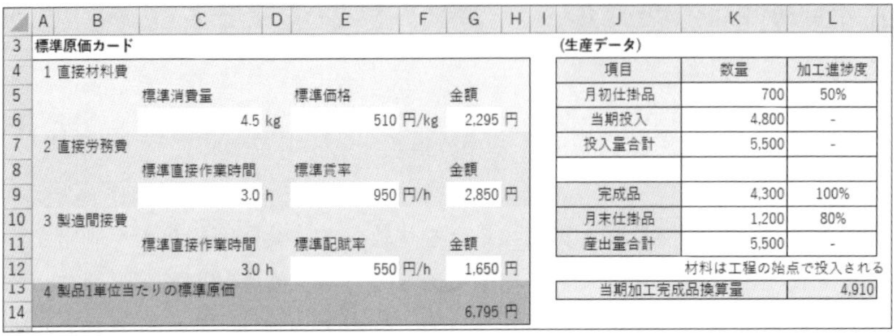

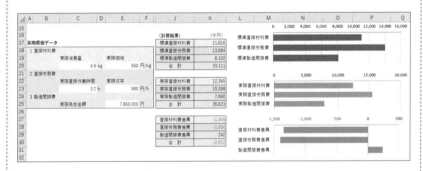

図5-30　標準原価カードと生産実績データ

図5-31　実際原価、原価差異

　図5-32では直接材料費差異を価格差異と数量差異に、直接労務費差異を賃率差異と作業時間差異に分解してビジュアル化し、数値も表示しています。破線が標準、実線が実績です。実線の方が破線よりも大きく広がっているということは不利差異が発生しているということになります。

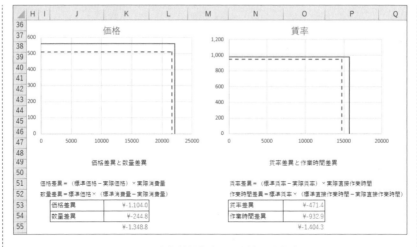

図5-32 直接材料費差異、直接労務費差異

例題 5-7 Excelで製造間接費差異分析を行いましょう

製造間接費予算が変動予算による場合、製造間接費差異を3分法により予算差異、操業度差異、および能率差異に分解して、図示できるExcelシートを作成します。

まず、図5-33に操業度に関するデータ（基準操業度、実際操業度、標準操業度）、製造間接費予算（変動費率、固定費予算額）、標準配賦率および実際発生額を入力します。

	A	B	C	D	E
4	△	基準操業度	20,000時間	変動費率	¥90
5	○	実際操業度	18,000時間	固定費予算額	¥1,600,000
6	◇	標準操業度	16,000時間	標準配賦率	¥170
7				製造間接費実際発生額	¥3,500,000

図5-33 操業度データ、製造間接費予算、標準配賦率、実際発生額

図5-34より、予算差異、操業度差異、能率差異および製造間接費差異を計算し、図5-32のように表示します（能率差異に固定費部分を含める方法を採用しています）。

	G	H	I
4	予算差異	－	¥-280,000
5	操業度差異	－	¥-160,000
6	能率差異	－	¥-340,000
7	製造間接費差異	－	¥-780,000

	G	H	I
4	予算差異	－	=E5+E4*C5-E7
5	操業度差異	－	=(C5-C4)*E5/C4
6	能率差異	－	=E6*(C6-C5)
7	製造間接費差異	－	=SUM(I4:I6)

図5-34 予算差異、操業度差異、能率差異および製造間接費差異

実際操業度に対する予算額＝固定費予算額＋実際操業度×変動費率

で求められますので、

予算差異＝実際操業度に対する予算額－製造間接費実際発生額

となります。

$$固定費率 = \frac{固定費予算額}{基準操業度}$$

ですので、

操業度差異＝(実際操業度－基準操業度)×固定費率

となります。

標準配賦率＝変動費率＋固定費率

ですので、

能率差異＝(標準操業度－実際操業度)×標準配賦率

となり、

製造間接費差異＝予算差異＋操業度差異＋能率差異

（＝ 標準製造間接費 − 実際製造間接費）

となります。

　差異分析結果をグラフに示したのが図5-35です。実際のExcelシートでは、青色が①予算差異、赤色が②操業度差異、紫色が③能率差異を示し、区別ができるようになっています。このグラフは、作図したい（X, Y）座標をExcelシート内の表に入れて、Excelの機能で、「挿入」→「グラフ」→「散布図」という操作で自動作成した後、不要な線は個別に削除しています。

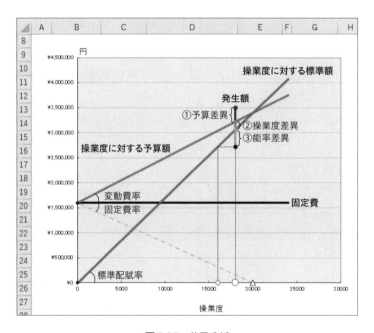

図5-35　差異分析

　標準原価の勘定記入では、完成品原価、月初および月末の仕掛品原価は、標準原価で記帳されますが、当期製造費用には次の2つの方法があります。

①実際原価で記帳する方法（パーシャル・プラン、部分記入法）

②標準原価で記帳する方法（シングル・プラン、単一記入法）

① パーシャル・プラン

　当期製造費用を実際原価で扱い、仕掛品勘定の借方に記帳します。図5-36で表されるように、原価差異は仕掛品勘定で把握されます。この方法では、原価差異は期末にならないと集計されないことになりますので、リアルタイムに適切に原価管理することは難しいといえます。

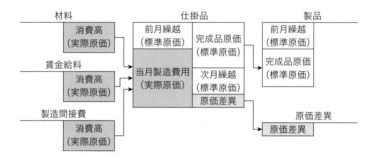

図5-36　パーシャル・プランにおける勘定記入例（ただし、借方差異を仮定）

② シングル・プラン

　当期製造費用を標準原価で計算し、仕掛品勘定の借方に記帳する方法です。この方法では、図5-37に示されるように、原価差異は原価要素別の諸勘定で把握できます。このため、原価の発生段階で適切な原価管理が行えるというメリットがあります。

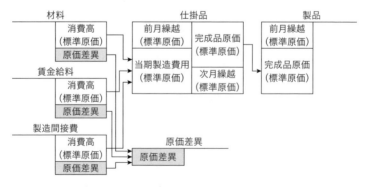

図5-37　シングル・プランにおける勘定記入例（ただし、借方差異を仮定）

例題 5-8　例題5-7のExcelシートの中に、パーシャル・プランとシングル・プランで仕掛品勘定と各原価差異勘定へ記帳できるようにしましょう

　パーシャル・プランでは、図5-38のように仕掛品勘定に原価差異の合計金額が記帳されます。仕掛品勘定での直接材料費、直接労務費、製造間接費は実際発生原価です。Excelでは、借方か貸方かどちらに記帳すべきかを判断するために、IF関数を使い、値の正負から自動的に記帳されるように工夫することができます。

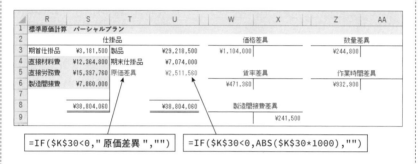

図5-38　パーシャル・プラン

　シングル・プランでは、図5-39のように直接材料費、直接労務費、製造間接費という原価要素別の諸勘定で原価差異が記帳され、原価差異勘定に振り替えます。原価差異勘定から売上原価勘定に振り替えられる金額が、パーシャル・プランで仕掛品勘定に記帳された原価差異金額と一致します。

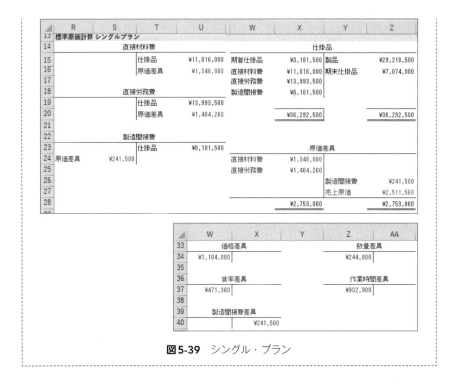

図5-39 シングル・プラン

5.2.3 品質管理会計

1990年代前半あたりまで、多くの日本企業でTQC（Total Quality Control、全社的品質管理）が展開され、QCサークル活動がさかんに行われました。1996年頃に、TQM（Total Quality Management、総合的品質管理）という概念が普及し始めます。TQMは、「経営トップのリーダーシップのもとに、組織が一丸となって、顧客の満足する製品やサービスを提供するために一連の活動」ということになりますが、トップダウン活動ということができます。品質改善手法として、5S、標準化、QC七つ道具、新QC七つ道具、統計的方法などTQCから受け継がれているものが多く、QCサークル活動、改善提案制度、方針管理、トップ診断なども推進されます。

そして、1980年あたりから米国でシックス・シグマ活動が発展しました。この名前は6σ（標準偏差）からきています。不良率を100万分の3以下とする品質管理活動であるともいえます。

　また、1971年日本プラントメンテナンス協会が提唱し始めたTPM（Total Productive Maintenance、全員参加の生産保全）は、設備管理の取り組みを全社的に展開し、災害ゼロ・不良ゼロ・故障ゼロなどを目指してあらゆるロスを未然防止する取り組みであるといわれています。

　これら品質保証活動において生じる原価（コスト）を品質原価（品質コスト）と呼びます。一般に、品質原価は、製品の規格に一致させるために発生する品質適合原価と、製品の規格に一致させることに失敗したために発生する品質不適合原価に分けて考えることができます。また、品質原価の収集および分類のためにPAFアプローチ（Prevention-Appraisal-Failure approach）という手法がよく用いられます。これによれば、品質原価は予防原価、評価原価、内部失敗原価、外部失敗原価の各原価に区分され認識されます。予防原価は、製品の規格に一致しない生産を減らすための費用であり、評価原価は規格に一致しない製品を発見するための費用です。また、失敗原価は、出荷前に不良品を処理する内部失敗原価と不良品を販売してしまったことで発生する外部失敗原価に分けて考えることができます。PAFアプローチは、一種の投資である予防原価と評価原価を算定し、その結果として発生する失敗原価を測定して、品質と原価を管理しようとするものです（**伊藤、1999**）。

　予防原価の対象になるものとして、DR（Design Review）、FMEA（Failure Mode and Effect Analysis）、CAE（Computer Aided Engineering）、試作、試験等があります。試作や試験を、原価をかけずに手抜きでやってしまえば、生産途中ならびに製品完成後に膨大な失敗原価を発生させることになってしまいます。

　DR（設計段階でのレビュー）は、新製品などの開発設計への諸々の要求事項、機能等などが漏れなく、仕様書に充足されるようにするために、組織横断的によって、複数人によってチェックしてから次の開発設計段階へ進む仕組みですが、どこまでチェックを重ねるべきか、DRの質・効率レベルをあげることが必要です。

　また、FMEA（故障モードとその影響の解析）は、故障・不具合の防止を目的とした、潜在的な故障・不具合の体系的な分析方法です。これらに多くの人が携わり、人件費をかければ失敗原価が少なくなります。CAEは、コンピュータ技術を活用して製品の設計、製造や工程設計の事前検討の支援を行うこと、またはそれを行うツールを指します。すなわち、生産プロセスでの不具合、製品機能の実現性、耐久性などを事前にコンピュータ・シミュレーションで予測し、原価ミニマムになる最適解を探ることができることから、従来の試行錯誤の方法にくら

べ予防原価が低く抑えられるといわれています。例えば、自動車の衝突時の破壊状態をコンピュータ・シミュレーションで検討するCAEは、実機での評価原価を大幅に低減できるので、多くの自動車会社で用いられています。

　評価原価は、検査や評価に関わる原価です。全数検査には費用がかかります。また、耐久評価を行うためにも大きな原価が発生します。これらの原価には検査やテスト器具、装置のメンテナンス、検査やテストで使用する材料および消耗品、受入検査、製品監査、人件費などが該当します。

　販売後のクレーム処理を極小にする（外部失敗原価をゼロに近づける）ために多くの評価原価（全数検査の徹底）を費やすことになりますが、検査に要する原価を削減し、社内不良品の発生を抑えて内部失敗原価を下げたいという目標を厳しく掲げると品質データ改ざんや検査偽装など、いわゆる品質不正が発生してしまう危険性があります。安全対策などをどこまでやるべきか、また、歩留まりを下げても不良を出さないようにする方策をとるべきか、予防原価の妥当性を評価する仕組みが必要です。今後はプロセス管理を徹底し、評価原価、失敗原価が発生しないような方向へ向かうことが望まれます。経済的最適品質水準をもとにどのレベルまで品質原価を費やすのかについてよく把握した上で、最終的な製品目標原価の設定を行う必要があります。

例題 5-9　Excelで予防原価＋評価原価、失敗原価をグラフに表し、「予防原価＋評価原価」と「失敗原価」の和を最小にする経済的に最適な品質の原価を見つけてみましょう

　図5-40は想定される品質水準（工程能力水準、最終製品品質水準など）と「予防原価＋評価原価」と「失敗原価」を入力し、「予防原価＋評価原価」と「失敗原価」の総和を計算して、同じグラフに表示したものです。一目で、総和が最小となるのは品質水準＝35％のときであり、経済的に最適な品質の原価であることを見つけることができます。この品質水準を経済的最適品質水準と呼びます。

　一般に、予防原価をかければかけるほど品質水準が上がり、少ない失敗原価で済みます。しかし、失敗原価をゼロにするには、膨大な予防原価と評価原価を費やすことになります。製造業では不良品を市場に出さないことが至上命題になりつつある中で、品質原価をしっかり把握することが重要です。

　図5-40の「予防原価＋評価原価」と「失敗原価」では、品質水準＝35％のときに経済的最適品質水準となり、品質原価は46,627千円でした。

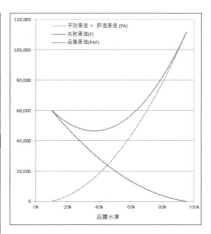

	A	B	C	D
2				経済的最適品質水準
3				¥46,627
4	品質水準	予防原価＋評価原価 (PA)	失敗原価(F)	品質原価 (PAF)
5	10%	100	60,000	60,100
6	15%	1,645	53,852	55,496
7	20%	3,816	48,031	51,847
8	25%	6,613	42,539	49,152
9	30%	10,038	37,375	47,413
10	35%	14,088	32,539	46,627
11	40%	18,766	28,031	46,797
12	45%	24,070	23,852	47,921
13	50%	30,000	20,000	50,000
14	55%	36,557	16,477	53,034
15	60%	43,741	13,281	57,022
16	65%	51,551	10,414	61,965
17	70%	59,988	7,875	67,863
18	75%	69,051	5,664	74,715
19	80%	78,741	3,781	82,522
20	85%	89,057	2,227	91,284
21	90%	100,000	1,000	101,000
22	95%	111,570	102	111,671

図5-40「予防原価＋評価原価」と「失敗原価」

　図5-41のような表を追加し、現状の予防原価＋評価原価（PA）と失敗原価（F）に対して、原価低減活動を行った場合、その低減率によって経済的最適品質水準はどうなるでしょうか。

「予防原価＋評価原価」のみを20%低減した場合

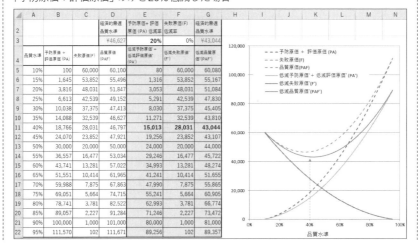

	A	B	C	D	E	F	G							
2				経済的最適品質水準	予防原価＋評価原価(PA)低減率	失敗原価(F)低減率	経済的最適品質水準							
3				¥46,627	20%	0%	¥43,044							
4	品質水準	予防原価＋評価原価(PA)	失敗原価(F)	品質原価 (PAF)	低減予防原価＋低減評価原価 (PA')	低減失敗原価 (F')	低減品質原価 (PAF')							
5	10%	100	60,000	60,100	80	60,000	60,080							
6	15%	1,645	53,852	55,496	1,316	53,852	55,167							
7	20%	3,816	48,031	51,847	3,053	48,031	51,084							
8	25%	6,613	42,539	49,152	5,291	42,539	47,830							
9	30%	10,038	37,375	47,413	8,030	37,375	45,405							
10	35%	14,088	32,539	46,627	11,271	32,539	43,810							
11	40%	18,766	28,031	46,797	15,013	28,031	43,044							
12	45%	24,070	23,852	47,921	19,256	23,852	43,107							
13	50%	30,000	20,000	50,000	24,000	20,000	44,000							
14	55%	36,557	16,477	53,034	29,246	16,477	45,722							
15	60%	43,741	13,281	57,022	34,993	13,281	48,274							
16	65%	51,551	10,414	61,965	41,241	10,414	51,655							
17	70%	59,988	7,875	67,863	47,990	7,875	55,865							
18	75%	69,051	5,664	74,715	55,241	5,664	60,905							
19	80%	78,741	3,781	82,522	62,993	3,781	66,774							
20	85%	89,057	2,227	91,284	71,246	2,227	73,472							
21	90%	100,000	1,000	101,000	80,000	1,000	81,000							
22	95%	111,570	102	111,671	89,256	102	89,357							

「失敗原価のみ」を20%低減した場合

品質水準	予防原価+評価原価(PA)	失敗原価(F)	品質原価(PAF)	低減予防原価'+低減評価原価(PA')	低減失敗原価(F')	低減品質原価(PAF')
			経済的最適品質水準 ¥46,627	予防原価+評価原価(PA)低減率 0%	失敗原価(F)低減率 20%	経済的最適品質水準 ¥39,938
10%	100	60,000	60,100	100	48,000	48,100
15%	1,645	53,852	55,496	1,645	43,081	44,726
20%	3,816	48,031	51,847	3,816	38,425	42,241
25%	6,613	42,539	49,152	6,613	34,031	40,645
30%	10,038	37,375	47,413	10,038	29,900	39,938
35%	14,088	32,539	46,627	14,088	26,031	40,120
40%	18,766	28,031	46,797	18,766	22,425	41,191
45%	24,070	23,852	47,921	24,070	19,081	43,151
50%	30,000	20,000	50,000	30,000	16,000	46,000
55%	36,557	16,477	53,034	36,557	13,181	49,738
60%	43,741	13,281	57,022	43,741	10,625	54,366
65%	51,551	10,414	61,965	51,551	8,331	59,882
70%	59,988	7,875	67,863	59,988	6,300	66,288
75%	69,051	5,664	74,715	69,051	4,531	73,582
80%	78,741	3,781	82,522	78,741	3,025	81,766
85%	89,057	2,227	91,284	89,057	1,781	90,838
90%	100,000	1,000	101,000	100,000	800	100,800
95%	111,570	102	111,671	111,570	81	111,651

「失敗原価」を20%低減、「予防原価＋評価原価」を20%低減、同時に達成した場合

品質水準	予防原価+評価原価(PA)	失敗原価(F)	品質原価(PAF)	低減予防原価'+低減評価原価(PA')	低減失敗原価(F')	低減品質原価(PAF')
			経済的最適品質水準 ¥46,627	予防原価+評価原価(PA)低減率 20%	失敗原価(F)低減率 20%	経済的最適品質水準 ¥37,302
10%	100	60,000	60,100	80	48,000	48,080
15%	1,645	53,852	55,496	1,316	43,081	44,397
20%	3,816	48,031	51,847	3,053	38,425	41,478
25%	6,613	42,539	49,152	5,291	34,031	39,322
30%	10,038	37,375	47,413	8,030	29,900	37,930
35%	14,088	32,539	46,627	11,271	26,031	37,302
40%	18,766	28,031	46,797	15,013	22,425	37,438
45%	24,070	23,852	47,921	19,256	19,081	38,337
50%	30,000	20,000	50,000	24,000	16,000	40,000
55%	36,557	16,477	53,034	29,246	13,181	42,427
60%	43,741	13,281	57,022	34,993	10,625	45,618
65%	51,551	10,414	61,965	41,241	8,331	49,572
70%	59,988	7,875	67,863	47,990	6,300	54,290
75%	69,051	5,664	74,715	55,241	4,531	59,772
80%	78,741	3,781	82,522	62,993	3,025	66,018
85%	89,057	2,227	91,284	71,246	1,781	73,027
90%	100,000	1,000	101,000	80,000	800	80,800
95%	111,570	102	111,671	89,256	81	89,337

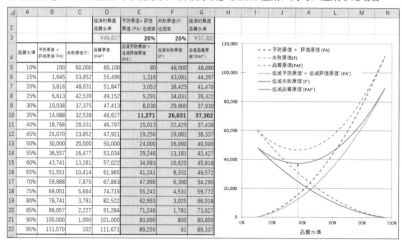

図5-41　品質原価の感度解析

　この数値例で、予防原価＋評価原価のみを20%低減した場合は経済的最適品質水準が40%（そのとき品質原価＝43,044千円）となり、失敗原価のみを20%低減した場合は経済的最適品質水準が30%（そのとき品質原価＝39,938千円）となります。

　また、失敗原価を20%低減、予防原価＋評価原価を20%低減、同時に達成し

た場合は、経済的最適品質水準が35％（そのとき品質原価＝37,302千円）となります。

　「失敗原価」を20％低減、「予防原価＋評価原価」を20％低減、同時に達成した場合において、G列を見れば、46,627千円（現状の経済的最適品質水準の品質原価と同じ金額）を費やすことで、品質水準を65％まで引き上げることができることがわかります。

　このモデルで、経済的最適品質水準を引き上げるためには予防原価と評価原価を引き下げることが効果的であることがわかります。失敗原価が同じで、ある品質を確保するためにかかる予防原価と評価原価が下がれば品質原価も下がり、結果として経済的最適品質水準が飛躍的に向上します。品質原価が同じでも、その内訳として予防原価と評価原価が低いと品質水準が高くなるわけです。

5.2.4　バックフラッシュ・コスティングとTOC（制約理論）

　生産形態にあわせて、視点を絞った原価管理の方法が活用されることがあります。ここでは、バックフラッシュ・コスティングとTOC（制約理論）について以下に説明します。

（1）バックフラッシュ・コスティング

　JIT生産が実現できている場合、簡略化した原価計算方法「バックフラッシュ・コスティング（Backflush Costing）」を活用することができます。これは、原価計算に要する手数と経費を節約するために工夫した原価計算方法であるといえます。

　JIT生産では、生産量＝販売量、すなわち、総製造原価＝売上原価が成り立ち、仕掛品勘定や製品勘定が不要になります。さらに、購入素材や購入部品の在庫がない場合は材料購入量＝材料消費量となり、材料勘定も不要となります。

　通常の原価計算のように原価を積み上げていくことは行わず、発生した費用を売上原価としてそのまま処理してしまい、期末に在庫がある場合、在庫分を売上原価から差し戻します（JIT生産では結果はほとんど変わりません）。差し戻す在庫分の計算は、製品単位当たり標準原価または予算原価を利用します。期末に標準原価差異が発生すれば、原価差異勘定に振替、少額の場合は売上原価勘定へ、多額の場合は関係する期末在庫品と売上原価勘定へ割り振ることになります。

　この原価計算方法では、多くの原価要素の消費高、部門や工程での消費高が詳

細にはわからないということになります。記帳と生産の流れが一致していないので注意が必要です。

例題 5-10　バックフラッシュ・コスティングについてExcelで設例を使って理解しましょう

　次のような資料をもとに、記帳時点が①材料購入と製品の完成時点である場合、②材料購入と製品の販売時点である場合、③製品の完成時点のみである場合、という3つの場合で、バックフラッシュ・コスティングの計算例を作ってみます。

　（資料）
- 原材料（すべて直接材料）の期首棚卸高がない
- 期首、期末の仕掛品がない
- すべての労務費は加工費に含まれて記帳される
- 製品単位当たりの標準直接材料費＝500円
- 製品単位当たりの標準加工費＝250円
- 原材料購入額＝262,500円
- 加工費発生額＝130,000円
- 製品完成数量＝500個
- 製品販売数量＝480個

① 記帳時点が材料購入と製品の完成時点である場合を図5-42に示します。

　この場合は、仕掛品勘定が不要で、製品完成時に標準直接材料費（＝製品単位当たりの標準直接材料費×製品完成数量）、標準加工費（＝製品単位当たりの標準加工費×製品完成数量）で製品の原材料費と配賦加工費が計算されます。

　製品販売数量が確定すれば、販売数量分だけ売上原価に振り替えられ、未配賦加工費（＝加工費発生額－製品単位当たりの標準加工費×製品数量）が売上原価に賦課されることになります。

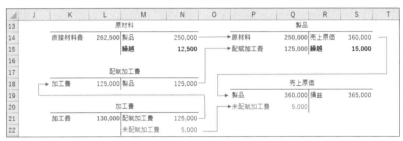

図5-42 ①記帳時点が材料購入と製品の完成時点である場合

② 記帳時点が材料購入と製品の販売時点である場合

　図5-43のように製品勘定が不要です。販売数量が確定したとき、製品単位当たりの標準原価×販売数量で売上原価が決まります。原材料の繰越は、実際購入した金額から製品単位当たりの標準原価×販売数量を差し引いた額となり、手元に残った原材料費と完成品のうち販売されていない製品分の原材料費を足したものです。

　未配賦加工費は加工費発生額から製品単位当たりの標準加工費×販売数量を差し引いた額となり、そのまま売上原価に賦課されます。つまり、棚卸資産勘定は直接材料勘定に限定され、その他の原価は期間原価として処理されることになります。

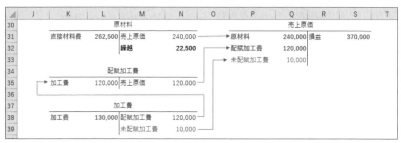

	A	B	C	D	E	F	G	H	I
30	②	記帳時点が　材料購入と製品の販売時点である場合							
31	材料購入、加工費発生				(借方)			(貸方)	
32		原材料購入額	262,500円		原材料	262,500	支払勘定		262,500
33		加工費発生額	130,000円		加工費	130,000	各種勘定		130,000
34									
35	製品販売	(標準原価×販売数量で売上原価を決める)			(借方)			(貸方)	
36		製品販売数量	480個		売上原価	360,000	原材料		240,000
37		売上原価	360,000円				配賦加工費		120,000
38									
39	配賦不足の修正（未配賦の加工費を売上原価に賦課）				(借方)			(貸方)	
40					配賦加工費	120,000	加工費		130,000
41					売上原価	10,000			

	J	K	L	M	N	O	P	Q	R	S	T
30				原材料					売上原価		
31		直接材料費	262,500	売上原価	240,000	→	原材料	240,000	損益	370,000	
32				繰越	22,500		配賦加工費	120,000			
33							未配賦加工費	10,000			
34				配賦加工費							
35		加工費	120,000	売上原価	120,000						
36											
37				加工費							
38		加工費	130,000	配賦加工費	120,000						
39				未配賦加工費	10,000						

図5-43　②記帳時点が材料購入と製品の販売時点である場合

③ 記帳時点が製品の完成時点のみである場合

　製品完成時に標準直接材料費（＝製品単位当たりの標準直接材料費×製品完成数量）、標準加工費（＝製品単位当たりの標準加工費×製品完成数量）で製品の原材料費と配賦加工費が計算されます。原材料購入量＝材料消費量となる、JIT生産では適した方法であるといえます。

　図5-44に示すように、販売数量が確定したら、その分だけ売上原価に振り替えられ、残高は製品勘定で繰越額となります。未配賦加工費は加工費発生額から製品単位当たりの標準加工費×製品数量を差し引いた額となり、売上原価に賦課されます。

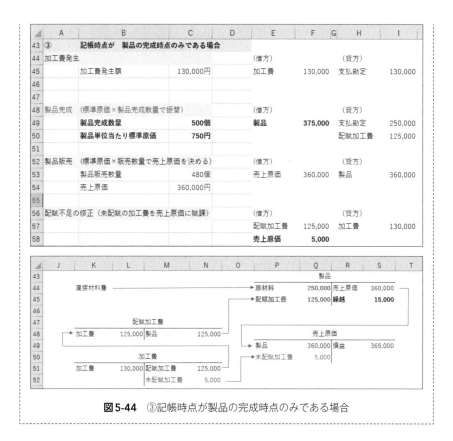

図5-44 ③記帳時点が製品の完成時点のみである場合

(2) スループット会計

　1990年代にEliyahu M. Goldrattらによって TOC (Theory Of Constraints、制約条件の理論) が提唱されました。「The Goal (ザ・ゴール)」はTOCをビジネス小説のなかで説明したもので1984年に出版されましたが、当時の日本企業は国際競争力が高く、日本以外の国の競争力を上げて貿易不均衡を解消する必要があると考えた著者は、日本語翻訳を2001年まで許可しませんでした。全世界では1,000万部、日本語版も70万部というベストセラーとなっています。

　TOCは一言でいえば全体最適理論ということができます。TOCでは、あらゆるシステムが一つ以上の制約を持っていると考え、それらの制約の中から「ボトルネック」になっているものを発見し、それを改善することで全体利益の最大化が可能になるとしています。TOCでの目標として、スループット (販売による獲

得額）の増大、総投資（設備投資額など）の低減、業務費用（在庫をスループットに変えるための資金）の低減が考えられますが、とくにスループットの最大化を組織目標におきます。これは、スループットの額によって企業の利益が決定されるという考え方に基づいていることになります。つまり、直接材料費以外の費用はすべて固定費であるという考えと同じことになります。

　TOCに基づいて、目的変数をスループット（＝売上高－売上原価）、制約条件を生産能力（供給の制約）、製品需要（需要の制約）とおいて、直接原価計算を発展させたものがスループット会計として提唱されています。

　スループット会計の変動費は材料費だけにし、あいまいな変動費議論は排除しています。また、スループット会計では在庫額については付加価値を含めないという単純化が行われています。

　　　スループット ＝ 売上高 － 売上原価
　　　　　　　　　 ＝ 売上高 － 材料費（変動費ではなく材料費のみ）
　　　総投資 ＝ 在庫（材料）と仕掛品・製品（直接材料費だけを集計）、
　　　　　　　研究開発費、設備・建物などの投資
　　　業務費用 ＝ 売上に変換するすべての費用
　　　　　　　　（直接材料費以外の製造費用、営業費など）
　　　営業利益 ＝ スループット － 業務費用

　「The Goal（ザ・ゴール）」では、以下のようなTOCの説明が行われています。「ある工場は在庫を山のように抱え、慢性的に納期遅れが続き、赤字状態が続いていました。そして、工場長が、採算悪化を理由に経営陣から数カ月後の工場閉鎖をいい渡されます。工場閉鎖を免れるには業績改善しかありません。しかし、最新の設備は故障もなく連続して部品が供給できているし、熱処理装置も一度に大量の製品を処理できており、非効率な点はありません。ここでTOCをもとに、工場の各プロセスを調べ直します。すると、熱処理装置の前に大量の仕掛品が溜まっていることに気づきます。熱処理装置は一定数を溜めて同時に処理することで効率を上げようとしていましたが、それこそがボトルネックであったわけです。熱処理装置が同時に処理する数を減らして回転数を上げることにし、前工程での資材の投入量を抑えることで、大量の仕掛品は激減していきました。また完成品の在庫数も減らしていったのです。生産に余裕ができてきた工場は、納期が遵守さ

れ、もっと仕事が行えるようになりました。」

　システムの制約のもとで、在庫や業務費用を減らしながらスループットの最大化を目指しますが、その過程でボトルネックを発見することが重要になります。ボトルネックを除いたり緩めたりできないか検討し、それに合うように他の制約に対する活動を計画します。これにより、業務費用や在庫が最小となり、スループットの最大化が可能になります。

5.2.5　環境管理会計

　環境管理会計（EMA、Environmental Management Accounting）は、貨幣単位会計である従来の会計と物量単位会計を現す他の会計ツールとの中間に位置付けられた貨幣単位と物量単位の両方を集計する複合的な会計であるということができます。「環境会計」は、環境負荷低減のために消費したコストと費用対効果を数値として示した会計情報であり、環境経営を支えるマネジメントシステムが「環境管理会計」であるともいえます。

　経済産業省は、環境管理会計を中心に取りまとめた「環境管理会計手法ワークブック」を発行しています。その中にある環境品質原価計算ではPAF法の分類に準拠して環境コストを分類する方法が表5-2のように提唱されています。図5-45に日東電工の環境予算および実績例を示しました（「環境管理会計手法ワークブック」のデータをもとに作成）。

　「環境管理会計手法ワークブック」にも掲載されている「マテリアルフローコスト会計」（MFCA、Material Flow Cost Accounting）は、投入されたマテリアル（原材料類）を物量で把握し、マテリアルが企業内（プロセス間）をどのように移動するかについて、貨幣価値と物量で測定しながら追跡する手法です（**國部・中嶌、2018**）。環境コスト評価として投入と産出の結果を比較するとともに、ロス（廃棄コスト）を可視化できる特徴があります。廃棄物の削減と生産性向上、つまり、環境負荷の低減と企業利益の追及を同時に行うことが可能な環境管理会計手法であるといえます。

表5-2　環境品質原価計算（「環境管理会計手法ワークブック」より）

分類	定義および事例
環境保全コスト	環境問題の発生を予防し、将来の支出を減少させる目的で、事前に支出される費用（環境マネジメントシステム運営費、公害対策費、環境関連投資プロジェクト、グリーン調達、リサイクル対策費、環境関連保険など）
環境評価コスト	企業活動が環境に及ぼす影響をモニターしたり、環境に重大な影響を及ぼす製品が設計・開発・出荷されることのないよう点検、検査したりするための費用（LCA関連費用、毒性試験、その他点検、検査費など）
内部負担環境ロス	環境保全対策や検査等が不十分であるために、企業が被る損失（廃棄部材費若しくはその評価額、廃棄物処理費、汚染処理費、製品の回収・再資源化費用、賠償コスト、光熱水道・包装等のコストについて科学的・合理的に見積もられた目標金額からの乖離額など）
外部負担環境ロス	環境保全対策や検査等の不備により、地域社会や住民が被る損失（CO2、NOX、フロン等の環境有害物質の放出などによる大気汚染、土壌汚染、水質汚濁など現時点で負担者が特定できない環境負荷を含む）

	A	B	C
3	項目	今年度予算	今年度実績
4	生産高	16,594.6	17,093.3
5	売上高	17,995.0	18,534.2
6	環境保全コスト		
7	一般経費	66.9	80.0
8	廃棄物処理費	68.7	79.1
9	業務委託費	20.2	19.2
10	人件費	43.1	43.5
11	減価償却費	58.3	93.2
12	R&D&E費	118.3	92.9
13	計	375.5	407.9
14	環境負荷コスト		
15	産廃原価	2,645.1	2,913.9
16	エネルギー費	309.7	326.3
17	溶剤購入費	150.0	141.1
18	用水使用料	21.7	18.9
19	計	3,126.5	3,400.2
20	環境負荷コスト比率*	17.4%	18.3%
21	* 売上高に占める環境負荷コストの比率		

図5-45　環境予算および実績比較表の例（環境管理会計手法ワークブックより）

　マテリアルフローコスト会計の最大の特長は、負の製品、すなわち各工程で製品にはならなかったあらゆるもの、各種包装資材、金属板の切れ端などを貨幣換

算して扱うことにあります。一般的には、正の製品（良品）を作るために仕方なく廃棄物も出てしまい、それは正の製品（良品）原価の一部として扱います。しかし、MFCAでは、正の製品も負の製品もまったく同じように扱うことになります。負の製品を貨幣換算することでロスを可視化し、そのロスを削減することを目指します。そして、ロスの削減効果も貨幣価値で評価することが可能になります。したがって、なるべく廃棄物を出さないような製造装置への投資についても、材料のロス削減コストのみならずエネルギーコストや人件費の削減などを貨幣価値で合理的に判断することができます。

　マテリアルフローコスト会計では、①マテリアルコスト、②エネルギーコスト、③システムコスト（人件費、減価償却費、管理費など）、④配送・処理コスト（産廃の処理費用など）を扱うことになります。そして、損益計算書において、正の製品（良品）に関わる製造原価と負の製品に関わる製造原価の2種類を計上します。負の製品に関わる製造原価を下げることと、正の製造原価も低減していく活動を進めることで環境負荷の低減と利益向上が図れるというわけです。正の製品原価と負の製品原価の比率を計測し、正の製品原価比率が増加していけば環境負荷低減が実現できているといえます。

例題 5-11　マテリアルフローコスト会計についてExcelで設例を使って理解しましょう

　原材料として投入されるすべての物質のコストと、電気・水・石油などのすべてのエネルギーコストをまとめてマテリアルコストとし、システムコスト（人件費、減価償却費、管理費など）、配送・処理コストとともにまとめたコストデータを図5-46に示します。

	A	B	C
2	コストデータ		
3	マテリアルコスト	材料1	材料2
4		750円/kg	625円/kg
5	システムコスト	製造部1	製造部2
6		50,000円	76,500円
7	配送・処理コスト	廃棄物1	廃棄物2
8		12,500円	20,000円

図5-46　コストデータ

　材料1（200kg）が製造部1で投入され、作られた中間製品（180kg）が製造部2にわたり、材料2（300kg）が投入されて最終製品が完成し販売されるというような状況を仮定します。ただし、製造部1では材料1のロス（20kg）、製造部2では材料1のロス（30kg）、材料2のロス（40kg）が発生します。マテリアルフローを図示したものが図5-47です（門田、2008）。

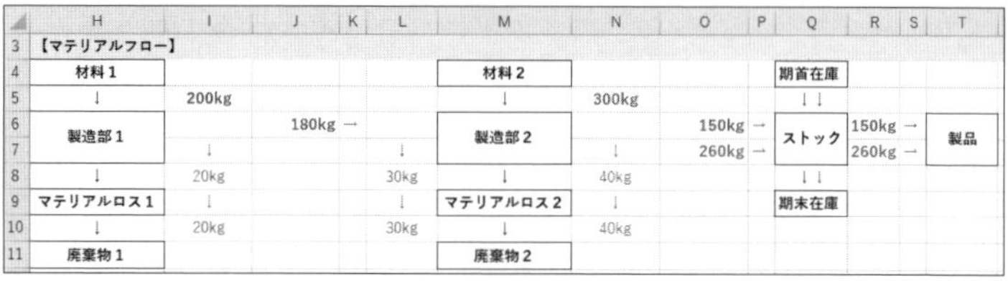

図5-47　マテリアルフロー

　図5-47のマテリアルフローに合わせてマテリアルコスト、システムコストの計算を行ったものが図5-48です。マテリアルコストは材料数量と材料単価を掛け合わせて求められ、システムコストは材料数量（正の製品での消費量とロス）の比率によって求められます。

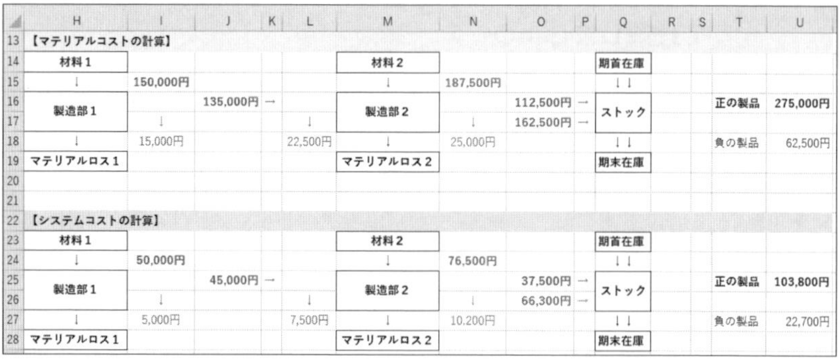

図5-48　マテリアルコストとシステムコスト

　最終的に図5-49に示すようなコストマトリックスが得られ、正の製品（良品）と負の製品（ロス）のコスト比率を表示することができます。

	A	B	C	D	E	F
10	コストマトリックス					
11	項目	マテリアルコスト	システムコスト	配送・処理コスト	合計	比率
12	正の製品（良品）	275,000円	103,800円	0	378,800円	76.3%
13	負の製品（マテリアルロス）	62,500円	22,700円	32,500円	117,700円	23.7%
14	合計	337,500円	126,500円	32,500円	496,500円	100.0%

図5-49 コストマトリックス

　現代企業において環境戦略とCSR（Corporate Social Responsibility）は重要なテーマとなっています。製品の一生における環境負荷を評価する手法としては、LCA（Life Cycle Assessment）があり、製造、輸送、販売、使用、廃棄、再利用まですべての段階での環境負荷を総合して評価します。

　また、近年では、Environment（環境）、Social（社会）、Governance（企業統治）の3つの要素に着目して企業を分析し、優れた経営をしている企業に投資する「ESG投資」が、株式市場で注目を集めています。具体的には、「環境」はエネルギー使用量や二酸化炭素（CO2）排出量の削減など環境面への配慮を意味し、「社会」には、ダイバーシティ、働き方改革、ワーク・ライフ・バランスへの取り組みが含まれます。さらに、「企業統治」には、資本効率への意識の高さや情報開示の充実などの要素が含まれます。

　投資家へ適切な情報を提供するべきであるという企業の使命、あるいは監査の立場からも、環境問題への取り組みについて今後さらに詳細に情報開示することが求められていくでしょう。

5.2.6 融合コストマネジメント

コストマネジメントのフレームワークの一つとして図5-50に示すような「融合コストマネジメント」が考えられます。これは、原価情報を可視化する伝統的手法を独立して実行するのではなく、各種マネジメント手法と組み合わせて（融合させて）企業経営の実践に貢献できるようにコストマネジメントを展開するという考え方です（**長坂、2019**）。原価計算方法、管理会計の各手法は各種マネジメント手法との融合によって、より有効に機能します。

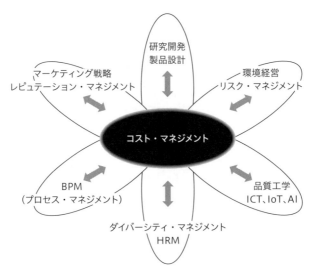

図5-50 融合コストマネジメントの概念図

　第3章の経営戦略論と管理会計の融合、BPM（ビジネス・プロセス・マネジメント）と管理会計の融合、第4章のプロダクト・ミックス問題への線形計画法の適用（経営工学と管理会計の融合（**浜田、1998**））、さらに第5章の品質原価管理をTQMの実践に不可欠なツールと位置付けて品質管理と原価管理の融合を実施していく方法、また、企業の環境保全活動に対して内部管理目的の環境会計の構築・推進の指針を提供していく環境管理会計などは、管理会計と隣接領域における各種マネジメント手法とを融合することで二律背反の要素を持つ実務課題に対応していこうとするものです。その他、以下のようにコストマネジメントは隣接領域とともに活用されます。

（1）品質工学とコストマネジメントの融合

　品質工学アプローチの一つであるVE（Value Engineering）は、フィードフォワード・コントロールに貢献し、IE（Industrial Engineering）やQC（Quality Control）のフィードバック・コントロールとの組み合わせで効果を発揮します。また、品質工学の中で注目されているタグチメソッドでは、損失関数を用いて品質問題がコストに与える影響を定量的に把握しようとしています（立林、2009）。1996年にCooperは、日本企業のコストマネジメントにおけるフィードフォワード技法として原価企画、価値工学、組織間原価管理を、フィードバック技法として製品原価計算、オペレーショナル・コントロール、原価改善をあげています（丸田、2005）。

　VE（Value Engineering）とは、製品やサービスの「価値」を、それが果たすべき「機能」とそのためにかける「コスト」との関係で把握し、システム化された手順によって「価値」の向上を図る手法です。VEは、1947年米国GE社のL.D. Miles氏によって開発され、1960年頃わが国に導入されました。当初は製造企業の資材部門に導入され、その後、企画、開発、設計、製造、物流、事務、サービスなどへと適用範囲が広がるとともに、あらゆる業種で活用されるようになりました。小集団活動にも導入され、企業体質の強化と収益力の増強に役立っているといわれています。

$$\text{VALUE（価値）} = \frac{\text{FUNCTION（機能）}}{\text{COST（コスト）}}$$

（2）ダイバーシティ・マネジメントとコストマネジメントの融合

　ダイバーシティ・マネジメントとコストマネジメントの融合も重要です。競争優位性を求めて労務費カットを繰り返していく中、格差問題や職業観の変化、仕事のストレス（心の病などの問題）が起こっています。仕事観、文化や価値観の多様性を大切にするコストマネジメントが大切になっているといえます。

　「働き方改革関連法」は、「働き方改革の総合的かつ継続的な推進」、「長時間労働の是正と多様で柔軟な働き方の実現等」、「雇用形態にかかわらない公正な待遇の確保」の3つを柱としています。やりがいや充実感を持ちながら働き、仕事上の責任を果たすとともに、家庭や地域生活などにおいても、子育て期、中高年期といった人生の各段階に応じて多様な生き方が選択・実現できることを指す

「ワーク・ライフ・バランス」が必須となる時代になって、働き方改革おけるコストマネジメントを考えていかなければなりません（**石川、2018**）。

ダイバーシティは人種、国籍、宗教、障害、性別、性的指向、年齢などのほか、個人や集団の間で違いを生み出す可能性のあるあらゆる要素を考慮しているものです。ダイバーシティ・マネジメントでは、あらかじめ決められた手続きや数値目標ではなく、実際の取り組みのプロセスで問題点や解決策が見つけ出されるといった、長期的な観点が重視されます。

HRM（人的資源管理）において、一般に、従業員教育・研修投資は長期的な企業価値向上と関連が大きい、そして、業績連動の報酬付与は短期的な収益・利益の向上との関連が大きいといわれています（**内山、2011**）。HRMにどのようにダイバーシティ・マネジメントを組み入れるか、グローバル企業にとって重要なテーマです。

(3) IoTとコストマネジメントの融合

2010年頃から第4次産業革命の時代に入ったといわれています。第3章「3.2.3 原価企画」のところでも説明しましたが、そのコンセプトとして、ドイツで生まれた「インダストリー4.0」では、工場内のすべての機器類をインターネットに接続して一括で管理しようという方法論「IoT（Internet of Things）」が注目されています。IoTによって得られた情報を蓄積・加工・分析して指示を出し、データ提供を行うのが「CPS（Cyber Physical Systems）」で、バーチャル世界（サイバースペース）とモノの世界をつなぐ役目を果たします。これに、デジタルツイン（Digital Twin）と呼ばれるデータ・モデル（各種センサーで集めたデータや機械の稼働状況などを集め、サイバー空間上に物理世界の状況・動作を示す）が活用されます（**熊谷、2017**）。

CPSが進化すれば、「IoT」によって得られた情報でバーチャルな世界とリアルな世界の融合することが可能になります。例えば、半製品が加工の仕方を工作機械に指示することで、受け身の存在から積極的なアクター（行動者）になり、そして、作業ロボットが瞬時に判断し、工場内外のシステムと連携しながら生産性を高めるための指示を出すことなどが可能になります。また、CPSは、エネルギー消費の効率性を高め、CO_2の排出量を減らすことで環境への負荷が少ない工業生産（グリーン・プロダクション）も可能にするといわれています。

製造業における「IoT」は、①「製品＋ネット」（Internet of Products）、②「部品、

材料、工程＋ネット」（Internet of Parts）、さらには、③「業務＋ネット」（Internet of Processes）に発展しているといわれていわれています（関、2016）。つまり、企業では、単体の「もの」のIoT化（ネット接続）から進み、業務プロセスの中にネット接続が組み込まれていきます。製造工程でのIoTのみならず、販売した製品に対してIoTが展開され、製造・販売企業がIoTから生み出すデータを用いて、その製品を購入したユーザーの業務効率化に貢献していくこともできるわけです。

図5-51は、1999年に木村文彦（東京大学名誉教授）が示した仮想工場（Virtual Factory）における生産知識のライフサイクルの模式図に、インダストリー4.0におけるCPSの概念、ものづくりのIoTの3分類を加筆したものです。現実世界でのものづくり、固有技術に関するデータが「競争的知識」として蓄積される中で、そのデータが分析・解析され「体系化された知識」として活用できるレベルになり、仮想世界での予測検証を経て「基盤知識」となるといわれています。この概念がインダストリー4.0、IoTによって現実のものづくりに展開されようとしています。つまり、IoTによってものづくりの基盤知識を確保する営みが各製造企業の競争優位の源泉となるというわけです。

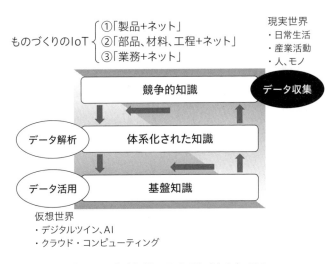

図5-51　生産知識のライフサイクルとCPS

IoTによって製品、部品、業務がインターネットでつながり、工場、本社、顧客からデータがリアルタイムで送られます。そして、顧客に関するビッグデータ

を活用して新しいビジネスモデルを構築したり、顧客がメーカーから「スマートサービス」を受けたりすることが可能になります。

①「製品＋ネット」（Internet of Products）

コマツのKOMTRAXでは、建設機械を販売した後も、位置、稼働状況をネットでモニタリングし、最適な利用方法を提示、適切な時期における保守、点検を行っています。これにより、不具合の事前察知、故障時の迅速な対応などによる稼働率の向上、盗難時における遠隔操作での停止などの付加価値をユーザーに提供しています。同様に、クボタは世界で年間22万台販売するトラクターの新機種にセンサーを設置し、デジタル技術を駆使して、世界中の農機の稼働状態や受注状況を一元管理することを目指しています。故障予知や各地の受注状況に応じた素早い生産調整を可能にするとのことです（土井下・村本・神田、2010）。

キヤノンは、全世界で100万台を超える複合機から収集した稼働情報をさまざまな顧客サービスへと転換するため、NETEYEと呼ばれるIoTソリューションを展開しています。複合機から収集した膨大な量のデータを分析し、製品の改善や機器故障の予兆診断、需要予測などに生かしています。

IoTを活用したプリメンテナンスによる失敗原価の削減、顧客管理コストの削減、短期利益計画での販売予測精度の向上などが期待されます。

②「部品、材料、工程＋ネット」（Internet of Parts）

NECでは、画像認識やビッグデータ分析、ネットワーク、組み込みシステムなどの技術を体系化しており、それは次の（a）〜（d）のソリューションから構成されています（岡野、小梁川、2017）。

(a) 「**現場、現物、現状のデジタル化**」：画像認識技術を活用して現場や「もの」の実態を見える化し、大規模な設備追加を行うことなく管理の効率化や現場改善を実現する。

(b) 「**見えない・隠れた世界を見通す分析**」：多種多様かつ大量のデータに対してビッグデータ技術を活用して分析することで、"見える化"する。異常判定による問題特定・対策の早期化、生産品質の分析による品質向上やリワーク回避、故障予兆検知による稼働率やサービス向上、部品需要予測による在庫削減、電力需要予測による省エネルギーや製品価値向上といった応用がある。

(c) 「**ITとOT（Operation Technology）のシームレスな連携**」：設備機器の通信規格やメーカーの違いを吸収することで、MES（Manufacturing Execution System）など

の業務システムをシームレスに連携させ、設備機器のリアルタイムな最適制御を実現する。また、ネットワーク構成の一元管理や、生産ラインの変更に合わせた柔軟なネットワーク変更、セキュリティの確保を実現する。

(d) 「製品＆サービスのスマート化」：センサーデータや映像データなどの時系列データの収集から蓄積、モニタリング、非定型分析、各種データ処理などの一連の処理を行い、多様な製品とのコネクトやサービスの継続的な拡張を可能とする。

　工程での材料、人の動きが網羅的にリアルタイムで捉えられ、IoTによるトレーサビリティ・システムとコストマネジメントとの連動が進んでいます。

③「業務＋ネット」(Internet of Processes)

　個人の小売店での支払いでもキャッシュレスが進んでいますが、フィンテックの展開は製造業における決済業務を大きく変えていくといわれています。

　また、製造間接業務、管理業務は、IoTによって効率化され、AIの導入が進めば定型業務の多くは人手が不要になることが予想されます。実際、RPA（Robotic Process Automation）の導入が進んでいます。RPAは、ホワイトカラーのデスクワークを、パソコンの中にあるソフトウェア型のロボットが代行・自動化する概念です。RPA導入以前は、注文情報の転記入力処理で長時間を要し入力ミスも多発していたところ、RPAで自動化したことにより、これまで年間130時間を要していた作業が30時間で完了できるようになり、入力ミスも激減したとの例も報告されています。

　図5-52は、米国生産性品質センター（APQC、American Productivity and Quality Center）による標準的な業務プロセス分類と関係する第4次産業革命時代の技術を表したものです。間接業務とホワイトカラーの生産性向上に向けてIoTとABC/ABM、BPMなどが結びつき省力化が進むものと予想されます。

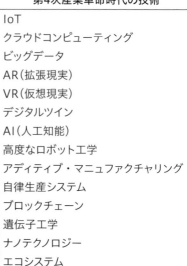

図5-52　業務プロセスと第4次産業革命時代の技術

5.3　販売管理会計

　マーケティング、つまり売れる仕組みを考える際のフレームワークとして、マーケティングの4Pがあります。4Pとは、Product（製品・商品）、Price（価格）、Promotion（プロモーション）、Place（流通）の4つを指し、この4つのPを組み合わせながら（マーケティングミックス）、企業に最適なマーケティング手法を考えていくことになります。

　とくにPrice（価格）設計は、売れる仕組みの重要な要素です。価格破壊の時代に、価格を半額にする等の巧妙な価格戦略により業績を拡大した企業が、その後深刻な業績不振に陥りました。これに対して、中高価格帯でのヒット商品開発により客単価を引き上げるとともに地域別価格を適用し、増収増益を続けている企業も存在します。消費者の「価格フォーカス層」だけでなく「バリューフォーカス層」を狙った戦略です。また、値崩れしない「品質フォーカス層」向け商品に

絞るという戦略もあります。

　マーケティング戦略立案時にプロダクト・ミックスのコスト企画が重要になります。第1章のハンバーガーショップとファミリーレストランの例題でも学びましたが、ハンバーガーショップのセット販売では、メインメニューのハンバーガーを低価格に設定しつつ、原価率の低いポテトやドリンクを組み合わせてセット価格を割り引くことで更に割安感を演出しています。単品取引ではなく、一般には複数の品目の取引があり、ここではミックス販売で総利益拡大の可能性があります（宮崎・茂木、2007）。

　知覚価値とは消費者が製品に対して抱く品質や費用に対する総合的な価値判断のことですが、費用は総顧客費用であり金銭的費用だけでなく心理的コストなどを含みます。例えば、故障が少なく維持費がそれほどかからない、電気代が安い、廃棄コストがかからない等、ライフサイクル・コストが低いことが伝われば、知覚価値は向上します。マーケティング戦略で知覚価値を考慮することも重要です。

　ユニクロは、企画から生産・販売までを一貫して行う SPA（Speciality store retailer of Private label Apparel、アパレル製造小売り企業）のビジネスモデルを展開しています。季節ごとにコア商品（フリース、ウルトラライトダウンジャケット、エアリズム、ヒートテックなど）を対象にキャンペーンを実施し、ブランドで守られた同一品質の商品を短い一定期間のみの「限定価格」で提供することで購買意欲を高めるという取り組みを行っています。これも知覚価値を高めることにつながっているといえます。

　コスト情報、価格の開示方法もマーケティングには大きな意味を持ちます。商品の存在や特徴を知らせるプロモーションのために、チラシ、ホームページ、SNS、DMなどにどの程度のコストをかけるか、また、販売チャネルを確保するために通信販売、ネット販売、店舗販売でどのようにコストをかけるか、マーケティング戦略とコストマネジメントの融合は企業の発展には不可欠であるといえます。

5.3.1　販売管理と予算管理

　販売部門では、「売上予算」を策定して活動します。売上予算とは、今年度中、今月中といった一定期間に達成できるだろうと予想した売上高を指します。通常は、これまでの商品・製品売上成績や市場動向、競合他社の状況などを判断して売上予算を策定することになります。売上予算を販売目標として決めておくことは、販売部門の行動に動機付けをもたらします。つまり、実際の販売成績と売上

予算を比較していくことで、今後の課題や予算達成に向けての動きを決めていくことになります。

　販売予算は、図5-53のように体系づけられます。売上予算から売上原価予算を差し引いて売上総利益予算が求められ、これからマーケティング・コスト予算を差し引いてマーケティング損益予算が算出されます。ここで、売上総利益から控除するマーケティング・コストの範囲として、①人的販売費だけに限定する、②①に加えて市場調査費、広告宣伝費、販売提進費まで含む、③②に加えて荷造包装費、倉庫荷役費、運送配達費等の注文履行費も含む、④③に加えて営業管理費まで含むという4通りの方法があります。実際に販売予算を策定するためには、第1ステップとして販売実績の把握（販売分析による）、第2ステップに販売動向の予測（市場調査による）、第3ステップとして売上高の予測（販売見込による）、第4ステップとしてマーケティング・コスト予算（予算統制による）の策定と進んでいきます。

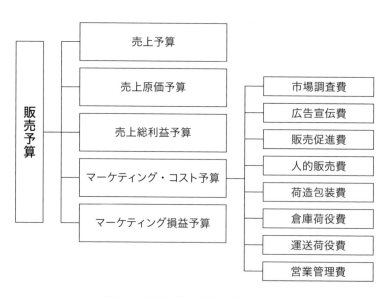

図5-53　販売予算の体系（西沢、1993）

　販売予算に対して「販売計画」が策定されます。販売計画とは、売上高予算、売上総利益予算を達成するために、取扱商品、販売方法を決め、商品を販売する計画であるといえます。販売計画では、月別、週別、日別売上予算に対して、商

品と販売方法を計画します。

販売計画をスムーズに進めるために、「販促計画」があります。販促計画には、特売のチラシ、ネット広告など集客を目的としたものや、既に購入履歴のある顧客に対して行うISP（インストアプロモーション）などがあります。

さらに、「発注計画」が策定され、販売計画にそって事前に原材料や商品、包装材などの発注が行われます。

また、販促計画によって計画した商品を、誰が、何時に、どのように（陳列方法など）、いくらを目標に売るのかなどを計画する「人員計画書」を作成します。店舗販売の場合は、「売場計画」（レイアウト、棚割、陳列、動線、価格表、ボードやPOP表示）も重要です。月次で販売予測に対して、事前在庫、販売実績、事後在庫を確認し、次月の計画に反映します。これら一連の活動が「販売管理」ということになります。

販売計画では、ビジネス分野でよく使われる以下のような「6W4H」が重要だといわれています。

- Why「なぜ」：なぜ「販売計画」が必要か
- When「いつ」：販売計画を実行する期間は
- Where「どこで」：どの場所で販売するか
- What「なにを」：何を販売するのか
- Who「誰が」：誰が指示するのか
- Whom「誰に」：誰に実行させるか
- How to「どのように」：どのように行うか
- How many「どれだけの数」：どれだけの数量か
- How much「いくら」：どれだけの金額か
- How long「どれだけの時間」：どれだけ時間をかけるのか

また、「販売計画」の策定のために、顧客分析が重要です。取引規模や取引年数の順番に重要性の高いものから、ABC分析（A、B、Cのグループにランク分け）を行い、グループごとに売上計画を検討することで達成可能性が高い販売計画ができます。さらに、「販売計画」のために顧客の購買意思決定プロセスを理解することも重要です。顧客の状況に応じて、適切な方法を検討し計画すれば販売促進へ結びつきます。

AIDMA（アイドマ）の法則とは1920年代に米国の著作家であったSamuel Roland Hallが提唱した広告宣伝に対する消費者の心理のプロセスを示した略語です。顧客は、Attention（注意）、Interest（関心）、Desire（欲求）、Memory（記憶）、Action（行動）という順序で動くということをAIDMAと略して呼んだものです。顧客の状況がどのポジションにあるかを考えて販促していくことが重要です。

- **Attention（注目）**：顧客が商品を知らない状態であれば知ってもらうことが目標となります。
- **Interest（関心）**：顧客は商品を知っているが興味がない状態では、興味、関心を持ってもらうことが目標です。
- **Desire（欲求）**：顧客は商品に興味はあるが欲しいとは思わないとしたら、価値に共感してもらわなければなりません。
- **Memory（記憶）**：顧客に商品を欲しいと思うが動機がないとしたら、購入動機を作る努力が必要です。
- **Action（行動）**：顧客に商品の購入動機はあるが購入機会がないとすれば、購入の場を設定することを計画しなければなりません。

AIDMA（アイドマ）の法則によれば、顧客の購買決定プロセスを知り、顧客がどのような状況に位置しているのかを把握することで、状況に合わせた販促方法を計画することができます。

類似した用語でAIDA（アイダ）の法則があります。これはAttention、Interest、Desire、Actionの4段階を意識するものです（1920年代、Strong, E.K.が提唱した顧客心理の段階説）。

図5-21の生産管理システムとつながる販売管理システムは一般に図5-54のようになります。取引先ごとに見積書の発行、受注処理、出荷処理、売掛金管理、請求処理などの業務が発生しますが、これを販売管理システムで行うことになります。販売管理システムを活用することで、業務の順番やデータの入力方法、管理業務などを標準化することが可能です。

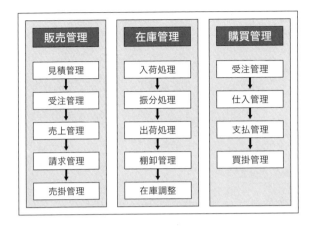

図5-54 販売管理システムの概要

　1990年代、事務系と製造系の管理システムを統合し、企業内あるいは関連・協力企業も含めた業務間のつながりを経営全体として最適化したいという概念として ERP（Enterprise Resource Planning、経営資源計画）が生まれ、この概念を実現するためのツールとして統合業務パッケージソフトウェアが開発されました。今では、ERP という言葉がそれらのソフトウェア（SAP、Oracle ERP、OBIC7 など）そのものを指して使われます。情報の統合化による企業活動のフレキシビリティ向上、計画・管理機能の充実と全体最適化、グローバル化への対応などがパッケージソフトウェア導入の動機になりました。

　図5-55 に ERP による統合システムの概要を示します。ERP パッケージソフトウェアでは、生産管理、販売管理、購買管理、人事管理、財務会計、管理会計などの業務ごとにアプリケーションが存在します。そして、すべてのアプリケーションが相互に連結されデータの一貫性を確保しており、作業やデータの重複がないように管理されています。また、あるアプリケーションで何らかの変更があった場合には、論理的に関連するすべての関連情報がリアルタイムに更新される仕組みになっています。例えば、何かを購買すると即座に固定資産として登録し、その購買作業において発生した間接費をカウントして ABC を連動して原価管理につなぐといった具合です。導入実績の多い ERP パッケージソフトウェアでは、見込生産、受注生産、半見込生産、個別受注生産など様々な生産形態をサポートするとともに複数のデータモデルやプロセスモデルがシステムの中に蓄積されてい

て、各企業の事情に最も近いものを選択することができます。今後は、クラウド環境で使えるERPの普及が更に進んでいくと予想されます。

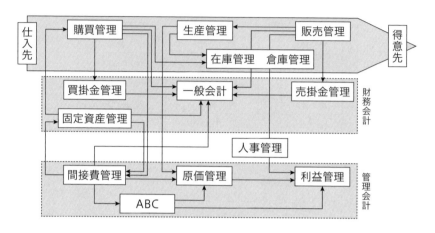

図5-55 ERPの概要

5.3.2 物流費の管理

物流（Physical Distribution）は、物資を供給者から需要者に移動する過程の活動のことを指します。製品を工場で生産し、営業活動によって受注できたら、顧客に製品を届けなければなりません。まさにその活動が物流です。物流には、輸送・保管・荷役・包装・流通加工、またはそれらに関連する情報の諸機能を総合的に管理する活動が含まれます。

一方、ロジスティクス（Logistics）という言葉をよく耳にします。これは、物流の諸機能を高度化し、調達・生産・販売・回収などの分野を統合して、需要と供給との適正化を図るとともに顧客満足度を向上させるマネジメントであるといえます。

在庫の適正化やムダな生産の回避が可能になれば、物流が不要になる分のコストが削減できます。企業の中にロジスティクス部門を確立できれば、在庫管理はロジスティクス部門に任せることができます。また、物流活動を総合的に管理することで納期遵守、物流プロセスそのものの効率化を図ることが可能になり、取引の信頼性も増します。

　日本ロジスティクス協会による「2018年度物流コスト調査報告書」によれば、売上高物流コスト比率（全業種）は4.95％でした。売上高物流コスト比率は近年、おおむね5％弱の水準で推移してきましたが、2016年度調査において労働力不足などを理由に売上高物流コスト比率は大きく上昇したとのことです。2017年度調査において物流コスト比率は減少しましたが、2018年度調査では再び増加しています（＋0.29ポイント）。

　全業種における物流コストの物流機能別構成比は、輸送費が56.4％、保管費が16.9％、その他（包装費、荷役費、物流管理費）が26.7％となっています。輸送費の割合は、製造業では59.3％、卸売業では45.1％、小売業では50.2％でした。全業種における物流コストの支払い形態別構成比は、支払い物流費（自家物流費以外の合計）が85.0％です。内訳は、物流専業者に対する支払い物流費（対物流専業者支払い分）などが73.4％、物流子会社に対する支払い物流費（対物流子会社払い分）が11.6％、自家物流費が15.0％となっています。業種別の特徴としては、とくに製造業において、物流子会社への支払い物流費の比率が高いということです（製造業では14.3％、卸売業では4.6％、小売業では0.05％）。

　荷主の立場では「支払い経費」としての物流コストが問題となり、物流企業では「現場経費、一般管理費」が課題となります。具体的には、場所代、作業人件費、管理人件費、輸送費用、情報処理費用、他社払い負担経費等が対象となります。場所代は、賃料、保管料、倉庫料などのスペースに関わる費用で、いずれも基本は土地建物の利用賃料であるといえます。したがって、保管効率、利用効率によってコスト効果が大きく左右されます。

　作業・運営・管理人件費は、物流現場に従事する人件費であり、作業の生産性（時間当たり処理量）や段取り作業の時間節約が、残業代や投入工数（人数×時間）に影響します。作業フローや工程図分析が必要になる所以です。

　運送費は、車両費、燃料費、車両固定・変動費、駐車場代、ドライバー人件費であり、自社運行や傭車を問わず、運送効率としての指標には積載率、拘束時間、運行距離、配送物量（個数・重量・容積）が関連します。一般に、配送ルート決定や配達完了時間の制限は、営業部門の都合が最優先されているので、効率追及のためには営業部門との調整作業が必要になります。

　他社払い物流費は、納品先センターフィー、協力金などとなります。これは、営業上の取引条件として、他社が負担している物流経費の一部分を要求されるもので、営業上の制約条件となっています。

　この他に、物流設備費用（什器のリース、センター設備費用、冷蔵・冷凍庫経費）、梱包資材費などもあげられます。

　トラック運行の効率化は重要なテーマです。すなわち、実働率、実車率、積載率の3つを高めるとともに道路混雑を回避し、輸送の長距離化、荷主庭先での待ち時間の短縮など細部にわたる改善の積み上げによって1日の車両回転率を向上させる管理方法を具体的に検討する必要があります。トラック運行業務は輸送基本業務（トラックの効率化で向上可能）、物流付帯業務（据付、陳列、受注、代引など荷主代行）、物流情報管理（在庫管理、貨物追跡、求車求貨システムなど）から成り、すべてが顧客を念頭においた物流サービスであるともいえます。ここで、環境に対する配慮も必要であることはいうまでもありません。

　物流支援システムは図5-56に示すように、①物流管理システム、②物流センターシステム、③輸配送システムという3つに分類されています。具体的にトラックによる物流業務を想定すると、複数の荷主から要望のあった荷物、配送先、配送日という3つの条件を満足し、かつ、最も効率的に保有車両を稼働させることができるような配送計画の立案が必要になります。最近では、荷主や届け先からの条件が多岐にわたるばかりでなく、運転手の労働条件にも細かく対応しなければならず、種々の制約下で最大の効率を実現するためには、配送シミュレーションの利用が有効な方法として活用されています。

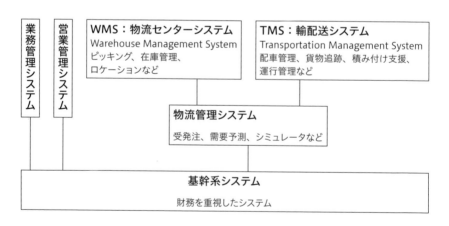

図5-56　物流支援システムの概要

　一方、実際に車両がどのように動いたか、また、荷物がいつ配送先に届けられ

たのかというような運行実績については、従来、運転者の記入する日報に基づいて管理されてきました。最近では、運行管理システムが活用され、デジタルタコメータ、GPSを用いて経度・緯度の位置が連続的に自動的に記録される他、エンジンの回転数、速度などもデジタルデータとして保存されます。これを用いれば、運行実績データの分析が容易で、分析結果を次の配送計画の立案に反映させることも可能になります。

一般に、物流コストの内訳は以下のように整理することができます。

① 一般管理費（物流部門割当分）

② 荷造り費（人件費、消耗品費、梱包材料費）

③ 運搬費（運送会社支払分）、（車両：減価償却費、修理費、燃料費、保険料、高速券代、租税公課）、（配送人件費）

④ 保管費（配送センター賃料または減価償却費）、（設備リース料又は減価償却費）、（光熱水費）

⑤ 情報流通費（通信費、設備リース料又は減価償却費）

⑥ その他（営業マンによる配送人件費）

委託される運送企業側の立場に立てば、荷主に対して運搬費の算出根拠を明確に提示しながら価格交渉を行いたいということになります。

トラック運送業者に直結する運搬費について更に細部を見ると、配送人件費：41.75%、燃料費：4.3%、修理費：2.16%、減価償却費：4.0%、保険料：0.73%、その他：37.34%等であるという報告があります（山本、2000）。

(1) トラック運行原価計算モデル

図5-57にトラック運行原価計算モデルの例を示します（長坂、三木、2002）。この例では車両償却費、保険費を固定費、人件費を準変動費と考えています。他に、走行時と積荷や荷卸の作業時での時間当たりコストを区別し、車両償却費をkm当たりの単価として扱うモデルなどが提案されています。実際原価の計算においては、高速料金や燃料費は実費との突き合わせで修正されることになります。

	A	B	C
2	(条件)		
3	給料	円/年	5,000,000
4	超過労務費	円/時	2,000
5	稼働日	日/月	22
6	車両購入費	円	8,000,000
7	保険料、税金、車検	円/年	200,000
8	車両償却年数	年	8
9	走行時消耗品費	円/km	10
10	点検費	円/h	10
11	燃料費（高速）	円/km	15
12	燃料費（一般道）	円/km	20
13	高速料	円/km	50
14			
15	(一日当たりの実績)		
16	稼働時間	時間	8
17	走行距離	km	300
18	高速道路の走行距離	km	150

	A	B	C	D
19	(一日当たりのコスト)			
20	人件費	円	18,939	=(C3/(12*C5)+C4*(C16-8))
21	車両減価償却費	円	3,788	=(C6/C8)/(12*C5)
22	保険料	円	758	=C7/(12*C5)
23	保守費	円	3,080	=C9*C17+C10*C16
24	高速費	円	7,500	=C13*C18
25	燃料費	円	5,250	=C11*C18+C12*(C17-C18)
26	合計	円	39,315	=SUM(C20:C25)

図5-57　トラック運行原価計算モデル（例）

(2) 活性化指数

　物流プロセスの効率化、最適化を実現するにはデータを多面的に分析、評価することが必要です。ここでは、コスト、環境負荷に加えて、活性化度を定量化して評価することも考えられます。

　例えば、トラック物流事業は本来荷物を運んでこそ売上が上がる（運賃が取れる）という観点から、活性化度が高ければ売上増加（運賃取得）の活動レベルも高位の水準にあるという考えに根ざした活性化指数（活性化度を段階的に数値で表現したもの）を表5-3に示します。各状態に対して、人に注目した場合、車に注目した場合の活性化指数、その2つの和（人＋車）、さらに総合的視点から見た

活性化指数の値を示しています。これらは専門家へのヒアリングによって一対比較により点数化しその平均値を用いたものです。

表5-3 活性化指数の例

	人	車	人＋車	総合
帰庫	0	0	0	0
アイドリング	2	-1	1	1
休憩 IG ON，OFF	2	-1	1	2
待機	2	1	3	3
積荷、荷卸	3	2	5	4
走行（空車）	4	2	6	5
走行（実車：渋滞）	5	2	7	6
走行（実車：一般道）	6	2	8	7
走行（実車：高速）	7	2	9	8

IG ON，OFF：イグニッション・オン、またはオフ

　本来、トラック物流の生産性は貨物輸送における稼働率によって測られるべきでしょう。この生産性を測るために、デジタル車載機の測定データからトラック運行の動静を数値表現し、現実的に利用しやすい形にしたのがこの活性化指数です。状態の区分と活性化指数の値は業種ごと、業態ごと、分析の目的ごとに設定することが望ましいといえます。

　図5-58は、運行データから読みとった時刻、走行距離、状態に対して、表5-3の活性化指数を当てはめた例です。各状態での活性化指数×持続時間を累計したものが1日当たりの活性化度（日活性化指数と呼ぶ）で、この値が大きいほど活性化していたと判断できます。また、時間当たりの平均活性化度は、日活性化指数／稼働時間で求めることができます。図5-58右には、時刻に対する走行距離と活性化度の変化グラフの例を示しています。このようなグラフから視覚的に運行状態を判断することが可能になります。

時	分	距離(km)	インデックス	活性化指数
5	10	0	IG on	2
5	10	1	実車	7
6	55	62	IG off	2
6	55	62	休憩	2
7	40	62	IG on	2
7	40	62	実車	7
8	10	78	高速 IN	8
9	58	178	高速 out	7
12	43	178	IG off	2
12	43	178	積荷	4
13	55	178	IG on	2
13	55	178	実車	7
16	12	258	IG off	2
16	12	258	荷おろし	4
16	12	258	空車	2
16	12	258	IG off	5
一日当たり活性化度				71.7
時間当たり平均活性化度				6.50

図5-58 トラック物流の分析例

　典型的なトラック運行パターンA〜Eを仮定し、原価および活性化指数を比較した例を図5-59に示します。総走行距離が300km程度であると仮定しています。標準的な運行パターンをAとして、主に高速道路を利用したパターンBと、逆に一般道路のみを利用したパターンC、さらに、物流に関わる作業時間が非常に多いパターンD、やや作業時間の多いパターンEを仮想的に設定しました。したがって総運行時間はそれぞれ異なっています。コストは中堅運送会社で4トントラックを利用した場合の数値モデルを用いています（図5-57を適用）。

　実車率は、運行パターンA〜Eそれぞれで、59%、62%、50%、58%、58%と推定されます。パターンDでは、作業量が多く、労務費がかかりすぎ、日活性化指数は比較的大きいのですが、平均活性化指数は低く、あまり利益が出ないという結果になっています。主に高速道路を利用したパターンBでは、効率よく実車配送が達成され超過勤務はないということで平均活性化指数が高く、高速道路代はかかるのですが利益は比較的多くなっています。このように売上利益、日活性化指数、平均活性化指数、実車率などの数値によって複数の視点から運行プロセスを検証することができます。

3	項目	走行パターン	A 一般道＋高速道	B 高速道比率大	C 一般道のみ	D 作業量大	E 作業量やや大
4							
5	総運行時間(h)		8.2	8.0	11.9	12.4	9.5
6	実車走行（一般道）		2.0	0.5	4.5	3.0	3.0
7	実車走行（高速道）		1.5	2.5	0.0	1.0	1.0
8	空車走行（一般道）		2.0	2.5	4.5	2.0	2.0
9	空車走行（高速道）		0.8	0.6	0.0	0.8	0.8
10	積荷、荷卸作業		0.5	0.5	0.5	3.0	1.3
11	待機		0.2	0.2	0.2	1.0	0.2
12	休憩		1.0	1.0	2.0	1.0	1.0
13	点検		0.1	0.1	0.1	0.5	0.1
14	アイドリング		0.1	0.1	0.1	0.1	0.1
15	燃料費、高速代		14,760	18,220	6,300	12,860	12,860
16	労務費(円/日)		18,939	18,939	18,939	18,939	18,939
17	超過労務費		400	0	7800	8800	3000
18	車両費、保守費（円/日）		6,868	6,868	6,868	6,868	6,868
19	保険料、税金、車検（円/日）		758	758	758	758	758
20	原価（円/日）		41,725	44,785	40,665	48,225	42,425
21	販売費及び一般管理費		2,086	2,239	2,033	2,411	2,121
22	運賃（＝標準運賃×0.8）		62,187	66,676	60,794	61,413	61,413
23	売上利益（円/日）		20,462	21,892	20,129	13,188	18,988
24	日活性化指数		44.6	43.6	60.6	60	50.8
25	平均活性化指数		5.4	5.5	5.1	4.8	5.3

図5-59 トラック運行の評価（コスト、活性化指数の比較例）

　運送会社3社においてケーススタディを実施した例（各社でトラック3台にデジタル車載機を搭載してもらい3カ月間のデータを分析した）を以下に示します。
　図5-60に走行距離と所要時間の関係を示します。A社、B社、C社はそれぞれ業態が異なることがわかります。例えば、B社では100〜200kmの走行で8〜13時間程度かかる運行の頻度が最も多くなっています。各社とも走行距離が300kmを超えるあたりから所要時間としてはそれほど変わらなくなり、500kmを超えるとむしろ所要時間は少なくなっています。これは、この程度の長距離運行は主に高速道路を利用して実現されていること、また夜間にスムーズ運行が実現できていることによります。チャーター運送を仮定し、走行距離が長いほど運賃が高くなるという標準運賃の考え方にたてば、同じ距離に対しては所要時間が短いほど効率的であるといえます。

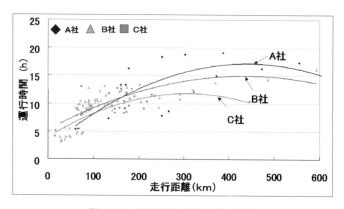

図5-60　走行距離と運行時間の関係

　図5-61で各社のトラック運行の時間当たりコストを比較して、1日の走行距離にかかわらず時間当たりコストがほぼ一定であることがわかります。しかし、いくつかの運行で異常に高いコストであるという結果が出ています。これらの運行で何が起こっていたか原因を究明すると、顧客の指定時間に到着したにもかかわらず、長い時間待たされていることがわかったとのことです。

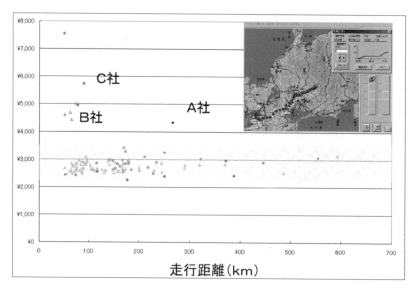

図5-61　トラック運行の時間当たりコスト

　同じ運行時間に対しては日活性化指数が大きいほど、より多くの仕事をしたことになります。各社とも運行時間の増加につれて日活性化指数は増加していましたが、A社とB社においては一定時間を超えると飽和していました。同じ会社で、同じ運行時間でも日活性化指数にバラツキがあり、仕事量に差があることが定量的に示されます。

　また、時間当たりの平均活性化指数と運行時間の関係に整理し直すと図5-62のようになり、各社ともバラツキがみられます。マクロ的には運行時間が長くなれば時間当たりの平均活性化度は減少してくる傾向にあります（楕円で囲んだ、一部特異点を除く）。日活性化指数、平均活性化指数が大きくなる運行状態が実現されるようにしていきたいところです。ベスト・プラクティスを達成している運行と下限値に近い運行状態を比較検討し、改善すべき方策を発見できる可能性があります。このような評価指標を用いたベンチマーキングによって、業務改善に結びつけることができる可能性があります。

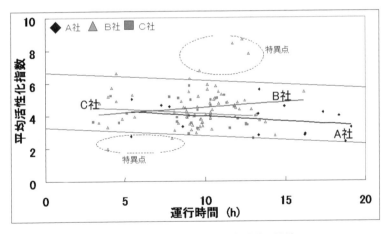

図5-62　平均活性化指数と運行時間の関係

参考文献

(1) 浅野裕美・吉田哲也・奥田智瑞、"製造業における事業継続マネジメント"、『FUJITSU』、59,3（2008）pp.272-278

(2) 伊藤嘉博、『品質コストマネジメント―品質管理と原価管理の融合』中央経済社（1999）

(3) 上埜　進、『管理会計―価値創出をめざして』税務経理協会（2001）

(4) 内山哲彦、"人的資産と管理会計―「統合的業績管理システム」の深化と拡張に向けた研究課題―"、『千葉大学経済研究』第26巻第3号（2011）pp.85-95,

(5) 岡野美樹・小梁川秀樹、"IoT時代のものづくり「NEC Industrial IoT」"、『NEC技報』、Vol.70（No.1）（2017）

(6) 上總康行、『管理会計論 第2版』新世社（2017）

(7) 木村文彦、"仮想工場（Virtual Factory）"、『システム／制御／情報』、Vol.43、No .1（1999）pp.8-16

(8) 國部克彦・中嶌道靖、『マテリアルフローコスト会計の理論と実践』同文舘出版（2018）

(9) 関 啓一郎、"「インダストリー4.0」と「IoT」を理解するための基礎：業務プロセスのIoT化・モジュール化"、『知的資産創造』、24（3）（2016）pp.72-107

(10) 多田 実・平川理絵子・大西正和・長坂悦敬、『Excelで学ぶ経営科学』オーム社（2003）

(11) 立林和夫、『タグチメソッド入門』日本経済新聞社（2009）

(12) 土井下健治・村本英一・神田俊彦、"建設機械へのICT応用"、『コマツ技報』、VOL.56（NO.163）（2010）pp.2-6

(13) 山本雄吾、"我が国と米国のトラック運送事業の費用構造の比較"、『日本物流学会誌』、No.7（2000）pp.108-115

(14) 中野確、"プロセス系作業部会の活動報告"、「2006年度SiGMA研究会活動報書」関西生産性本部、関西IE協会（2006）

(15) 長坂悦敬・三木楯彦、"トラック運行情報分析システムの開発"、『日本物流学会誌』、第10号（2002）pp.49-56

(16) 長坂悦敬、"融合コストマネジメントにおけるメゾスコピックモデル"、『商學論究』、第66巻、第4号（2019）pp.91-108

(17) 西沢脩、『予算管理入門（会計管理入門シリーズ）』税務経理協会（1993）

(18) 浜田和樹、『管理会計技法の展開』中央経済社（1998）

(19) 丸田起大、『フィードフォワード・コントロールと管理会計』同文舘出版（2005）

(20) 門田安弘、『管理会計レクチャー』（基礎編）（上級編）、税務経理協会（2008）

INDEX

〈著者略歴〉

長 坂 悦 敬 （ながさか よしゆき）

1983年 大阪大学大学院工学研究科博士前期課程修了
1983年～1994年 コマツ 生産技術研究所に勤務
1987年～1989年 University of British Columbia 客員研究員
1992年 博士（工学）（大阪大学第10306号）
1994年4月　大阪産業大学経営学部専任講師（1997年4月～助教授）
2001年4月　甲南大学経営学部助教授
　　　　　　（2003年4月～2020年3月教授、2014年8月～2020年3月学長）
2020年4月　甲南大学名誉教授、甲南学園理事長（～現在）
所属学会：日本管理会計学会、日本組織会計学会、日本情報経営学会など

【学会賞受賞】日本経営工学会（論文賞2004年）

【主な著書】
『Excelで学ぶ原価計算』（オーム社、2009/12）
『Excelで学ぶ経営科学』（共著、オーム社、2003/08）
"Sustainability Management and Business Strategy in Asia"（共編著、World Scientific Publishing Co Pte Ltd、2019/11）
『ものづくり企業の管理会計』（共編著、中央経済社、2016/04））
『戦略的プロセス・マネジメント-理論と実践-』（共著、税務経理協会、2006/03）
『工業簿記・原価計算演習』（共著、税務経理協会、2005/04）
『原価計算の基礎―理論と計算』（共著、税務経理協会、2003/04）
『生産企画論』（単著、学術図書出版社、2001/02）
『経営情報処理―基礎』（単著、学術図書出版社、1998/04）
『文系のためのコンピュータ・リテラシー』（共著、中央経済社、1996/04）
他著書多数

Excelで学ぶ管理会計

2020 年 10 月 2 日	第 1 版第 1 刷発行
2022 年 6 月 10 日	第 1 版第 2 刷発行

著　　者　長坂悦敬
発行者　村上和夫
発行所　株式会社　オーム社
　　　　郵便番号　101-8460
　　　　東京都千代田区神田錦町 3-1
　　　　電話　03(3233)0641(代表)
　　　　URL　https://www.ohmsha.co.jp/

© 長坂悦敬 2020

組版　トップスタジオ　印刷・製本　壮光舎印刷
ISBN978-4-274-22611-3　Printed in Japan

本書の感想募集 https://www.ohmsha.co.jp/kansou/
本書をお読みになった感想を上記サイトまでお寄せください。
お寄せいただいた方には、抽選でプレゼントを差し上げます。